FÜR „SIDI" ZUM

DURCHWURSTEL-DIPLOM

Manfred

durchwursteln

durchwursteln

unkonventionell führen und organisieren

von

Roger A. Golde

Deutsche Übersetzung von Dr. Walter Riedel, Heidelberg

I. H. Sauer-Verlag GmbH · Heidelberg

Originaltitel: Muddling through
Authorised translation from English language
edition published by
AMACOM, A division of American Management Associations, Inc., New York, N.Y.

ISBN 0-8144-5411-9
HD 31 G 568 658.4 76-888

CIP-Kurztitelaufnahme der Deutschen Bibliothek

Golde, Roger A.: durchwursteln : unkonventionell führen und organisieren. – 1. Aufl. – Heidelberg : Sauer, 1978.

Einheitssacht.: Muddling through [dt.]
ISBN 3-7938-7634-9

ISBN 3-7938-7634-9

Satz und Druck: Druckhaus Darmstadt GmbH, 6100 Darmstadt.

Buchbinderische Verarbeitung: W. Fischer, 6900 Heidelberg.
Umschlagentwurf: Rudi Reick, Heidelberg.

Printed in Germany.

Sprechen wir über das, was sich von selbst versteht: Ein Vorwort

> Die Wissenschaft . . . gibt uns nur soviel Tatsachenwissen, Wahrheit oder fundierte Meinung, daß die Fragen beantwortet werden, die die Wissenschaftler über ihre Forschungsgegenstände stellen . . . Der Fehler besteht – soweit man von Fehler sprechen kann – darin, daß man versäumt, *die Fragen in Frage zu stellen.*
>
> JOSEPH J. SCHWAB, Private Lives

Jedes Kapitel dieses Buches stellt auf eine gewisse Weise bestimmte Fragen über einen Teil der herrschenden Management-Theorie. Jene, die offiziell über Unternehmensführung schreiben, lehren oder sprechen, dürften die in diesem Buch vorgetragenen Ideen sehr unkonventionell, d. h. unorthodox oder sogar ketzerisch finden. Jene, die die Kunst des Management ausüben, werden diese Gedanken wahrscheinlich sehr viel weniger befremdend finden.

Aus einer Blickrichtung steht jedes der ersten sechs Kapitel für sich und ist unabhängig. Sie sind frei, mit jedem beliebigen Kapitel anzufangen, das Ihre Neugier erregt, und dann nach Ihrem Interesse umherzustreifen. Die Themen der einzelnen Kapitel stellen meine persönliche Auswahl einiger wichtiger und drängender Fragen dar – Fragen, über die man nicht sehr viel spricht, die aber sehr viele und starke Kopfschmerzen verursachen.

Aus einer anderen Blickrichtung beschäftigen sich die Kapitel dieses Buches alle mit genau den gleichen Dingen: den verschwommenen, chaotischen, ungenauen, vieldeutigen oder nichtlogischen Aspekten der beruflichen Tätigkeit des Managers. Die Kapitel behandeln so unangenehme Fragen wie diese:

Wie können Sie an ein Ziel gelangen, wenn Sie nicht wissen, wohin Sie gehen?

Wie können Sie managen, wenn Sie nicht wissen, was Sie tun?

Was können Sie unternehmen, wenn Sie festsitzen?

Das erste Kapitel, das einige *Techniken für das Wursteln* beschreibt, soll Sie dafür empfänglich machen, sich mit den weniger systematischen und rationalen Aspekten des Management zu beschäftigen. Das letzte Kapitel behandelt das Wursteln und den verschwommenen Charakter des Management in einer allgemeineren Form. Dazwischen liegt eine Reihe von gezielten Einblicken in das, was man als „Zone des Zwielichts" bezeichnen könnte. Über diese verschwommenen, verworrenen Aspekte des Management läßt sich nicht leicht reden, was ein Grund dafür ist, daß nicht sehr viel darüber gesprochen wird. Dieses Buch ist nun ein erster Vorstoß in ein riesiges unerforschtes Gebiet. Ich habe nicht alle Antworten; ja, ich habe nicht einmal alle Fragen. Wenn das Buch eigenwillig erscheint, dann ist es meine Art, Sie, den Leser, dazu aufzufordern, sich der Expedition anzuschließen. Wenn das Buch einseitig erscheint, dann nur, weil ich mich bemühe, ein Gegengewicht gegen die erdrückende Last der Management-Literatur auf die Waage zu legen.

Ehe wir uns jetzt in das „Verschwommene" stürzen, möchte ich meinen Dank aussprechen für die hilfreichen Anmerkungen und Meinungsäußerungen, die ich während der Abfassung des Manuskripts von meinen klugen Freunden erhielt: *Anthony Athos, Diana Barrett, Robert Guttentag, Constantine Joannidis, Robert Pritchard* und *Judy Wortham.* Ebenso möchte ich den vielen Managern danken, mit denen ich während all der Jahre zusammengearbeitet habe. Es sind ihre Kämpfe und ihre Erfolge, die eigentlich die Ideen und Einfälle zu diesem Buch lieferten.

Roger A. Golde

Inhaltsverzeichnis

Seite

1. Organisiertes Wursteln
Die Kunst, in geraden Kreisen zu denken 9

2. Über-/Unterordnung
Vorgesetzte und Untergebene 37

3. Der Ermessensspielraum
Tun Sie es so, wie ich es haben möchte – von sich aus 67

4. Reorganisieren Sie –
wenn Sie nicht wissen, was Sie sonst tun können 93

5. Der Umgang mit Fachleuten
Die Kunst des Managements aus Unkenntnis 121

6. Nehmen wir das Training den Trainern aus den Händen .. 147

7. Die unfaßbare Seite des Management
Eine Einführung 179

1. Organisiertes Wursteln
Die Kunst, in geraden Kreisen zu denken

Stutzen

Klug: Guten Tag, meine Damen und Herren. Ich bin Klaus Klug, Ihr Moderator bei der heutigen „Früh-morgens-Talk-Show“. Ich möchte Ihnen unseren ersten Gast, Dr. S.U.M. Hummel, vorstellen. Dr. Hummel, früher sehr erfolgreich in leitenden Stellen in der Wirtschaft tätig, ist heute einer der wenigen Experten auf dem Gebiet des Stutzens. Dr. Hummel, sagen Sie uns doch bitte mit Ihren eigenen Worten etwas über Ihre „So-als-ob-Forschung“, wie Sie es nennen.

Dr. H.: Ja, einige Leute haben unsere Arbeit vermutlich mit anderen Worten charakterisiert, aber wir haben vor allem viele hundert Stunden in Wirtschaft und Verwaltung für die Suche von Fällen des Stutzens aufgewendet.

Klug: Und haben Sie eine Menge gefunden?

Dr. H.: Nun, das ist schwer zu sagen. Denn wie Sie sich vorstellen können, sind nicht sehr viele Leute bereit, frei zuzugeben, daß sie stutzen.

Klug: Gewiß, das kann ich verstehen. Übrigens, Sum (wenn ich Sie so nennen darf), was ist eigentlich Stutzen?

Dr. H.: Ja, das ist etwas schwierig zu beschreiben . . . äh . . . Wissen Sie ... wir haben noch keine gute Definition gefunden ... hm ... Ich glaube, Sie werden jetzt sagen, wir haben uns hier etwas festgefahren.

Klug: Nun, ich möchte Ihnen nichts in den Mund legen, aber könnte es sein, daß Sie mit Stutzen ein „Festsitzen“ meinen?

Dr. H.: Oh, das ist nicht schlecht! Ich glaube, wir sollten es damit versuchen, Sagen Sie, hätten Sie nicht Lust, sich nebenbei etwas an unserer Forschungsarbeit zu beteiligen?

Klug: Danke schön. Aber meine Arbeit läßt mir dazu keine Zeit. Sagen Sie, gibt es nicht einiges, das Sie als Schlüsselindikatoren des Stutzens herausgearbeitet haben?

Dr. H.: Natürlich – so halten wir Ausschau nach Leuten, die ständig im Kreise gehen, ohne an ein Ziel zu gelangen. Wir wissen übrigens eine Menge über die Größe und Form solcher Kreise.

Klug: Großartig, aber ich glaube, wir haben jetzt keine Zeit, um uns mit der Form von Kreisen zu beschäftigen. Worauf sind Sie sonst noch aus?

Dr. H.: Ja, da ist unsere berühmt gewordene „Grapschzählung", bei der wir alle erfolglosen Versuche beobachten und kategorisieren, die ein Manager unternimmt, um ein Problem in den Griff zu bekommen.

Klug: Ich glaube, ich fange jetzt an, eine Vorstellung davon zu bekommen, worauf Sie hinaus wollen. Gibt es noch andere Techniken, über die Sie uns einiges sagen möchten?

Dr. H.: Ja. Zunächst ist es so, daß wir viel Zeit darauf verwenden, selbst zu stutzen. Auf diese Weise gewinnen wir eine sehr gute Vorstellung davon, was Stutzen ist, indem wir es gewissermaßen von innen her betrachten.

Klug: Oh! Ich hatte bereits so eine Ahnung. Vielen Dank, Dr. Hummel, daß Sie zu unserer Show gekommen sind. Ich möchte nicht den Eindruck eines Schmeichlers erwekken, wenn ich sage, daß Sie uns wirklich alle stutzig gemacht haben.

Ganz abgesehen von Dr. Hummel ist Stutzen eine ernstzunehmende Sache. Stutzen ist gang und gäbe und bei allen Managern aller Funktionen zu beobachten, von der Forschung zur Personalauswahl, von der Planung bis zur Produktion. Die meisten Manager, mit denen ich zusammengearbeitet habe, scheinen hin und wieder zu stutzen, und ich gebe zu, daß auch ich häufig stutze. Stutzen ist aber sicher kein allgemeines Diskussionsthema am Arbeitsplatz oder gar in der gehobeneren Sphäre eines Management-Seminars. Das liegt teilweise daran, daß Stutzen nichts Angenehmes ist. Niemand von uns „sitzt gern fest". Übrigens, von Managern *erwartet* man, daß sie nicht festsitzen. Wir geben einfach nicht gern zu, daß wir stutzen. Und selbst wenn wir über das Stutzen sprechen wollen, dann eignen sich unsere Worte und unsere Sprache nicht recht für ein solches Vorhaben. Ja, es ist wohl so, daß das Sprechen über das Stutzen selbst so eine Art Stutzen ist.

Ohne Zweifel fährt sich jeder von uns bei manchen Problemen fest. Was für mich schwierig ist, braucht es für einen anderen nicht zu sein. Aber in der Art, wie die Leute stutzen, scheint es wenigstens zwei voneinander zu unterscheidende Varianten zu geben. Mit allem Respekt vor Dr. Hummel möchte ich die beiden Arten *„Einen-Griff-Suchen"* und *„Im-Kreise-Gehen"* nennen. Wegen der sprachlichen Probleme bei der Erörterung des Stutzens ist es schwierig, genaue und kurze Definitionen zu geben. Deshalb möchte ich jede Form des Stutzens auf verschiedene Weise und unter verschiedenen Gesichtspunkten beschreiben. (Übrigens ist dies keine schlechte Technik, um aus dem Stutzen herauszukommen, aber darüber später mehr.)

Griff-Suchen

Manchmal bekommen wir eine Sache „nicht in den Griff", weil wir nicht wissen, was wir wollen. *Das Problem ist, daß wir uns gar nicht klar sind, worin das Problem besteht.* Wir haben das bestimmte Gefühl daß etwas getan werden muß; wir möchten einige Informationen haben, aber wir wissen nicht genau, welche wir benötigen; wir würden eine gute Lösung eines Problems nicht erkennen, selbst wenn wir zufällig darauf stoßen. 1973 und einige Jahre danach schien in den USA z. B. die Aufstellung eines Bundes-Energie-Plans sehr viele Leute zu beunruhigen. Wir waren uns alle darin einig, daß es ein Energieproblem gab, aber wir wußten eigentlich gar nicht, was es bedeutete, von seiner Lösung ganz zu schweigen.

Das Griff-Suchen scheint oft in überaus komplexen Situationen aufzutreten. Komplexität entsteht teilweise dadurch, daß sehr viele Teile und Stücke zusammenzufügen sind. Allein die Größe eines bedeutenderen Problems kann zu einer sinnverwirrenden Komplexität führen. So ist z. B. die Entwicklung einer Marketingstrategie für den Vertrieb eines Produktes oder einer Dienstleistung auf dem gesamten Inlandsmarkt weit komplexer als die Marktstrategie nur für einen regionalen Bereich.

Aber zur Komplexität gehört auch die *Vielfalt* und *Wechselbeziehung* der Teile und Elemente eines Sachverhalts. So kann z. B. die Marktstrategie eines Mischkonzerns sehr komplex sein, da das Unternehmen sehr viele verschiedene Produkte herstellt, die es über verschiedene Vertriebskanäle an unterschiedliche Abnehmer verkauft. In diesem Falle verursacht die Vielfalt die Komplexität. Ein sehr stark integriertes Unternehmen kann jedoch ebenfalls eine sehr komplexe Marktstrategie haben. In diesem Fall bewirkt die wechselseitige Abhängigkeit der einzelnen Sparten und Produkte die Komplexität.

Die Komplexität kann uns überwältigen. Die Organisationskreise werden überladen und wir kommen ins Schwimmen. Zu viele Faktoren müssen berücksichtigt werden, zu viele Informationen sind zu verarbeiten, zu vieles ist unbekannt oder unsicher. Wir haben vor allem Schwierigkeiten, die Struktur eines Sachverhalts zu erkennen, und es fehlt uns an Mitteln, das vage erfaßte Problem anzugehen. Teile des Problems treten da und dort hervor, aber wir sehen sie nicht alle klar; wir wissen nicht, wie die Stücke, die wir sehen, zusammenpassen.

Unser tiefes persönliches Engagement in einer Angelegenheit trägt oft zur Komplexität (und dem damit verbundenen Stutzen) bei. Wenn wir an der Lösung eines Problems persönlich sehr stark interessiert sind, stehen wir dem komplexen Ganzen unseres Seins gegenüber. Wir haben es mit unserem riesigen Speicher sogenannter Tatsachen sowie unseren Einstellungen und Gefühlen zu tun. Wir nutzen dabei viele verschiedene geistig-seelische Prozesse, die auf mehreren Ebenen ablaufen (bewußte, vorbewußte und unbewußte). Mit anderen Worten, unser eigenes Wesen stellt eine sehr vielfältige und stark verflochtene Menge von Elementen dar. Deshalb können Probleme, die uns persönlich angehen, erheblich komplexer sein als viele auf den ersten Blick komplizierte Dinge, an denen wir aber nicht so sehr interessiert sind.

Griff-Suchen kommt am häufigsten zu Beginn eines Projektes vor, wenn wir uns anschicken, mit einer neuen Situation fertig zu werden – einer Situation, die genügend verschieden ist, so daß sie nicht in irgendeinen „geistigen Rahmen“ zu passen scheint. So ist z. B. die Grundlagenforschung oft eine Tätigkeit, bei der wir (gemäß Definition) nicht wirklich wissen, was wir wollen. Langfristige Planung ist auch oft mit einem Stutzen von der Art des Griff-Suchens verbunden. Das gewaltige Potential der Zukunft liegt formlos vor uns; dabei ist es gerade das Wesen der Planung, neue Richtungen zu überlegen und mögliche Kräfte und Ereignisse in dieser Zukunft in Betracht zu ziehen.

Im-Kreise-Gehen

Wenn wir im Kreise gehen, verfangen wir uns im gleichen Geleise. Wir hängen in der Furche, wie man sagt. Ein Problem scheint vielleicht ganz klar zu sein, und die Kriterien zur Beurteilung des weiteren Geschehens erscheinen deutlich beschrieben, wir können nur keine annehmbare Antwort finden. Eigentlich gehen wir gerade deshalb im Kreise, weil wir den Sachverhalt zu sehr kompliziert haben. Die Grenzen, die wir gesetzt haben, sind zu eng, und wir stoßen bei jeder Bewegung gegen sie. Keine der Alternativen scheint befriedigend – wir sehen uns die gleichen Möglichkeiten immer wieder von neuem an und hoffen irgendwie, daß plötzlich eine als brauchbar hervortritt. Eine Karikatur von *Samuel H. Groß* trifft das Wesentliche dieses Sachverhaltes: Ein sorgenvoll dreinschauender Mann sitzt auf dem einzigen Stuhl in einem leeren Zimmer. In einer Wand ist eine Tür mit einem Schild **„Kein Eingang“.** In der gegenüberliegenden Wand ist eine andere Tür mit der Aufschrift **„Kein Ausgang“.**

Wenn wir uns im Kreise bewegen, fühlen wir uns eingeschlossen und gefangen. Wir stehen unter einem doppelten Zwang und machen uns schuldig, ganz gleich, ob wir etwas tun oder unterlassen. Es ist der Versuch, gegensätzlichen Erfordernissen zu entsprechen (die Produktion ist zu erhöhen und gleichzeitig sind die Lohnkosten zu senken) oder einander widersprechenden Werten zu genügen (dem Vorgesetzten gegenüber loyal zu sein, wenn dieser einem Untergebenen gegenüber, der eine gute Arbeit geleistet hat, unfair und verletzend ist).

Auf der anderen Seite können die Ziele und Werte ohne weiteres miteinander vereinbar sein, aber wir sehen einfach keine Möglichkeit, ihnen zu entsprechen. Vor einigen Jahren stand die Kimberly-Clark-Gesellschaft vor dem unlösbar scheinenden Problem, die Vertriebskosten für ihre Kleenex-Erzeugnisse zu senken. Man hatte sehr sorgfältig die Möglichkeiten anderer Vertriebswege, Transportmittel, verschiedener Verpakkungen und anderes geprüft. In keinem dieser Bereiche war jedoch eine realistische Möglichkeit zur Senkung der Vertriebkosten zu erkennen. (Wie *Kimberly Clark* den Bann brach und zu welcher Lösung man gelangte, wird später in diesem Kapitel dargestellt.)

Manchmal scheinen uns unsere Wahlmöglichkeiten sehr eng begrenzt, da wir entweder sehr viele Faktoren gar nicht beeinflussen oder auf zu wenige der wirklich entscheidenden Variablen einwirken können. In anderen Fällen hindert uns unser persönliches Engagement zu erkennen, daß wir künstliche Grenzen gezogen haben, die uns im Kreise gehen lassen.

Gewöhnlich fangen wir dann an, im Kreise zu gehen, nachdem wir uns eine Zeitlang mit einem Problem beschäftigt haben und wir ziemlich genau wissen, was wir erreichen wollen; wir haben eine Menge Informationen gesammelt und viele augenfällige Alternativen sorgfältig analysiert. Das Durchbrechen des „Kreises" wird oft als kreatives oder innovatives Problemlösen bezeichnet, das heißt, man verspürt ein Gefühl des Neuen, des Erfindens oder des *geistigen Schöpfens,* das in der schließlich entdeckten Lösung zutage tritt.

Wursteln

Wursteln hängt eng mit dem Stutzen zusammen, und beide sind ernsthafte Angelegenheiten. Dennoch wird kaum darüber gesprochen. Wenn das Stutzen tabu ist, dann ist das Wursteln zumindest eine etwas fragwürdige Tätigkeit im Management. Sexualität wurde sehr ähnlich behandelt – jeder verbrachte eine Menge Zeit, indem er sich darin erging oder sich damit plagte, aber nur sehr wenige waren bereit, offen darüber zu sprechen, ganz zu schweigen von dem Bemühen, es besser zu machen.

Wenige von uns halten es aus, lange festzusitzen; es ist einfach zu unangenehm. Das Leben und die Arbeit gehen weiter, und wir können es uns kaum leisten, viel Zeit damit zu verlieren, untätig und ratlos dazusitzen. *Der einfachste Weg, aus dem Stutzen herauszukommen, ist anzufangen zu wursteln.*

Die meisten Manager wursteln, und sie tun es häufiger als sie zugeben wollen. (Auch von ganzen Unternehmungen oder Organisationen kann man sagen, daß sie wursteln, obwohl sich dieses Kapitel mehr mit dem Wursteln des einzelnen Managers beschäftigt.) *Manche Manager wursteln besser als andere* – und in dieser Hinsicht scheinen manche Aufgaben größere Fähigkeiten im Wursteln zu erfordern als andere. So ist es typisch, daß wir wahrscheinlich um so mehr Wurstelei antreffen, je höher hinauf wir in der Organisationspyramide schauen (und diese Beobachtung sollte keineswegs als eine abfällige Bemerkung über die Führungsfähigkeiten auf den höheren Ebenen verstanden werden). Es kann sogar so sein, daß die Fähigkeit, *gekonnt zu wursteln,* irgendwie mit dem *beruflichen Aufstieg* zusammenhängt.

Dennoch ist das Wursteln schwer zu definieren, und ich werde jeden ernsthaften Versuch der Definition auf das letzte Kapitel hinausschieben. *Im Moment lassen Sie uns lediglich sagen, daß es sich um bewußtes, aber nichtlogisches Denken handelt.*

Es ist auch schwierig, jeweils zu wissen oder zu beschreiben, *wie* ein einzelner wurstelt. Es ist aber möglich, einige der Dinge zu beobachten, die Manager tun, *wenn* sie wursteln. Die weiteren Seiten dieses Kapitels sind diesen Beobachtungen gewidmet. Zuerst kommen einige der augenscheinlichen allgemeinen *Vorgehensweisen.* Anschließend werden verschiedene der spezifischeren *Taktiken* ausgesondert, die den Managern beim Wursteln zu helfen scheinen.

Vorgehensweisen beim Wursteln

Strategischer Rückzug

(Besser bekannt unter der Redewendung „zum eiligen Rückzug blasen“.) Sie kennen sicher jene teuflisch kleinen Puzzle-Spiele, bei

denen man zwei miteinander verbundene Metallteile trennen muß, die wie komplizierte Heftklammern geformt sind. Ein oder zwei von diesen Puzzles liegen immer in meinem Büro herum, wo sie ein unwissender Besucher in die Hände bekommen und anfangen kann, damit herumzuknobeln. Gewöhnlich steckt der Besucher ziemlich bald auf, wendet sich mit einem einfältigen Grinsen an mich und reicht mir das Puzzle mit der Bemerkung „ich gebe auf“.

Ein Manager, der bei einer seiner Aufgaben nicht weiterkommt, mag auch aufgeben, selbst wenn dies nicht so geradeheraus und offen geschieht wie bei meinem verlegenen Besucher. So kann sich z. B. ein Manager einfach dazu entschließen, sich nicht weiter um das Festsitzen zu kümmern und darauf zu hoffen, daß er doch noch eine Lösung findet oder daß sich das Problem irgendwie von selbst löst – und manchmal tritt dies natürlich auch ein.

Anstatt der ausweglosen Situation einfach aus dem Wege zu gehen, mag ein Manager versuchen, sie dadurch zu *umgehen,* daß er ihr eine vergleichsweise geringe Bedeutung beimißt oder vielleicht erklärt, daß das Problem in Wirklichkeit gar keines ist. Wenn dies nicht so leicht möglich ist, kann er sich helfen, indem er das Problem verschiebt. Eine Möglichkeit, sich aus dem Festsitzen zu befreien, ist, das Problem auf einen späteren Zeitpunkt zu verschieben, „ da man im Moment nicht genug Zeit hat, sich damit zu beschäftigen.“ Ich lasse z.B. oft einen Brief einige Monate lange unbeantwortet. Wenn ich schließlich dazu komme zu antworten, entschuldige ich mich wegen der Verspätung und begründe sie mit meiner Arbeitsüberlastung. In Wahrheit habe ich die Beantwortung jedoch aufgeschoben, weil ich nicht wußte, was ich sagen oder wie ich es sagen sollte – im wesentlichen ein unbedeutender *Fall von Stutzen.* Wo es um ernsthafte Dinge geht, hat man dieses Verhalten manchmal als die *Kunst der vorbedachten Krise* bezeichnet – der Manager sieht die Krise herannahen, aber er unternimmt nichts, bis sie tatsächlich unvermeidbar wird.

Wenn ein Manager ein Problem nicht aufschieben kann, dann kann er es vielleicht auf einen anderen *abwälzen* – gewöhnlich auf einen Untergebenen, manchmal auch auf eine andere Abteilung. Eine andere weit verbreitete Taktik besteht darin, weitere Untersuchungen und Informationen zu verlangen.

Ein *Problem aufzuschieben* kann manchmal helfen. Was uns jetzt stutzig macht, braucht es später nicht zu tun; was für mich schwierig ist, braucht es für Sie nicht zu sein. Wenn es uns gelingt, in einer prekären Lage auch nur etwas Zeit zu gewinnen, dann besteht eine gewisse Aussicht, daß sich die Verhältnisse erheblich ändern und wir die Schwierigkeiten angesichts neuer zu lösender Probleme vergessen können. So traten z. B. die Aufregung und Besorgnis über die Umweltprobleme in den frühen siebziger Jahren etwas hinter den folgenden Auseinandersetzungen wegen der Energieversorgung, Inflation und Rezession, die in der Mitte der siebziger Jahre in den Vordergrund drängten, zurück.

Diese Vorgehensweisen, um vor einem Festsitzen den Rückzug anzutreten, erinnern mich an den neuen Panzerkampfwagen, der von einer kleineren Nation entwickelt worden war. Er hatte drei Rückwärtsgänge – für den Rückzug; und einen Vorwärtsgang – für den Fall eines Angriffs von hinten. *Nicht-Beachten, Umgehen* oder *Verschieben* eines Dilemmas sind im Grunde eher ein Versuch, *um den Sachverhalt* oder das Problem *herum* zu wursteln als sich *hindurch*zuwursteln. Man geht davon aus, daß der Verzicht auf Handeln die Gefahr, einen Fehler zu begehen, minimiert oder, noch wichtiger, beschuldigt zu werden, einen Fehler begangen zu haben.

Gegen das *Drumherum-Wursteln* ist nichts einzuwenden, wenn es funktioniert (sowohl für Sie als auch für das Unternehmen). Manchmal kommt man an einer Sackgasse am besten vorbei, indem man sie umgeht. Gelegentlich sind äußere Bedingungen und Ereignisse so geartet, daß ein Sich-hindurch-Wursteln einfach nicht infrage kommt. Es gibt aber auch so etwas wie ein unqualifiziertes Drumherum-Wursteln – d. h., man sucht einfach den *bequemsten Ausweg.* Es ist oft schwierig zu entscheiden, ob man es mit einem unqualifizierten oder qualifizierten Drumherum-Wursteln zu tun hat, weil die beiden einander sehr ähnlich sehen.

Leider ist vielen ausweglosen Situationen mit Drumherum-Wursteln nicht gut beizukommen. Bei manchen ist es möglich, sie vorübergehend unbeachtet zu lassen, sie kehren aber später mit noch größerer Gewalt, zu lähmen und zu verwirren, wieder. Allzuoft führt das Drumherum-Wursteln lediglich dazu, daß wir uns einer nie abreißenden Kette von täglichen Buschbränden gegenüberse-hen.

Manche Dilemmas kann man auch nicht vorübergehend „unbeachtet lassen“; sie ziehen sich nicht zurück, wenn man sie darum bittet, sie fordern vielmehr sofortiges Handeln. Es muß etwas getan werden, um auch nur vorübergehend von den quälenden Symptomen Erleichterung zu schaffen. Es kann wichtiger werden, sich von der unangenehmen und unerwünschten Situation zu entfernen, als sich den Kopf über die genaue Richtung, in der wir uns bewegen, zu zerbrechen; *irgendeine Entscheidung ist besser als keine Entscheidung.* Wir müssen zu anderen Vorgehensweisen als dem Rückzug greifen.

Gewaltsames Anpassen

Beim gewaltsamen Anpassen packen wir einen vorhandenen Griff und stopfen das ungelöste Problem in einen Koffer, den wir am Griff befestigt haben. Wir wählen nicht einfach irgendeinen Koffer – wir suchen einen aus, der sich in der Vergangenheit als passend für ähnlich erscheinende Probleme erwiesen hat. Nehmen wir z. B. an, die Umsätze gehen zurück, und wir verstehen nicht warum. Wir schreiten munter voran und senken die Preise (oder erhöhen sie vielleicht), weil dieser „Koffer“ das Zurückgehen der Umsätze in der Vergangenheit aufgehalten hat. Wir wählen einen Koffer einfach deshalb, weil ihn jemand bevorzugt, der im Unternehmen eine wichtige und einflußreiche Stellung innehat (in der Hoffnung, daß es dann schwieriger sein wird, uns dafür verantwortlich zu machen, wenn die Maßnahme erfolglos bleibt).

Oft stellen diese vorhandenen Koffer willkürliche Regeln oder Vorgehensweisen dar. Nehmen wir z. B. an, ein Manager hält es für notwendig, die Kosten sehr stark zu senken. Er mag es als ein hoffnungsloses Unterfangen ansehen, jeden Bereich des Unternehmens sorgfältig zu prüfen, um genau festzustellen, wo das „Fett“ sitzt. Stattdessen ordnet er einfach eine zehnprozentige Kürzung aller Kostenbudgets an.

Natürlich besteht beim gewaltsamen Anpassen das Problem darin, daß das Dilemma nicht besonders gut in den Koffer paßt. Wir müssen das Problem zurechtbiegen oder durch Beschneiden in seiner

Gestalt verändern. *Gewaltsames Anpassen* kann eine sehr erfolgreiche Form des Wurstelns sein, wenn wir wirklich versuchen, *nach und nach sowohl den Koffer als auch das Problem so* umzuformen, daß die Übereinstimmung größer wird. Wir müssen erkennen, daß die erste Anpassung noch nicht ausreicht und nichts weiter ist, als die Dinge in Bewegung zu bringen. Allzuoft bemühhen wir uns nur, die erste Anpassung als gelungen zu betrachten, anstatt im Laufe der Entwicklung die gewaltsame Anpassung zu verändern; ja, wir neigen mitunter sogar dazu, einfach andere Leute und die nachfolgenden Ereignisse für die Fehlanpassung verantwortlich zu machen.

Zergliederung

Die Zergliederung ist eine Art *Kompromiß* zwischen dem *Nichtbeachten* und dem *gewaltsamen Anpassen* eines Dilemmas. Gewisse Aspekte des Sachverhalts werden übersehen und andere Teile des Problems zur besonderen Betrachtung ausgesondert – Teile, die gut in einen vorhandenen Koffer passen. Bei der Aufstellung des Jahresbudgets wird z. B. ein Manager nicht aufgefordert, jeden Posten zu begründen (sogenanntes „zero-based budgeting), da dies einfach zu umfangreich und zeitraubend wäre. Statt dessen braucht der Manager nur die Erhöhungen bzw. Verminderungen gegenüber dem Budget des Vorjahres zu vertreten.

Die Zergliederung als eine Form des Wurstelns bedeutet, daß wir jedem systematischen Versuch aus dem Wege gehen, uns mit dem Sachverhalt in seiner Gesamtheit zu beschäftigen. Viele Teile des Problems werden überhaupt nicht bearbeitet, und man gibt sich wenig Mühe, die *bearbeiteten* Teile zusammenzupassen. Die Zergliederung kann eine sehr nützliche Form des Wurstelns sein, solange wir nicht vergessen, daß der Rest des Problems nach wie vor auf eine Lösung harrt und mit der Zeit nicht weniger schwierig wird.

Taktiken beim Wursteln

Man hat scherzhaft gesagt: *„Jeder kann planen, aber um von Krise zu Krise zu springen, muß man ein hervorragender Manager sein.“*

Im Zusammenhang mit dem Wursteln dürfte dieser Ausspruch ebenso zutreffend sein wie er erheiternd ist. Die Diskussion der *Vorgehensweisen* beim Wursteln ist in sich etwas widersprüchlich, denn wenn wir wirklich eine klare und umfassende Strategie des Wurstelns entwickeln und befolgen könnten, dann würden wir wahrscheinlich nicht wirklich wursteln. In gewisser Hinsicht dürfte das Wesentliche des Wurstelns gerade darin liegen, daß es einem an einer klaren und umfassenden Strategie zum Angehen eines Problems oder eines Sachverhalts fehlt. Ein Wurstler kann gerade durch seine Fähigkeit, ohne einen ganzheitlichen Plan oder Strategie arbeiten zu können, erfolgreich sein. Deshalb liegt der tatsächliche Schlüssel zum organisierten Wursteln wahrscheinlich *mehr* auf der Linie der *Taktik als* der *Strategie.*

Manager, die gut im Wursteln sind, scheinen über ein vielseitiges Repertoire an Techniken zu verfügen, auf das sie zurückgreifen können, sobald sie feststellen, daß ihre normale Wurstelei in einem Dilemma endet. Dennoch sind viele gute Wurstler nicht in der Lage, klar die von ihnen benutzten spezifischen Techniken zu beschreiben. Sie brauchen ihnen noch nicht einmal bewußt zu sein. Indem ich einige dieser Techniken isoliere und beschreibe, hoffe ich, sie allen Managern leichter zugänglich machen zu können.

Es ist schwierig, genau anzugeben, wann und wo jede dieser Techniken angewendet werden sollte; wahrscheinlich wird jeder Manager von dem Angebot unterschiedlichen Gebrauch machen. So ist in gewissem Sinn der Rest dieses Kapitels eine Art *Grabbelsack,* in dem Sie wühlen können, wenn Sie mit Ihren üblichen Methoden nicht zum Ziel gelangen.

Sie fangen immer irgendwo an

Die Standardtechniken für das Lösen von Problemen umfassen solche Schritte wie das Definieren des Problems, das Festlegen von Zielen, Entwickeln von Alternativen und irgendein Auswählen unter den Alternativen. Aber Sie stutzen ja gerade immer dann, wenn Sie das Problem oder die Ziele nicht klar definieren können und weil keine der Alternativen befriedigend erscheint. So sind also die Standardtechniken für das Lösen von Problemen keine große Hilfe, um aus einer ausweglosen Lage herauszukommen; ja, Sie fahren sich eher noch mehr fest, wenn Sie versuchen, sie anzuwenden. Da Stutzen so viel heißt wie ängstlich anhalten, zurückschrecken oder bewegungsunfähig festsitzen, ist es oft schwierig, mit dem Wursteln anzufangen (oder wieder anzufangen).

Es gibt jedoch immer einen sicheren Weg, mit dem Wursteln anzufangen: Halten Sie mit dem Versuch inne, das Problem zu lösen und *stellen Sie ganz einfach fest, „wo Sie stehen"*. Selbstverständlich sollte diese Standortbestimmung etwas mehr aussagen als die Feststellung „Ich sitze fest". Die Standortbestimmung kann und sollte Angaben enthalten über die *Hindernisse,* gegen die Sie ständig anrennen oder über all das, was die Situation so schwierig zu machen scheint. Sie können sogar Ihre *Gefühle* und *Gemütsregungen* über das Dilemma anführen – und damit läßt sich tatsächlich oft am besten beginnen. Fühlen Sie sich frustriert, verärgert, hilflos, ängstlich, verwirrt, traurig? Solche Gefühle zehren sehr viel Energie auf und können eine Menge Verwirrung erzeugen, die die ausweglos erscheinende Situation fortdauern lassen. Nicht daß das Bewußtwerden der Furcht Sie schon zwangsläufig weniger furchtsam werden läßt; aber Sie werden dann erkennen, wovor Sie sich eigentlich fürchten oder warum Sie gerade jetzt niedergeschlagen sind (während Sie es vor einigen Wochen nicht waren) usw. Sich seine *Gefühle* auf diese Weise *bewußt* zu *machen,* sollte nicht als eine Art selbstverordneter Psychotherapie angesehen werden, sondern mehr als ein harmloser Versuch, den toten Punkt zu überwinden.

Ein weiterer wichtiger Schritt der Standortbestimmung ist, *sorgfältig und klar zu beschreiben, was man* über das Problem oder den Sachverhalt *weiß* (oder zu wissen meint). Wenn Sie nach einem Griff suchen, dann kann die Übersicht über das vorhandene Wissen helfen, zumindest einen Teil eines Griffes zu fassen zu bekommen. Sie beginnen zu erkennen, daß Sie *einiges* wissen; Sie beginnen die Gebiete abzustecken, die wirklich nebelhaft sind. Wenn Sie im Kreise gehen, können Sie die gleiche Technik anwenden, obwohl sie sich in diesem Fall ganz anders auswirkt. Während Sie feststellen, was Sie wirklich wissen, werden Sie wahrscheinlich entdecken, daß Sie relativ wenig sicher wissen. Sie werden Annahmen machen, die zu überprüfen sind. Sie werden vielleicht auf einige Alternativen stoßen, die Sie aus unangemessenen Gründen verworfen haben, ja Sie können sogar an Dinge denken, die Ihnen bisher noch nicht widerfahren sind.

Ein anderer produktiver Weg zur Standortbestimmung besteht darin festzustellen, was man über den Sachverhalt oder das Problem *nicht weiß*. Das ist ganz und gar kein vergebliches Bemühen. Ihnen wird dabei einiges klar werden, von dem Sie nur ungefähr meinten, es nicht zu wissen; und Sie werden einige der unklareren Aspekte schärfer in den Blick bekommen.

Die Standortbestimmung scheint oft zu einfach, als daß sie von größerem Nutzen sein könnte, oder Sie glauben, schon mehr oder weniger gut zu wissen, wo Sie stehen. *Aber die schriftliche Fixierung Ihrer Gefühle und Ihres Wissens (oder Nicht-Wissens) über ein Problem zwingt Sie insgeheim, die Dinge aus einem anderen Blickwinkel zu sehen.* Zu beschreiben, wo Sie stehen, kann selbst dann helfen, wenn Sie nicht genau sehen, wie Ihnen dies beim Anfang helfen kann. (Das ist eines der wesentlichsten Merkmale des Wurstelns). Wie dem auch sei; Ihren Standort zu bestimmen ist etwas, was Sie immer tun können; und etwas zu *tun* kann sehr wichtig sein. Der *Schlüssel* zum Durchwursteln ist, daß *ein Ding zum anderen führt.*

Sprechen Sie mit anderen, wenn Sie in der Klemme sind

Stellen Sie sich vor, man könnte die Gedanken eines Managers, der in der Klemme sitzt, irgendwie auf einem Tonband aufzeichnen. Wenn man diese Aufzeichnung niederschriebe, könnte dies etwa so aussehen:

> „Nun, du weißt, der Kern des Problems ist nach wie N."
> *„Gewiß, aber es gibt keinen Weg, ihm beizukommen."*
> „Einverstanden, aber was ich wirklich gern täte, ist Y, und gerade das ist nicht möglich."
> *„Richtig, und vergiß nicht, A, B und C in Betracht zu ziehen."*
> „Ich weiß einfach nicht, was ich tun soll; die einzige Möglichkeit scheint Y zu sein."
> *„Aber du weißt, daß das nicht geht!"*

„Nun denn, ich nehme an, ich könnte immer noch Z tun."

„Sicher, aber das würde D und E nicht lösen."

„Es ist ausgerechnet dieser verdammte Faktor N, und außerdem sollte ich mich auch noch mit F und G beschäftigen."

„Aber würde Y nicht F und G berücksichtigen? Ach, ich glaube, es ist geradezu lächerlich, Y ins Auge zu fassen."

„Gut, wie steht es um X? Dabei würde A und B Rechnung getragen."

„Gewiß, aber durch X würde das Problem mit N nicht gelöst."

Und so weiter, und so weiter.

Es hat Sie wahrscheinlich weniger als 20 Sekunden gekostet, diesen kurzen Auszug aus dem gedanklichen Dialog eines Managers zu lesen, und ich fürchte, Sie waren nahe daran, zu stutzen. Sie können sehen, wie leicht es ist, in die Klemme zu geraten (oder darin gefangen zu bleiben), wenn Sie versuchen, *ausschließlich innerhalb der Grenzen ihres eigenen Kopfes zu arbeiten.* Einer der Gründe für das Stutzen liegt in erster Linie in der begrenzten Arbeitskapazität unseres Hirns. Einige Untersuchungen haben gezeigt, daß wir in unserem Hirn nicht mehr als fünf bis neun Einzelinformationen sinnvoll verarbeiten können. (Selbst die sieben Ziffern einer Telefonnummer können uns Schwierigkeiten machen.) In dem obigen Bandausschnitt wurden elf Sachverhalte, dargestellt durch die Buchstaben A, B, X usw. angesprochen.

Selbst wenn Sie erst anfangen zu wursteln, kann es hilfreich sein, sein Denken nach außen dringen zu lassen. Eine Möglichkeit ist, laut zu sprechen – zu sich selbst oder in das Mikrofon eines Tonbandgerätes, wenn es sein muß, obwohl die Mitteilung einem anderen Menschen gegenüber oft produktiver ist. Die hinter diesem Vorgehen stehende Idee wird sehr nett durch den Manager veranschaulicht, dessen Aussagen sehr kritisch von einem Kollegen aufgenommen wurden. Der Manager antwortete: „Sehen Sie, wie weiß ich denn, was ich denke, solange ich nicht höre, was ich sage."

Neben dem Hören des Gesagten kann es auch sehr förderlich sein *zu sehen,* was man gesagt hat – *indem man sein Wursteln zu Papier bringt.* Das Niederschreiben des Dilemmas (oder einzelner Teile) ist eine Möglichkeit, einige der vielen Gedanken, die einem durch den Kopf gehen, einzufangen und festzuhalten. Indem Sie das Problem N und die ideale Lösung Y notieren, haben Sie sie gegenständlich vor sich. Damit vermeiden Sie, daß sie alle paar Minuten vor Ihnen auftauchen. Sie vermindern das Durcheinander und stellen einige der lebenswichtigen Hirnwindungen frei, die schließlich in ihrer Zahl begrenzt sind.

Sobald Sie einige Ihrer Gedanken vor sich auf dem Papier haben, ist es erstaunlich, wie Sie damit arbeiten und spielen können. Darüber hinaus sehen Ihre Gedanken immer etwas anders aus, wenn sie schwarz auf weiß vor Ihnen stehen. Ein solcher Wechsel der Perspektive scheint ein Schlüsselfaktor erfolgreichen Wurstelns zu sein.

Taktische Grundregeln für das Wursteln

Verbalisieren, ganz gleich, ob mit oder ohne Bleistift und Papier, ändert nicht nur Ihre Perspektive. Es zwingt Sie unumgänglich dazu, Ihrer Wurstelei eine Art *Struktur* zu geben, und sei es auch nur durch die Regeln des Satzbaues oder die räumliche Anordnung auf dem Papier. Dies hilft uns, das Wursteln zu organisieren. Dennoch ist es die Furcht vor solcher Strukturierung, die einen Manager oft davon abhält, sein Wursteln in Worte zu fassen; viele Manager fühlen sich nicht wohl dabei, ihre verschwommenen Gedanken der automatischen Ordnung der gesprochenen oder geschriebenen Sprache auszuliefern.

Ein Freund bat mich einmal, mit einem Mann namens Stacy zusammenzukommen, um ihm bei einem beruflichen Problem zu helfen. Stacy hatte in den letzten Jahren viel Arbeit in den Aufbau eines kleinen Unternehmens gesteckt, das schließlich in das Ertragsstadium zu kommen schien. Unglücklicherweise hatte der Partner Stacys einen Weg gefunden, ihn aus dem Unternehmen zu drängen, und er hatte dies auf eine nicht gerade feine Art getan. Stacy war jetzt ohne Beschäftigung.

Als ich Stacy zuhörte, wie er über seine berufliche Situation sprach, wurde mir klar, daß es ihm nicht an Ideen, Möglichkeiten oder Fähigkeiten mangelte. Im Kopf Stacys schwirrten eine Menge Gedanken herum, obwohl sein Denken natürlich mit Bitterkeit über den Mißerfolg seines Unternehmens gefärbt war. Jede neue Möglichkeit schien irgendeinen unangenehmen Haken zu haben, wie z. B. zu hohen Kapitalbedarf, einschlägige Erfahrungen oder Zeugnisse, die Stacy nicht besaß. Kurz, Stacy steckte in der Klemme.

Stacy hatte offenbar vor unserem Gespräch viel über das Problem nachgedacht und mit einigen anderen Leuten darüber gesprochen. Ich fragte Stacy, ob er von seinen früheren Überlegungen oder Gesprächen schriftliche Aufzeichnungen gemacht habe. Er antwortete, das habe er nicht getan. Als ich mich ein wenig über die Vorteile schriftlicher Notizen erging, unterbrach mich Stacy rasch. Er meinte, ich brauche ihn nicht zu überzeugen. Wenn er an einem geschäftlichen Problem arbeitete, habe er oft umfangreiche Aufzeichnungen gemacht, um Ordnung in seine Überlegungen zu bringen.

Ich fragte Stacy dann weiter, warum er seiner Gewohnheit, Bleistift und Papier zu benutzen, bei seinem kompliziertesten und wichtigsten beruflichen Problem nicht gefolgt war. Nach einer Denkpause antwortete Stacy ziemlich einfältig, der Grund liege wohl darin, daß er einfach *nicht gewußt habe, was er aufschreiben oder was für Überschriften er seinen Aufzeichnungen geben sollte.*

Diese Episode verdeutlichte mir sehr nachdrücklich einen der hauptsächlichsten Widerstände, über das Wursteln zu sprechen oder zu schreiben: die Meinung, man müsse eine besondere Reihe von Regeln befolgen, die aber einfach beim Wursteln nicht angewendet werden können. Zum Beispiel:

1. Wissen, was man sagen will.
2. Klare Beziehungen zwischen verschiedenen Teilen, besonders hinsichtlich Ursache und Wirkung, herstellen.
3. Über das, was man weiß, ziemlich sicher sein.
4. Fehlermöglichkeiten so weit als möglich ausschließen.
5. Möglichst genau und in Einzelheiten beschreiben.
6. Vor allem folgerichtig sein.

Wenn Sie solche Grundregeln anwenden könnten, würden Sie es wohl nicht nötig haben zu wursteln; ja, Sie wären vorher wahrscheinlich nicht in die Klemme geraten. *Der eigentliche Zweck des Wurstelns besteht darin, mehr über das herauszufinden, was man weiß.* Wenn Sie klar alle Beziehungen zwischen den Einzelteilen des Puzzles erkennen könnten, dann wären Sie bereits auf dem besten Wege zu wissen, was in dieser Situation zu tun ist.

Wie können Sie sich Gewißheit über den Erfolg des Wurstelns verschaffen? Gar nicht. Sie werden unvermeidlich einigen falschen Spuren folgen, und Sie werden des öfteren in *Sackgassen* landen. Was Sie schreiben oder sprechen, wird vermutlich sehr ungenau scheinen. Es ist wahrscheinlich, daß Sie bei Ihrem Bemühen, die ganze Komplexität der schwierigen Situation überschaubar zu machen, sehr inkonsequent vorgehen.

In einer Hinsicht ist *Wursteln* eine Art *Balancieren.* Viele von uns sehen keine Schwierigkeit im artistischen Balancieren, fühlen sich aber ziemlich hilflos, wenn sie mit Worten und Ideen balancieren sollen. Stacy kam sich etwas dumm dabei vor, Dinge niederzuschreiben, von denen er wußte, daß viele von ihnen weder richtig noch nützlich wären. Er sah wenig Sinn darin, wahllos Notizen zu machen und einfach darauf zu warten, daß sich daraus irgendeine Art von Ordnung abzeichnet. Er fühlte irgendwie, daß es nicht möglich sei, seine Gedanken in Spalten und Kapitel zu ordnen, wenn er nicht vorher die Überschriften wußte. Kurz, Stacy, nahm an, daß die Verwendung von Bleistift und Papier einer Reihe von Grundregeln entsprechen müsse, die einfach für das Wursteln nicht geeignet sind.

Wesentlich ist, daß das *Bestimmen des Standortes, Aussprechen des Dilemmas* und die anderen noch folgenden Techniken alle dazu beitragen können, Methode in das Wursteln zu bringen. Aber Sie werden nicht weiterkommen, wenn Sie die Techniken gewaltsam mit einer Reihe von Grundregeln in Einklang zu bringen versuchen, die nicht für das Wursteln geschaffen wurden.

Einmal kurz überfliegen, bitte

Viele Jahre schulischen Trainings in den methodischeren Formen des Probleme-Lösens erzeugen eine Voreingenommenheit für sorgfältiges und ordentliches Arbeiten, das für flüchtiges und kurzes Überfliegen zur Orientierung keinen Raum läßt. Besonders beim Griff-Suchen kann das kurze Überfliegen sehr zweckmäßig sein:

Eine größere Unternehmensberatung erhielt den Auftrag, Empfehlungen zur Verbesserung einer sehr großen staatlichen Behörde auszuarbeiten. Die anfängliche Phase der Untersuchung machte eine umfassende Istzustandsaufnahme der gegenwärtigen Aufbau- und Ablauforganisation und ihre Auswirkungen für die Zukunft der Behörde notwendig. Anschließend sollten verschiedene organisatorische Alternativen untersucht werden.

Die zu untersuchende Behörde unterhielt Dienststellen in einigen hundert Orten des Landes, beschäftigte einige hunderttausend Menschen und gab jährlich Milliarden von Dollars aus. Das gesamte Beratungsprojekt sollte von einer Gruppe von etwas mehr als 50 Beratern innerhalb von vier Monaten abgewickelt werden. Selbst diesen erfahrenen Beratern erschien das Projekt gewaltig. Nach einigen Wochen des Griff-Suchens litten die meisten der Beratergruppen unter ernsten Syndromen des Festsitzens.

Man überwand den toten Punkt schließlich, als der Leiter des Projekts entschied, in einer raschen und ziemlich willkürlichen Weise eine etwas unvollständige Istzustandsaufnahme zu machen. Die Taktik ging dahin, sieben verschiedene Funktionsbereiche in der Organisation der Behörde zu untersuchen, wie z. B. den Finanzbereich von der Budgetierung der Mittelanforderung bis zum Empfang und zur Verwendung dieser Mittel; einen Personalbereich von der Stellenausschreibung und Einstellung bis zur Beförderung oder Beendigung des Dienstverhältnisses; einen Bereich für Forschung und Entwicklung usw.

Die Gruppe wußte, daß diese sieben Bereiche kein Bild der gesamten Behörde ergaben und auch nicht am besten geeignet wären, die endgültige Istzustandsaufnahme aufzubauen. Die sieben Bereiche stellten aber eine Möglichkeit dar, schnell zu einem Ergebnis zu kommen.

Wie sich herausstellte, führte die Verfolgung dieser funktionalen Abläufe zur Befragung vieler Führungskräfte auf verschiedenen Ebenen in verschiedenen Führungsbereichen und lieferte nicht nur wichtiges statistisches Zahlenmaterial, sondern auch qualitative Daten über Ziele, Verfahren der Entscheidungsbildung usw. Man war aus der Klemme, und die nächsten Schritte der Untersuchung wurden viel klarer.

Ein Grund, warum Sie vor der Methode des Einmal-kurz-Überfliegens zurückschrecken, ist wahrscheinlich Ihre Besorgnis, daß Sie damit unausgereifte und unvollständige Ergebnisse erhalten (was wahrscheinlich auch der Fall sein wird). Sie werden befürchten, von diesen vorläufigen und unzulänglichen Konzepten zu stark beeinflußt zu werden. Sie werden Angst davor haben, daß dieser erste Eindruck Ihr späteres Denken und Bewerten der Situation unwiderruflich prägt. Es mag Sie befremden, während des ersten Abfahrens der Bahn manchen unangenehmen Punkt auszulassen, um an das Ende zu gelangen. Solche Reaktionen und Befürchtungen sind ganz und gar nicht unbegründet – sie sind hier nur nicht angebracht (d. h., die alten logischen Grundregeln erheben ihre drohenden Häupter wieder am falschen Ort). Gewiß birgt das kurze Überfliegen Risiken, aber leider gehört zum Wursteln (wie auch zu anderen Formen des Denkens) ein gewisses Maß an Risiken.

Sie werden, um noch einige Redewendungen zu gebrauchen, fürchten, Ihr Hemd zu verlieren, wenn Sie den Weg im Eiltempo zurücklegen, aber stattdessen werden Sie vielleicht mit einer Art Kleiderständer zurückkehren, auf den Sie Dinge hängen können. Sie mögen sogar einige Hinweise darauf bekommen, was an diesem Kleiderständer verkehrt ist.

Nebenbei, nachdem Sie den Weg einmal zurückgelegt haben, kann es zweckmäßig sein, Ihre gedanklichen Streifzüge auf einem oder zwei Blatt Papier zusammenzufassen.

Manager wenden diese Technik des Zusammenfassens auf detaillierte und sorgfältige Analysen an, aber sie erkennen nicht, daß die gleiche Technik auch beim Wursteln helfen kann. Mit umfangreichen gedanklichen Elaboraten, wie sie beim Wursteln entstehen, umzugehen, kann die begrenzte Verarbeitungskapazität des Hirns überfordern (selbst wenn sie auf Papier stehen). Zu viele Seiten von ungenauen, tastenden Aufzeichnungen können es wortwörtlich unmöglich machen, wichtige Zusammenhänge und mögliche Griffe zu ihrem Erfassen zu *sehen*. Der allzu große Wortreichtum wird am besten durch die Redewendung „aus den Augen, aus dem Sinn" charakterisiert.

Wechsel der Betrachtungsweise

Ich stehe an einer vierspurigen Schnellstraße, auf der Wagen in beiden Richtungen vorbeisausen. Ich möchte meinen Freund besuchen, der in einem Haus auf der anderen Seite der Straße wohnt, direkt gegenüber von mir. Ich habe Angst die Straße zu überqueren, da die Wagen zu schnell fahren und man mich nicht sehen oder meinetwegen anhalten kann.

Ich wende meinen Blick vom Haus weg auf die Fahrbahn und erspähe plötzlich eine „Insel" in der Mitte. Vielleicht kann ich in zwei Etappen hinüberwechseln, was die Sache etwas weniger gefährlich machen würde.

Dann konzentriere ich meine Aufmerksamkeit auf die vorbeihuschenden Wagen und bemerke, daß von Zeit zu Zeit die Verkehrsdichte geringer wird. Vielleicht könnte ich hinüber gelangen, wenn gerade einmal weniger Wagen auf der Straße sind.

Mein Blick gleitet dann nach links entlang der Straße, und ich entdecke in einiger Entfernung so etwas wie eine Ampel. Also könnte ich auch dorthin gehen und die Straße an dieser Stelle überqueren.

Schließlich schaue ich genauer zum Haus meines Freundes hinüber und stelle fest, daß sein Wagen nicht in der Einfahrt steht. Im Briefkastenschlitz stecken mehrere Zeitungen. Wahrscheinlich ist er gar nicht zu Hause, und ich brauche die Straße gar nicht zu überqueren.

In dieser kleinen Vignette habe ich mehrmals meine Betrachtungsweise geändert und so neue Aspekte der Situation entdeckt. Der Wechsel der Betrachtungsweise führte mich zu neuen Ansätzen und verhalf mir dazu, neue Verbindungen zwischen den verschiedenen Teilen des Sachverhalts herzustellen. Natürlich könnten Sie einwenden, daß ich eigentlich nichts Neues entdeckt habe – d. h. alles war bereits da; ich habe es nur nicht gesehen. Ist dies aber nicht gerade das Wesentliche einer jeden Situation?

Ein Verfahren zum Lösen eines Problems wird oft einfach als eine bestimmte Art und Weise, über eine bereits erkannte Situation nachzudenken, angesehen. *In der Tat besteht der eigentliche Nutzen einer Problemlösungstechnik in ihrer Fähigkeit, die Betrachtungsweise eines Sachverhalts zu ändern* – was zu vertiefter Einsicht und zu neuen Ideen, das Problem anzugehen, führt. Die Wahrnehmung eines Problems begrenzt unvermeidbar Ihr Denken darüber. Es ist kaum möglich, die Aspekte eines Sachverhalts zu übersehen, die man fühlt, sieht oder weiß; und es ist schier unmöglich, sich mit jenen Aspekten eines Sachverhalts zu befassen, die man nicht fühlt, sieht oder weiß.

Wenn Sie sich nicht aus der Klemme befreien können, dann kann es daran liegen, daß Ihre jetzige Blickrichtung Sie daran hindert, geeignete Handlungsweisen zu erkennen und weil Sie offenbar nicht in der Lage sind, Ihre Betrachtungsweise zu ändern. Schließlich sind alle Techniken des Sich-hindurch-Wurstelns teilweise deshalb erfolgreich, weil sie einen Wechsel in der Betrachtungsweise herbeiführen helfen oder bewirken.

Gute Wurstler verwenden sehr viele Techniken zum Wechsel der Betrachtungsweisen, aber fast alle diese Techniken können in die folgenden *drei Kategorien* eingeordnet werden:

1. Wechsel im Medium des Ausdrucks,
2. Änderung in der Verwendung eines vorhandenen Ausdrucksmittels,
3. Versuch, die Situation selbst zu ändern.

Wenn man eine oder mehrere dieser Änderungen vornimmt, wird zwangsläufig auch ein Wechsel in der Betrachtungsweise eintreten. Natürlich wird die eingetretene Änderung der Blickrichtung nicht unbedingt helfen oder einen genau zu dem führen, was man braucht, andererseits gibt es aber keinerlei Garantien beim Wursteln.

Im Rest dieses Abschnitts werden einige spezifische *Beispiele* dafür angeführt, wie man jede dieser drei Arten der Änderung vornehmen kann.

Das Medium ist die Mitteilung (d. h. Wechsel des Mediums)

Diese Technik überdeckt sich etwas mit der Taktik des Aussprechens des Dilemmas. Eine Möglichkeit, das Medium, in dem man wurstelt, zu wechseln, ist, laut zu sich selbst oder zu einem anderen darüber zu sprechen, anstatt still vor sich hinzugrübeln. Bleistift und Papier sind ein weiteres Medium des Ausdrucks. Nebenbei, einige Manager, die auf der Maschine schreiben können, sehen darin ein vom Schreiben mit der Hand verschiedenes Mittel; d. h., sie stellen fest, daß sie beim Schreiben mit der Maschine ziemlich anders denken als wenn sie mit der Hand und dem Schreibstift schreiben.

Ein anderes wichtiges Medium für das Wursteln sind Zeichnungen und Bilder; und Sie müssen kein Rembrandt sein, um dieses Medium für das Wursteln zu nutzen. Symbole und Diagramme (natürlich unter Verwendung von Zahlen, aber auch Vierecke, Kreise, Pfeile, Kurven und Grafiken) bilden weitere wichtige Medien, die Sie benutzen können, um zu neuen Betrachtungsweisen zu gelangen.

Nehmen Sie als ein einfaches Beispiel die Bewegungen Ihrer bevorzugten Aktien an der Börse, und stellen Sie sich die verschiedenen Erkenntnisse vor, die Sie gewinnen könnten, wenn Sie die Daten durch die folgenden unterschiedlichen Medien darstellen würden;

- die wörtliche Beschreibung der historischen Börsenkurse durch einen Börsenanalysten
- eine Liste der täglichen Schlußkurse
- eine Kurve der Schlußkurse
- eine Trickfilmzeichnung, auf der jemand einen Ballon (vielleicht mit heißer Luft) aufbläst, wenn die Kurse steigen, und die Luft abläßt, wenn sie fallen. (Während im Hintergrund ein böse dreinblickender Mann mit einer Hutnadel herumschleicht.)

Durch den Wechsel des Mediums werden Sie dazu ermutigt, den Sachverhalt anders zu sehen, denn jedes Ausdrucksmittel hat seine eigene ihm innewohnende Struktur. Jedes Medium hat seine eigenen Möglichkeiten und Beschränkungen, und jedes Medium färbt auf seine Weise auf die Daten ab.

Veränderung des Mediums (d. h. Änderung in der Verwendung des Mediums)

Es gibt offenbar eine Vielzahl von Möglichkeiten, die verschiedenen Medien so zu nutzen, daß man zu neuen Einsichten gelangt. Sehen Sie nur, wie vielfältig die Prosa der verschiedenen Autoren sein kann. Sprache kann humorvoll, zynisch, sachlich, gefühlvoll, oder mystisch sein; die Aufzählung ließe sich beliebig fortsetzen. Ich möchte mich darauf beschränken, nur zwei besonders produktive Möglichkeiten der Veränderung des Mediums Sprache zu beschreiben (obwohl diese Techniken sehr gut auf andere Medien angewandt werden können).

Die erste Technik besteht in der *Änderung der Abstraktionsebene,* auf der Sie über das Problem denken oder sprechen, d. h., *Sie versuchen, die Dinge entweder in einer mehr abstrakten oder mehr gegenständlich-konkreten Form zu beschreiben.* Hier ist ein Beispiel für eine allgemeinere Darstellungsweise:

Ein Fertigungsleiter wußte nicht, was er mit den spiralförmigen Metallspänen anfangen sollte, die bei der Bearbeitung von Werkstücken anfielen. Beim Versuch, diesen Schrott mit allgemeineren Begriffen zu benennen, stellte er fest, daß er glänzend, leicht, billig, feuerfest und in großen Mengen verfügbar war.

Nun scheinen solche *Verallgemeinerungen* den Fertigungsleiter in einer Hinsicht von seinem besonderen Problem wegzuführen; bis zu einem gewissen Grad bedeutet das *Verallgemeinern* auch immer das *Außerachtlassen einiger Besonderheiten.* Aber wie bei der Betrachtung einer Landschaft von einem Berggipfel erlaubt eine Abstraktion immer eine Änderung des Horizonts und macht neue Beziehungen zwischen Teilen der Landschaft sichtbar. Die Verallgemeinerung brachte unseren Fertigungsleiter schließlich auf eine neue Idee: Er empfahl seinem Unternehmen, die Metallspäne als Weihnachtsbaumschmuck zu verkaufen.

In dem folgenden *Beispiel* wird angedeutet, wie durch eine konkrete, exemplifizierende Darstellung eines Sachverhalts Methode in das Wursteln kommt:

Ein Personalleiter hatte zwei Sitzungen mit Hauptabteilungsleitern angesetzt, die Probleme der Motivation von Mitarbeitern besprechen sollten. Der Personalleiter wollte das Gespräch der ersten Sitzung auf gewisse Grundbedürfnisse eines jeden Menschen konzentrieren: Das Bedürfnis nach Sicherheit, sozialer Achtung, persönlicher Erfüllung usw. Die Manager schienen zwar die Theorie von den verschiedenen Grundbedürfnissen zu verstehen, die Besprechung führte aber irgendwie zu keinem Ergebnis. Ihnen war nicht klar, wie sie die Vorstellung von den Bedürfnissen in ihrer Praxis anwenden sollten und bemerkten scherzhaft, daß sie wohl erst ein psychologisches Studium zu absolvieren hätten, ehe sie die Bedürfnisse Ihrer Mitarbeiter diagnostizieren könnten.

Der Personalleiter überlegte, wie er bei der zweiten Sitzung vorgehen sollte und kam zu dem Schluß, er müsse das Problem der Motivation etwas anders anfassen, nur wußte er immer noch nicht wie. Schließlich zwang er sich dazu, konkreter zu werden. Er besann sich, daß die Mitarbeiter ja nicht herumlaufen und über Sicherheit und soziale Achtung reden. Worüber unterhalten sie sich, und was bedrückt sie wirklich?

Nach einigem Herumwursteln hatte er eine Liste von Dingen, wie „mehr Zeit beim Vorgesetzten haben" und „ein Wort des Dankes hören, wenn man sich besonders angestrengt hatte". Das schienen die konkreten Bedürfnisse zu sein, über die die Mitarbeiter (und Vorgesetzten) wirklich nachdachten. Als er diese konkreten Beispiele zur Grundlage des zweiten Gesprächs machte, lief die Sache, denn diese Sprache verstanden die Manager.

Wenn Sie nicht wissen, ob sie mehr abstrakt oder mehr konkret sein sollen, dann bewegen Sie sich einfach in die eine oder andere Richtung, und Sie werden gewöhnlich schnell merken, ob Sie richtig gegangen sind. Manchmal sehen Sie den Wald vor lauter Bäumen nicht, und ein andermal sehen Sie vor lauter Wald die Bäume nicht.

Die andere Technik der Veränderung des Mediums, die ich beschreiben möchte, besteht darin, *ein Medium sehr frei anstatt eng und buchstabengetreu* zu benutzen. Gleichnisse, bildliche Ausdrücke und Analogien werden z. B. in der Sprache ständig benutzt. Solche Redefiguren besitzen die Macht, Gefühle und Kräfte der Einbildung zu beschwören, so daß eine Situation dann in einem anderen Licht erscheint. Denken Sie nur einmal daran, welche Bildervielfalt bei jeder der folgenden Redewendungen durch Ihren Kopf huscht: *nach Gold schürfen, jungfräulichen Boden bearbeiten, das Evangelium zu den Heiden tragen.* Dabei läßt sich jede dieser Redewendungen als Hilfe verwenden, um das Verkaufen an neue Kunden zu beschreiben.

Manager bemühen sich meistens, sehr buchstabengetreue, genaue Redewendungen zu gebrauchen. Je enger Sie aber Ihre Analogie fassen, desto näher werden Sie der Situation, wie Sie sie bereits kennen, bleiben. Deshalb ist eine Halbanalogie eher geeignet, einen Wechsel in der Betrachtungsweise herbeizuführen. Versuchen Sie also, Vergleiche zu finden, die ungewöhnlich, phantastisch oder sogar poetisch wirken. (Dichter verwenden immer „abgelegene" Analogien, um neue Einsichten zu gewinnen; sie vergleichen Dinge, die wir gewöhnlich nicht vergleichen würden.) Ihre *ungewöhnlichen Vergleiche* brauchen nicht den ganzen Kern des Problems zu treffen. Solche vollständigen Analogien sind schwer zu finden, und wenn sie wirklich vollständig sind, dann werden sie wohl keinen größeren Wechsel der Betrachtungsweise bewirken.

Ich erwähnte an früherer Stelle in diesem Kapitel das Problem der Firma Kimberly-Clark, die Vertriebskosten von Kleenex zu senken. Mir ist die genaue Diskussion, die zur Entdeckung der endgültigen Lösung führte, nicht bekannt. Ich weiß aber, daß man in der Kimberly-Clark-Gruppe die *Technik der metaphorischen Exploration* benutzte. Hier ist ein angenommenes Beispiel, wie man mit dieser Technik gearbeitet haben mag:

Ein Manager bemerkte, daß ihn rationeller Transport an ein Vakuum erinnere. Diese Bemerkung verstanden die anderen Manager nicht (und Nichtverstehen ist immer ein verläßliches Zeichen, daß die Metapher helfen kann, die Betrachtungsweise zu ändern). Als er aufgefordert wurde, näher zu erklären, was er meinte, sagte der Manager, er sei nicht recht sicher, aber er habe gelesen, daß sich Körper in einem Vakuum sehr schnell bewegen, weil es keine Reibung oder Luftwiderstand gibt.

Da die Gruppe nichts gegen lockere Vergleiche hatte, begann man mit dem Begriff des „Vakuums" zu spielen. Ein Mitarbeiter der Marketing-Abteilung wandte ein, er könne nicht erkennen, wie man die Kleenex-Tücher durch ein Vakuum transportieren solle, aber man befördere sicher eine Menge Luft. Das veranlaßte einen anderen, Kleenex im Vakuum zu verpacken, obwohl dies so unmittelbar kein besonders praktikabler Vorschlag war. Die Gruppe formte alle diese Ideen schließlich zu der Möglichkeit, den größten Teil der Luft aus den Kleenex-Packungen herauszupressen. Dadurch konnte man Verpackungsmaterial sparen und infolge des geringeren Volumens auch die Transport- und Lagerkosten senken.

Heute wird Kleenex ja tatsächlich in diesen „Raumsparschachteln" verpackt.[1]

Versuch, die Situation selbst zu ändern

Die Strategien der gewaltsamen Anpassung und Zergliederung führten dazu, daß der Sachverhalt entstellt oder so verändert wurde, daß er in einen vorhandenen Rahmen paßte. Ein anderes Vorgehen besteht darin, lediglich geistig mit verschiedenen Änderungen zu spielen. Denken Sie an die Redefiguren. Je weiter Sie in der Dramatisierung gehen, desto eher werden Sie einen Sachverhalt in einem anderen Licht sehen. Die Technik ähnelt in mancher Hinsicht etwas der *optischen Verzerrung,* wie Sie sie an sich erleben können, wenn Sie sich in den mehr oder weniger konvexen oder konkaven Spiegeln betrachten, die oft auf Vergnügungsmärkten zu finden sind. Diese Spiegel lassen gewisse persönliche Besonderheiten, die uns sonst nicht weiter auffallen, besonders deutlich hervortreten.

Nehmen Sie an, Ihr Problem sei hundertmal wichtiger (oder weniger wichtig); vergrößern Sie einen kleinen Teil des Problems, bis er bedeutsam ist (denken Sie nur daran, wie anders ein Haarbüschel oder ein Stückchen Zeitung durch ein starkes Vergröße-

---

1 Eine detaillierte Beschreibung der Möglichkeiten, lockere Analogien zu verwenden, und eine gedrängte Darstellung des Kleenex-Falles finden Sie in dem Buch von *George M. Prince,* The Practice of Creativity, erschienen 1970 im Verlag Harper & Row, New York.

rungsglas aussehen). Wie würde der Sachverhalt erscheinen, wenn man ihn auf den Kopf stellte, das Innere nach außen kehrte?[2] Mit anderen Worten, stellen Sie einige dumme Fragen, und Sie werden einige neue Antworten erhalten.

Beispielhaft wurde diese Technik von einem Unternehmen angewendet, das Lachs in Dosen verkaufte. Diese Firma versuchte, weißes Lachsfleisch zu vertreiben, hatte damit aber wenig Erfolg, weil der in Dosen auf dem Markt angebotene Lachs rosa war. Die Werbeagentur entschied sich für eine Argumentation, die den Käufer die weiße Farbe als ein Aktivum und nicht als ein Passivum sehen lassen sollte (d. h., wie würde das Problem auf den Kopf gestellt oder umgekehrt aussehen?). Das Unternehmen startete schließlich eine sehr erfolgreiche Werbe- und Verkaufskampagne mit dem Slogan:

Unser Lachs wird in der Dose nicht rosa

Organisiertes Durchwursteln

Fassen wir zusammen: Sich durchwursteln ist von Zeit zu Zeit unvermeidlich und manchmal sogar wünschenswert. Die Art und Weise, wie wir uns aber gewöhnlich durchwursteln, ist nicht immer so erfolgreich wie wir es uns wünschen. Das „Herumwursteln" fällt darunter: Es hilft uns zuweilen ganz gut aus der Klemme, aber öfter noch vergrößert es unsere Probleme. Zu wissen, wie man „sich durchwurstelt" (im Gegensatz zum Drumherum-Wursteln) kann ein wichtiger Bestandteil des Managements sein, und methodische Ansätze für das Sich-Durchwursteln sind durchaus der Überlegung wert.

Wenn erfolgreiches Wursteln bis zu einem gewissen Grad eine Kunst ist, dann ist es nichtsdestoweniger eine Kunst, die sich bewußt pflegen läßt. Dennoch wird die Gewandtheit in dieser Kunst wahrscheinlich nicht vergrößert werden können, wenn das Wursteln eine unreine Beschäftigung bleibt, im Hintergrund verbor-

---

2 Eine ausgezeichnete Checklist für solche vorgestellte Verzerrungen finden Sie in dem Buch von *Alex Osborn,* Applied Imagination, erschienen 1953 im Verlag Scribner's, New York.

gen gehalten und kaum offen diskutiert. Wenn sonst nichts, so hoffe ich, dieses Kapitel bestätigt die Möglichkeit, mit Nutzen über das Wursteln zu sprechen. Außerdem hoffe ich, mit diesem Kapitel gezeigt zu haben, daß es spezifische Techniken gibt, um unserem Wursteln Form und Gestalt zu geben.

Das wollte ich mit dem Titel des ersten Kapitels ausdrücken: Organisiertes Wursteln.

2. Über Unterordnung
Vorgesetzte und Untergebene

Aus der Sicht von unten

Worüber ärgern Sie sich am meisten? Wahrscheinlich nicht über Ihre *Untergebenen,* sondern über Ihren *Vorgesetzten.* Wenn Sie in irgendeiner Organisation arbeiten, dann sind Sie wahrscheinlich ein Untergebener und werden es für den Rest Ihres Arbeitslebens bleiben. Ihr Vorgesetzter scheint über Ihr Schicksal weitgehend zu bestimmen; er sorgt für einige Ihrer Befriedigungen und für einen großen Teil Ihrer Kümmernisse.

Management, so hat man Ihnen gesagt, ist die Technik, Ergebnisse durch andere Menschen zu erzielen. Jene anderen Menschen sind jedoch hauptsächlich Ihre Untergebenen: zumindest, wenn Sie nach den Management-Kursen oder den Vorlesungen an der Universität gehen. Dabei ist es in Wirklichkeit so, daß Sie den größten Teil Ihrer persönlichen Ziele, und selbst die des Unternehmens, durch Ihre *Vorgesetzten* – oder vielleicht trotz Ihrer Vorgesetzten – erreichen müssen.

Ob die Kunst, ein Untergebener zu sein, wichtig oder schwierig ist, werden Sie sicher nicht erfahren, indem Sie die Management-Literatur studieren. Gewiß, in den Büchern steht eine Menge über Untergebene, aber die Betrachtungsweise scheint immer darauf gerichtet zu sein, Ihnen zu helfen, ein besserer Vorgesetzter zu werden. Zugegeben, hin und wieder erscheint ein Buch über die Kunst, im Unternehmen aufzusteigen oder „Wie man durch echte Anstrengung im Geschäftsleben Erfolg hat". Das Problem ist, daß Sie, sobald Sie einmal befördert werden, am Ende immer ein Untergebener bleiben – mit einem neuen Vorgesetzten.

Dieses Kapitel soll nicht zeigen, wie Sie die organisatorische Treppe hinaufklettern können, obwohl es dabei helfen mag. Es soll auch nicht das Problem erörtern, wie man ein besserer Vorgesetzter sein kann, obwohl es gerade das bewirken könnte. Dieses Kapitel ist darauf gerichtet, einige Gedanken vorzutragen, wie man ein besserer (und womöglich glücklicherer) *Untergebener* sein kann – vor allem, wie man seinen Vorgesetzten besser behandeln und verstehen kann.

Als Untergebene haben wir natürlich alle Vorgesetzte gehabt und eine Ahnung davon bekommen, wie sie wirklich arbeiten. Aber wir fallen oft dem zum Opfer, was ich *„Bossologie"* nenne: der endlosen Erörterung von strategischer Planung, erfolgreichem Delegieren, sorgfältiger Kontrolle, analytischer Entscheidungstechnik, Beurteilung und Förderung von Untergebenen usw. Bossologie ist ein ziemlich unwiderstehlicher und sehr verführerischer Teil der volkstümlichen *Mythologie vom Management.*

Als Vorgesetzte glauben wir gern, uns eng an die Grundsätze der Bossologie zu halten; selbst wenn wir es nicht tun, sind wir nicht darum verlegen, unser Verhalten so zu erklären, daß es in idealer Weise den Prinzipien der Bossologie entspricht. Als Untergebene erwarten wir vom Vorgesetzten, daß er sich an die Standards der Bossologie hält. Wir neigen dazu, jede Abweichung von diesen Standards entweder als vorübergehenden Fehler oder Zeichen wirklicher Unfähigkeit anzusehen. Zumindest erwarten wir vom Vorgesetzten, daß er auf der Bossologie-Skala ebenso hoch rangiert wie wir – oder wozu ist er sonst der Boß?

Er ist nicht unbedingt so

Rationale Grundhaltung und Logik sind zentrale Inhalte der Bossologie. Während diese Begriffe früher nur die Berücksichtigung unpersönlicher Faktoren wie Produkte, Kosten und Gewinne erforderten, schließen sie heute auch die Berücksichtigung vieler menschlicher Faktoren ein. Fragen Sie einmal einen Manager, wie er zu einer wichtigen Entscheidung gelangte. Er wird Ihnen einen Vortrag darüber halten, wie er das Problem erkannte, Daten sammelte, die Alternativen sorgfältig erarbeitete, Vor- und Nachteile (einschließlich der menschlichen Faktoren) analysierte und schließlich zu der Entscheidung gelangte. Kurz, Sie erhalten das

Lehrbuchmodell rationaler Entscheidungsmethodik. Intuition oder Ahnungen, Vorurteile oder Sympathien, gefühlsmäßige Reaktionen und persönliche Bedürfnisse sind anscheinend in irgendwelche unteren Regionen verbannt, von wo aus sie nur noch einen schwachen Einfluß ausüben. Es grenzt fast an Verrat anzunehmen, daß Unkenntnis, Ungewißheit oder Inkonsequenz wesentliche Bestandteile des Entscheidungsprozesses seien. Ein Vorgesetzter, der nicht rational, objektiv und gerecht handelt, ist einfach kein guter Vorgesetzter.

Aber sehen Sie, Ihr Vorgesetzter ist im gleichen Unternehmen wie Sie beschäftigt – einem Unternehmen voll von Menschen, die an gegensätzlichen Zielen arbeiten, um ihre unterschiedlichen individuellen Ziele zu erreichen, einem Unternehmen, das manchmal vor so neuen oder komplexen Problemen steht, daß sie nicht voll analysiert oder erkannt werden können; einem Unternehmen, das sich auf eine Zukunft hin bewegt, die gewöhnlich so unberechenbar ist, daß sich niemand wirklich darauf vorbereiten kann. Wenn nur Logik und Verstand erforderlich wären, dann könnte die Arbeit Ihrer Vorgesetzten auch von einem Computer übernommen werden, und Sie würden der Maschine verantwortlich sein, nicht dem Menschen. Wenn Ihr Vorgesetzter versuchen wollte, sich wie ein Computer zu verhalten, dann wäre er schnell zur Untätigkeit verurteilt und würde sich irgendwo in einer Ecke wiederfinden und stammeln „er rechnet nicht, er rechnet nicht".

Einerseits sind Sie zum Scheitern verurteilt, wenn Sie versuchen, Ihren Vorgesetzten mittels logischer Kategorien zu verstehen. Andererseits müssen Sie darauf achten, daß Sie nicht gewaltsam die Fiktion zerstören, Ihr Vorgesetzter denke und handle logisch. Wenn Sie Ihrem Vorgesetzten eine offensichtliche Inkonsequenz oder einen Mangel an Objektivität nachweisen, dann wird ihm das sehr unangenehm sein, und er wird sich ganz verrückt winden, um den scheinbaren Widerspruch (logisch) auszuräumen.

Auf manchen Gebieten wird überhaupt kein Versuch unternommen, Widersprüche zu erklären. Nehmen wir ein Beispiel aus der Politik, wo der Zwang zur Rationalität etwas weniger beherrschend ist.

Ein einflußreicher Kongreßabgeordneter legte seine Meinung über die Neuorganisation einer wichtigen staatlichen Behörde dar. Nach einiger

Zeit machte der Besucher den Kongreßabgeordneten taktvoll darauf aufmerksam, daß das, was der angesehene Politiker soeben sagte, dem zu widersprechen scheine, was er einige Minuten früher gesagt hatte. Der Einwand des Besuchers brachte den Kongreßabgeordneten überhaupt nicht aus der Fassung. Ohne mit der Wimper zu zucken, erwiderte er rasch, „Ja, das ist Demokratie!"

In den meisten nichtpolitischen Situationen wäre eine solche Antwort unannehmbar; sie würde als ziemlich überheblich oder sehr unangebracht angesehen werden. Eine „logische" Antwort muß gegeben werden – und Vorgesetzte (wie wir alle) lassen sich nicht gern beim Wort nehmen. Sie fühlen sich angegriffen und neigen dazu, es den Leuten übelzunehmen, die sie in solche Situationen bringen. Sie tun gut daran, Ihrem Vorgesetzten einen vernünftigen Weg zur Wahrung seines Gesichts offen zu lassen, indem Sie ihm eine Information geben, die er nicht kannte oder eine Alternative aufzeigen, die er nicht berücksichtigt hatte oder die Zahlen anders interpretieren.

Information. Was der Vorgesetzte nicht weiß, – kann Ihnen schaden

Ein anderer Satz der Bossologie erzeugt die Vorstellung, der Vorgesetzte handle immer auf Grund von *Informationen.* Als Untergebener nehmen Sie wahrscheinlich an, Ihr Vorgesetzter weiß, was er wissen will. Im nächsten Kapitel über den *Ermessensspielraum* wird über mehrere Seiten hinweg versucht, diese Annahme zu durchlöchern. Kurz, der Vorgesetzte kann oft nicht wissen, was er wissen will und wird sich an Sie, den Untergebenen, wenden, um es herauszufinden. Außerdem, selbst wenn Ihr Vorgesetzter weiß, was er will, so kann er es kaum vollständig oder spezifisch genug wissen, um Ihnen eine klare und genaue Beschreibung zu geben. Indem Sie die Einzelheiten und Besonderheiten ergänzen, beeinflussen oder verändern Sie sogar wesentlich den Informationswunsch des Vorgesetzten.

Weiter mögen Sie annehmen, der Vorgesetzte kenne *Sie.* Sie mögen das Gefühl haben, er *nörgle* etwas zu viel an Ihren Schwächen herum, aber im Grunde glauben Sie, er schätzt Ihre Fähigkeiten und Ihr Können.

Wenn Sie aber darüber nachdenken, wie *können* Sie erwarten, Ihr Vorgesetzter kenne Ihre ungenutzten Fähigkeiten und Kenntnisse? Wenn Sie wirklich ungenutzt sind, dann werden sie wahrscheinlich auch nicht wahrgenommen. Und wieviel kann Ihr Vorgesetzter tatsächlich über Ihre persönlichen Träume und Sehnsüchte wissen; Ihre heimlichen Laster; Ihre häuslichen oder familiären Probleme, die Sie bei Ihrer Arbeit beeinträchtigen? Zugegeben, einige dieser Dinge gehören nicht zu den eigentlichen Aufgaben Ihres Vorgesetzten. Wenn Ihr Vorgesetzter jedoch nichts davon weiß, dann können Sie kaum von ihm erwarten, daß er sie in Betracht zieht.

Wenn nun Ihr Vorgesetzter Sie nicht wirklich *kennt,* dann sollte er wenigstens wissen, was Sie *tun,* welche Arbeitsleistung Sie erbringen. Schließlich hat er Ihnen Ihre Aufgabe zugewiesen. Aber Zuweisung einer Aufgabe bedeutet nicht, die mit der Ausführung verbundenen Schwierigkeiten zu kennen. Was wissen Sie eigentlich über das Arbeitspensum Ihres Untergebenen – sagen wir, Ihrer Sekretärin, um es einfach zu machen? Wieviel der täglichen Arbeitszeit Ihrer Sekretärin entfällt auf Schreiben mit der Maschine, Telefonieren, Ablegen usw.? Wie lange dauert es, eine Seite zu schreiben, eine Seite Diktat zu übertragen? (Zu lange ist keine genügend genaue Antwort.) Die meisten Manager haben nur eine sehr vage Vorstellung von den Antworten auf diese Fragen, und ihre Antworten weichen erheblich von denen ihrer Sekretärinnen ab. Der springende Punkt ist, daß Ihr *Vorgesetzter wahrscheinlich weniger über Sie und Ihre Arbeit weiß, als Sie annehmen* (was sein Verhalten oft weniger plausibel macht als es in Wirklichkeit ist). Sie sind die geeignetste Person, ihn zu ergänzen.

Zu Gericht sitzen

Ihr Vorgesetzter mag nicht wissen, was er tatsächlich will, er mag Sie nicht gut kennen, und er mag nicht genau wissen, was Sie tun. Um was es aber Ihrem Vorgesetzten letztlich geht, sind die *Ergebnisse,* und er kann diese sicher für sich selbst beurteilen. Schauen Sie auf alle die Berichte und Zahlen, die er erhält und die ihm sagen, was passiert (zugegeben, manchmal etwas spät).

Leider werden diese Zahlen aber gewöhnlich von vielen Faktoren unabhängig von Ihren unmittelbaren Anstrengungen beeinflußt. Darüber hinaus sollen Sie sich als Manager bis zu einem gewissen Grad Gedanken über die Zukunft machen, und was Sie jetzt zur Verbesserung der Zukunftsaussichten unternehmen, braucht erst viel später sichtbare Ergebnisse zu zeigen. Vieles von dem, was Sie als Untergebener eines Managers tun, wirkt sich direkt gar nicht auf die Ergebnisse aus. Wie kann Ihr Vorgesetzter also von all den kleinen Konflikten wissen, die Sie ausgetragen, von den neuen Ideen, die Sie hervorgebracht haben, um plötzlich auftretende Probleme zu lösen oder all die Schwierigkeiten, die Sie durch vorausschauendes Denken vermieden haben?

Natürlich verläßt sich ein gewitzter Vorgesetzter nicht nur auf die formalen Berichte, die er erhält. Er lauscht dem Wind und erfährt auf anderen Wegen viel über Ihre Tätigkeit – im Fahrstuhl, in der Kantine oder in einer Sitzung (bei der Sie nicht anwesend sind). Das Problem liegt darin, daß diese *informellen Informationen* nur Stückwerk sind; sie kommen oft aus zweiter oder dritter Hand und spiegeln alle Vorurteile und Verzerrungen der Gerüchteküche wider, aus der sie kommen.

Die sich aus all dem ergebenden Folgerungen offenbaren sich in einer Bemerkung, die der für den Raum Massachusetts zuständige Vizepräsident der New England Telephone Company in diesem Zusammenhang machte:

Ein informeller Versuch in unserem Unternehmen läßt vermuten, daß, gemessen an den quantifizierbaren Ergebnissen, die Beurteilung des Vorgesetzten durch den Untergebenen am genauesten ist, während die Beurteilung der Untergebenen durch den Vorgesetzten weniger genau ist[3].

Ich erinnere mich mit einiger Verehrung an einen Professor, der mir einmal im Abschlußzeugnis im Fach Englisch die Note 1 gab, während ich doch in den schriftlichen Arbeiten und in der mündlichen Prüfung nur die Note 2 erreicht hatte. Der Professor erklärte mir, daß er mir die Note auf Grund seiner „emotionalen Reaktion“ gegeben habe. Mir ist nicht be-

---

3 *Bruce Harriman:* Up and Down the Communication Ladder, Harvard Business Review, Sept./Okt. 1974

kannt, wie weit dieses Vorgehen im akademischen Bereich verbreitet ist, vermute aber, daß es im Bereich des Management nicht außergewöhnlich ist.

Somit ist die Wirklichkeit die, daß Sie wahrscheinlich über Ihre Siege und Niederlagen besser Bescheid wissen als Ihr Vorgesetzter. Wenn Ihnen am Urteil Ihres Vorgesetzten über Ihre Arbeit etwas liegt, *dann sollten Sie wissen, daß ein großer Teil der Verantwortung dafür, daß Ihr Vorgesetzter die für eine richtige Beurteilung notwendigen Informationen erhält, Ihnen zufällt.* Sie werden wohl darauf achten müssen, daß die effektiven Daten Ihre Leistungen zum Ausdruck bringen; wenn es solche Daten nicht gibt, dann werden Sie sie irgendwie entwickeln und in das Berichtssystem einbauen müssen. Ähnliche Anstalten werden Sie bei den weniger quantifizierbaren und nicht greifbaren Ergebnissen Ihrer Arbeit treffen müssen. Sie können Ihren Vorgesetzten *unmittelbar unterrichten,* jedoch mit einem Vorbehalt, da man Ihnen unterstellen muß, daß Sie als Berichter über Ihre Arbeit zur Schönfärbung neigen. Ihr Vorgesetzter kennt den alten Spruch nur zu gut, wonach niemand über sich selbst schlecht redet. So werden Sie zusätzlich etwas dafür tun müssen, *daß Ihr Vorgesetzter von anderer Seite Gutes über Sie erfährt.* Wenn tatsächlich einmal etwas daneben geht, dann ist es nicht verkehrt, es dem Vorgesetzten selbst anzukündigen, ehe er es aus einer weniger wohlmeinenden Quelle erfährt.

Ihr Vorgesetzter mag derjenige sein, der die *Spielregeln bestimmt* und die *Sieger ermittelt,* aber Sie haben sehr viel Einfluß darauf, zumindest einige der Werte zu bestimmen, an denen Sie gemessen und beurteilt werden. Sie sollten auf diese Einflußnahme nicht verzichten, denn nur das zu tun, was Sie für richtig halten, dürfte nicht genug sein. Ihr Vorgesetzter kann eine gänzlich andere Auffassung von dem haben, was eine „gute Leistung“ ist, und seine natürliche Auffassung wird dahin neigen, dem Ausspruch zu folgen, der zuerst einem alten Griechen aus dem Jahre 20 vor Christi Geburt zugeschrieben wurde: *„Alle Menschen beurteilen die Handlungen anderer nach dem, was sie selbst getan hätten.“*

Lob und Belohnungen sind leichter zu empfangen als auszuteilen

Die Schwierigkeiten, die ein Vorgesetzter bei der Beurteilung seiner Untergebenen hat, beeinflussen die Art und Weise, wie er wahrscheinlich Lob ausspricht. Es ist riskant für den Vorgesetzten, Lob für Leistungen auszusprechen, von denen er nicht mit Sicherheit weiß. Vergessen Sie nicht das Verlangen des Vorgesetzten, vor allen anderen Untergebenen, die jeden seiner Schritte beobachten und darauf warten, bei dem leisesten Verdacht von Bevorzugung loszuschreien, gerecht und objektiv zu erscheinen. (Dazu gehört auch, daß etwas nicht Greifbares oder nicht klar Nachweisbares belohnt wird.) Jeder Untergebene hat seine eigene Vorstellung davon, was gerecht ist. Jeder Untergebene möchte „Erster unter Gleichen" sein, d. h. gleich, aber ein klein wenig mehr gleich als die anderen, behandelt werden. Kein Wunder also, daß Vorgesetzte es vorziehen, sich an die Zahlen zu halten und Belohnungen nach Budgets und Quoten zuzuteilen oder sonst die Sicherheit der jährlichen „Verdienst"-Zuwächse zu wählen, die gewöhnlich eher jährlich als verdienstorientiert sind.

Selbst wenn ein Untergebener etwas geleistet hat, das klar erkennbar und faßbar einer Belohnung wert ist, dürfte der Vorgesetzte wenig geneigt sein, es gebührend anzuerkennen. In einer solchen Situation scheuen die Vorgesetzten die *Zukunftserwartungen,* die ein Untergebener hegen mag, nachdem er eine solche Belohnung erhalten hat. Ein Manager in einem Elektronik-Unternehmen drückte es so aus:

Wenn ich einem meiner Untergebenen eine gewisse Auszeichnung zuteil werden lasse, indem ich ihn zu wichtigen Sitzungen mitnehme oder seinen Namen wiederholt in Aktennotizen erwähne, dann weiß ich, daß der Kerl bei nächster Gelegenheit in meinem Büro mit der Frage erscheint, warum er nicht die erwartete Gehaltserhöhung oder Beförderung erhalten habe.

Hilfe!

Als Untergebener werden Sie sich nicht in der Rolle eines Dieners sehen, aber Sie dürften dennoch das Gefühl haben, daß Sie bis zu einem gewissen Grade Ihrem Vorgesetzten dienen. Dafür werden Sie wahrscheinlich *Hilfe* von Ihrem Vorgesetzten erwarten, zumindest bei Ihren dienstlichen Aufgaben. Das scheint nichts als billig, denn solche Probleme entstehen ja schließlich aus Ihren Anstrengungen, Ihrem Vorgesetzten zu dienen. Die Lehrsätze der Bossologie führen Sie zu der Annahme, daß Ihr Vorgesetzter Sie vor solchen Dingen wie eventuellen Problemen, wunden Punkten oder Fallen bei einer Aufgabe warnt.

Lassen Sie uns einmal annehmen, daß Ihr Vorgesetzter wirklich bereit ist, Ihnen diese Hilfe zu geben. Die Frage ist nun, ob Ihr Vorgesetzter auch weiß, wovor er Sie warnen soll. Eine Aufgabenstellung ist anfangs oft zu allgemein, um leicht irgendwelche Probleme voraussagen zu können; erst wenn man sich tiefer hineingekniet hat, werden die Probleme erkennbar.

Außerdem richtet sich das Interesse Ihres Vorgesetzten wahrscheinlich mehr auf die Ergebnisse als auf die Probleme, die dabei auftreten. Der Vorgesetzte hat schon gefühlsmäßig eine Abneigung dagegen, Probleme aufzudecken, die der Erreichung des gesetzten Ziels größere Hindernisse in den Weg legen, und diese Abneigung besteht, solange Sie an einer Aufgabe arbeiten und nicht nur am Anfang.

DBMP-BMA

Mir wurde erzählt, daß diese mysteriösen Buchstaben einmal ein Schild zierten, das an deutlich sichtbarer Stelle auf dem Schreibtisch von *David Jacquith* stand, dem damaligen Präsidenten der Vega Industries. Wenn ein neuer Mitarbeiter in das Büro von Jacquith kam, um ein Problem vorzutragen, dann sah er natürlich dieses Schild und fragte unbefangen nach der Bedeutung der Buchstaben. Jacquith erklärte, daß sie für den Satz ständen: „Don't Bring Me Problems – Bring Me Answers", zu deutsch also: *„Bringen Sie mir nicht Probleme – Bringen Sie mir Lösungen"*.

Vorgesetzte suchen Untergebene, die ihnen eine Last von ihren Schultern nehmen. Wenn Sie mit einem Problem zu Ihrem Vorgesetzten kommen, dann belasten Sie ihn damit, und er wird kaum mit großer Begeisterung zu helfen bereit sein. Eine Schwierigkeit bei der Lösung einer Aufgabe stellt gewöhnlich ein gewisses Hindernis für die Erreichung eines von Ihrem Vorgesetzten angestrebten Ziels dar; die Schwierigkeit kann sogar dazu führen, daß das Ziel unerreichbar wird. Das Problem kostet Ihren Vorgesetzten Zeit – Zeit, zum Kern des Problems zu gelangen und Zeit, um herauszufinden, was zum Teufel dagegen getan werden kann.

Als Untergeber werden Sie der Ansicht sein, daß das Aufdecken von Schlüsselproblemen ein wichtiger Teil Ihrer Aufgaben ist, und wahrscheinlich haben Sie recht. Aber Sie müssen sich *vor Augen halten, daß Sie Ihrem Vorgesetzten nichts geben, wenn Sie ihm ein Problem bringen; es ist eher so, daß Sie ihm etwas nehmen, was er braucht* (das gilt auch für die Zeit, die Sie ihm nehmen).

Selbst wenn Sie Ihrem Vorgesetzten Informationen zur Verarbeitung geben, nehmen Sie ihm etwas weg (nämlich Zeit). Und vergessen Sie nicht, daß die Verarbeitungskapazität unseres Hirns ziemlich begrenzt ist; es kann nur wenige Dinge gleichzeitig erledigen, ohne in seiner Funktionsfähigkeit gestört zu werden. Ihr Vorgesetzter kann nur eine begrenzte Informationsmenge irgendeines Problems verarbeiten, und er kann sich zu einem Zeitpunkt nur mit einer begrenzten Anzahl von Problemen beschäftigen. Jede Information und jedes Problem, mit dem Sie zu Ihrem Vorgesetzten kommen, beansprucht einen Teil dieser begrenzten Kapazität. Außerdem lieben Vorgesetzte (wie viele von uns) angestrengtes Denken nicht unbedingt und vor allem anderen. Je ernster oder unlösbarer ein Problem ist, das Sie Ihrem Vorgesetzten vorlegen, desto mehr werden Sie ihm womöglich wegnehmen.

Schlimmer ist es noch, daß der Vorgesetzte gezwungen ist, selbst etwas zu unternehmen, wenn das Problem ernst ist. Er wird vielleicht gezwungen, seinen Kragen zu riskieren oder zumindest einen Teil seines sorgsam gehüteten „politischen Kapitals" aufzuwenden – was ihm nach seiner Meinung alles hätte erspart werden können, wenn Sie die Angelegenheit selbst (ordentlich) geregelt hätten, ohne ihn hineinzuziehen. Im schlimmsten Fall mag Ihr Vorgesetzter gar nicht wissen, wie das Problem anzugehen ist. So fühlt er sich sowohl unfähig (was er am wenigsten leiden kann) als auch wütend (leicht möglich auf Sie), weil er sich mit den negativen Konsequenzen des Problems auseinandersetzen muß, das Sie ihm aufgebürdet haben.

Ersparen Sie dem Vorgesetzten deshalb soviel Nachdenken wie möglich. Wenn Sie ihm etwas „wegnehmen" müssen, weil Sie ihn auf ein Problem aufmerksam machen, dann versuchen Sie zumindest, ihm dadurch etwas zurückzugeben, daß Sie einige Alternativen aufzeigen, die das Problem mildern können. Vor mehr als zweitausend Jahren stellte Sophokles fest: *„Niemand schätzt den Überbringer schlechter Nachrichten."*

Aus- und Weiterbildung (Training)

Die neueren Auffassungen in der Bossologie gehen dahin, daß Aus- und Weiterbildung eine andere Art von Hilfe ist, die Sie von Ihrem Vorgesetzten erwarten dürfen. In Wirklichkeit wird Ihr Vorgesetzter wahrscheinlich Aus- und Weiterbildung als eine andere Art von Problem ansehen, mit dem er lieber nichts zu tun haben möchte. Jemandem dabei helfen, neue Fähigkeiten und Kenntnisse zu erwerben, ist selbst eine besondere Fähigkeit – eine Fähigkeit, die in den meisten Kursen über Bossologie nicht besonders hervorgehoben wird. So steigert das Fehlen von theoretischen Kenntnissen und Erfahrungen auf dem Gebiete des Lehrens und Lernens nur die Zurückhaltung Ihres Vorgesetzten, Sie zu trainieren und weiterzubilden. Darüber hinaus gehört Aus- und Weiterbildung in den meisten Unternehmen nicht zu der Art von Tätigkeiten, die rasch Ergebnisse zeigen oder formal zu bewerten sind. Angesichts all dessen betrachtet der Vorgesetzte Aus- und Weiterbildung als ein notwendiges Übel, eine Art negativer Pflicht, die seine Kräfte lediglich von anderen wichtigeren Dingen ablenkt, die er erledigen muß – Dinge, an deren Zustandekommen er formal gemessen wird.

Öffentlich mag der Vorgesetzte erklären, daß Aus- und Weiterbildung zumindest ebenso erwünscht seien wie Mutterschaft und Demokratie, privat befragt dürfte seine Einstellung eher den Bemerkungen nahe kommen, die der Direktor einer Mineralölgesellschaft in diesem Zusammenhang machte und die nicht in das Protokoll aufgenommen wurden:

> Wenn einer meiner Leute wirklich tüchtig ist, dann, so meine ich, braucht er nicht viel Training; und wenn er nicht so tüchtig ist, dann kann wahrscheinlich Training auch nicht viel helfen.

Mit anderen Worten, *es liegt hauptsächlich an Ihnen, Ihrem Vorgesetzten zu helfen, Ihnen zu helfen.* Wenn Sie weiterkommen und sich höher qualifizieren wollen, dann werden Sie es wahrscheinlich zum größten Teil selbst übernehmen müssen, festzustellen, was Sie im einzelnen brauchen und welche Möglichkeiten bestehen, die erwünschten Kenntnisse und Erfahrungen zu erwerben. Wenn Sie selbst intensiv darüber nachgedacht haben und dann die Fragen mit Ihrem Vorgesetzten besprechen, dann erhöhen Sie die Chancen, daß er bereit ist, Ihnen zu helfen.

Die Grenzen der Macht des Vorgesetzten

Als Untergebener dürften Sie sich oft durch die augenscheinliche Macht und Überwachung Ihrer Vorgesetzten *eingeengt* fühlen. In gewisser Weise unter der Anordnungsbefugnis anderer zu sein ist Teil des Preises, den wir für die Zugehörigkeit zu einer Organisation bezahlen. Was Sie leicht vergessen, ist, daß Ihr Vorgesetzter einen ähnlichen Preis zahlt. Nicht einmal die mächtigsten Männer an der Spitze haben die Machtbefugnis, die sie gerne hätten:

> Der Bewilligungsausschuß des US-Repräsentantenhauses wird wegen seiner Rolle bei der Aufstellung des Haushalts allgemein als eine der mächtigsten Gruppen im Kongreß angesehen. Vor einigen Jahren wohnte ich einer außerprotokollarischen Sitzung des Ausschusses mit dem Vorsitzenden bei. Ich war überrascht zu sehen, daß er die meiste Zeit der Sitzung darauf verwandte, seine ungenügende Macht und Einflußnahme zu beklagen. Der Vorsitzende schien echt durch sein Unvermögen frustriert gewesen zu sein, die Reformen durchzusetzen, die nach seiner Ansicht zur Verbesserung der Aufstellung des Haushalts unerläßlich waren.

Irgendwie scheint Macht in den meisten Organisationen Mangelware zu sein. Die Theoretiker mögen sich darüber streiten, wie man es einrichten könnte, daß jeder soviel mitbestimmen kann, wie er möchte. Aber um jeden ihrer Pläne über den Haufen zu werfen, bedarf es nur eines Managers in der Befehlskette, der so handelt, als hätte er zu wenig Macht. Diese Einstellung verbreitet sich sehr schnell und führt mit Sicherheit dazu, daß jeder zu wenig Macht besitzt.

Vergessen Sie deshalb nicht, daß Ihr Vorgesetzter nicht all das bestimmen kann, was er möchte; Ihr Vorgesetzter rangelt mit *seinem*

Vorgesetzten, der nicht immer einsichtig, verständnisvoll und hilfsbereit zu sein braucht. Übrigens, wenn Sie richtig darüber nachdenken, dann kommen Sie zu der Einsicht, daß zu den Dingen, die Ihr Vorgesetzter nicht allein bestimmen kann, Ihre Beförderung oder Gehaltserhöhung gehört. Außerdem kann Ihnen Ihr Vorgesetzter nicht etwas geben, was er nicht hat, noch kann er Ihnen Dinge geben, die er zwar besitzt, von denen er aber nicht weiß, wie man sie weitergeben kann. Gewisse Arten von Kenntnissen und Hilfen fallen darunter.

Nun, der Mangel an Macht mag dem Vorgesetzten lediglich als Entschuldigung dienen, um die Verantwortung für Probleme (sowohl seine als auch Ihre) von sich zu weisen. Auf jeden Fall ist sein Mangel an Macht eine echte Quelle von Ärger. Er kann ihm kaum gegenüber seinem Vorgesetzten Luft machen; oft ist die einfachste oder einzige Möglichkeit, den Ärger loszuwerden, ihn nach unten, auf Sie, auszulassen. Wie *Laura Huxley* schrieb, müssen Sie sich vor Augen halten, daß Sie als Untergebener *nicht* die Zielscheibe sind. Sie haben nur das Mißgeschick, zufällig *dazusein* . . . Manchmal ist es wahr; die Menschen versuchen, uns zu verletzen. Aber meistens explodieren sie einfach, und wir sind gerade in der Nähe – ein willkommener Ersatz für ihr *eigentliches* Ziel“[4].

Die Moral von all dem: Seien Sie vorsichtig, wenn Sie Ihren Vorgesetzten um etwas bitten. Bitten Sie ihn nicht um etwas, das zu geben er nicht befugt ist oder das außerhalb seiner Macht liegt. Wenn Sie es tun, stellen Sie sich nicht besser, und Sie laufen Gefahr, Ihren Vorgesetzten gegen sich aufzubringen, indem Sie ihn indirekt an seinen Mangel an Macht oder ein anderes Unvermögen erinnern, das ihm bis dahin nicht bewußt war.

Das Macht-Differential

Ihr Vorgesetzter mag nicht so mächtig sein wie er möchte, aber er ist sicher mächtig – wahrscheinlich mächtiger als ihm bewußt ist. Es ist schwierig für einen Vorgesetzten, die *unsichtbaren Ausstrahlungen* seiner Macht wahrzunehmen, die jede seiner Gesten und jedes seiner Worte begleiten. Das Gefühl der Macht ist bei ihrem Inhaber anders, als sie anderen erscheint.

---

4 *Laura Archera Huxley,* You Are Not the Target; Farrar, Straus & Giroux, New York 1972.

Der *eigentliche Unterschied* zwischen der *Macht* eines *Vorgesetzten* und eines *Untergebenen* liegt jedoch mehr in der *Qualität* als in ihrer absoluten Stärke. Macht entspringt aus mehreren Quellen. Ein erheblicher Teil erwächst ihm aus seiner Position und der in ihr verkörperten Autorität. Es sind dies Quellen, aus denen im wesentlichen die Macht auszuwählen, auszubilden, zu beurteilen und selbst zu entlassen auf ihn übergeht (obwohl die Macht zu entlassen nach meiner Meinung gewöhnlich von den Untergebenen überschätzt wird). Im allgemeinen hat ein Untergebener nicht die gleiche Macht über seinen Vorgesetzten (obwohl ich mehr als einen Untergebenen kenne, dem es gelang, daß sein Vorgesetzter entlassen wurde).

Der Vorgesetzte neigt auch dazu, die *Aufgaben* zu bestimmen und zu überwachen, die jedem Untergebenen übertragen werden und – ungeachtet der Erklärungen über die Bedeutung der Eigeninitiative der Untergebenen – steht ihm an erster Stelle das Recht zu, *Initiativen* zu entwickeln. Der Untergebene kann *„denken"*, aber es ist der Vorgesetzte, der *„lenkt"*. Der Untergebene kann die Initiative ergreifen, aber nur innerhalb der Grenzen, in denen der Vorgesetzte eine Aufgabe an ihn delegiert hat (oder zu delegieren gemeint hat).

Eine weitere mögliche Quelle der Macht für den Vorgesetzten sind sein *Wissen* und seine *Fähigkeiten* im Hinblick auf die an seine Untergebenen *delegierten Aufgaben*. Hier ist jedoch der Untergebene oft *ebenbürtig* und kann dem Vorgesetzten gar *überlegen* sein. (Ich frage mich, ob dies nicht erklärt, daß Vorgesetzte ihren Untergebenen manchmal wichtige Informationen vorenthalten.) *Wenn der Untergebene Fachmann ist, dann weiß er vermutlich mehr über seine Arbeit als sein Vorgesetzter* – und sei es auch nur, weil der Untergebene tatsächlich die Tätigkeit ausübt oder eine Stufe der Kontrolle näher bei demjenigen ist, der die Arbeit tut.

In dem Maße, wie die *Arbeitsteilung* in einem Unternehmen zunimmt, verlagert sich die Macht aus Wissen und Fachkenntnissen mehr und mehr zur Seite des Untergebenen. Das folgende fast groteske *Beispiel* aus der Verteidigungsindustrie veranschaulicht einen extremen Fall von *Machtverschiebung:*

Der Auftrag X gehörte zu einem sehr geheimen wissenschaftlichen Forschungsprojekt der Regierung. Nur die beiden unmittelbar am Auftrag arbeitenden Männer gehörten zu dem Kreis der Geheimnisträger und wußten über das Projekt Bescheid. Der Vorgesetzte der beiden Männer war theoretisch noch für sie verantwortlich, obwohl ihm jede Kenntnis des Projekts, seines Fortschritts und der Ergebnisse verwehrt wurde.

Wissen, über das ein Untergebener verfügt, kann sehr wohl sein Verhältnis zum Vorgesetzten verändern, da Wissen Macht verleiht. *Peter Drucker* hat auf die zunehmende Bedeutung dessen aufmerksam gemacht, was er den „Wissenden Arbeiter" oder den Fachspezialisten nennt. Nach *Drucker* erfordert die wachsende Bedeutung des Fachspezialisten eine Änderung der herkömmlichen Definition des Vorgesetzten als einer Person, die die Aufgabe hat, durch die Untergebenen Ergebnisse zu bewirken. Heute wird die *Kernaufgabe des Vorgesetzten* mehr so gesehen, daß er *für die Leistung von Beiträgen zur Erreichung der Unternehmensziele verantwortlich* ist. *Drucker* weist weiter darauf hin, daß der Vorgesetzte eines Fachspezialisten weniger sein „Vorgesetzter" als vielmehr sein „Führer", „Werkzeug" oder „Marketing-Arm" sein sollte, auf den der Untergebene angewiesen ist, um seine Arbeitsleistung in die Bedürfnisse des Unternehmens und die Arbeit der anderen zu integrieren[5]. (Vgl. Kapitel 5. Dort werden die Probleme eingehender behandelt, die Vorgesetzte im Umgang mit Experten und Spezialisten haben.)

Strategien des Untergebenen

Unterschiede in der Macht oder Leitung helfen erklären, warum Vorgesetzter und Untergebener oft zu erheblich verschiedenen Strategien oder Spieleröffnungszügen greifen. Die Stellung, Autorität und das Recht, als erster zu sprechen oder zu handeln, die dem Vorgesetzten zustehen, erlauben ihm, mehr *offensive Strategien* anzuwenden, während der Untergebene wahrscheinlich *defensive* oder *ausweichende Strategien* angemessener finden wird. Sich vor einer Aufgabe drücken, indem man unabkömmlich oder völlig überlastet scheint, ist z. B. eine verbreitete Möglichkeit, von der ein Untergebener Gebrauch macht, um die Pläne seines Vorgesetzten zu ändern. Der Untergebene kann den Fortschritt eines Projekts, das er nicht liebt, verzögern; er wartet ab, um zu sehen, wie nachdrücklich der Vorgesetzte das Projekt vorantreibt. Der

[5] *Peter F. Drucker,* Management, Harper & Row, New York, 1974.

Untergebene kann eine Aufgabe in einer Art und Weise auffassen oder durchführen, die die ursprüngliche Absicht des Vorgesetzten neu formt, ohne daß der allgemeine Sinn dessen, was der Vorgesetzte vorzeichnete, gröblich verletzt wird. Wenn der Vorgesetzte die Abweichung zu mißbilligen scheint, kann sich der Untergebene immer noch mit einem unabsichtlichen Mißverständnis entschuldigen. (Könnte dies der Grund sein, warum Untergebene manchmal ungenaue Anweisungen bevorzugen oder absichtlich nicht zu klären versuchen, was der Vorgesetzte wirklich will?)

Wenn der Untergebene in die Offensive geht, entdeckt er, daß er die Autorität und Vorrangstellung des Vorgesetzten nicht offen angreifen kann; der *Angriff* muß mehr *indirekt* sogar *heimlich*, geführt werden. Manager haben keine formale Standesvertretung (wie die Gewerkschaften), die ihre Interessen als Untergebene wahrnimmt. Es gibt gewöhnlich keine formalen Prozeduren, durch die sie ihre Beschwerden an die Öffentlichkeit bringen können (obwohl es einige Versuche in dieser Richtung gibt). Als Folge dessen kann ein Untergebener mit seinesgleichen eine *vorübergehende Koalition* bilden und genügend Druck auf den Vorgesetzten ausüben, um ihn in die gewünschte Richtung zu drängen. Kritische Zwischenfälle oder „*Minikatastrophen*" können auch ein wichtiger Teil der Untergebenen-Strategie sein. Diese Minikatastrophen können ein Aufsehen erregen, das weit über das hinausgeht, was der Untergebene von sich aus erreichen kann. Manche gerissenen Untergebenen ziehen es vor, nicht erst zu warten, bis solche kritische Situationen von allein auftreten, sondern entwickeln ein wahres Talent zur Erzeugung geplanter Katastrophen. Eine der einfachsten und wirksamsten Möglichkeiten, als Untergebener gegen den Vorgesetzten zu spielen, besteht im „*Zurückbehalten*" von Information, Wissen oder persönlicher Leistung. „Mauern" ist ein indirekter Weg, zurückzuschlagen oder Vergeltung zu üben; d. h., zurückgehaltene Information oder Leistung schädigt den Vorgesetzten oder etwas, das er anstrebt. Manchmal kann das Zurückhalten einfach eine Möglichkeit sein, dem Vorgesetzten zu zeigen, daß der Untergebene auch Macht besitzt (eine *Warnung,* wenn Sie wollen) oder um zu demonstrieren, wie abhängig der Vorgesetzte von seinen Untergebenen ist.

Der springende Punkt ist, *daß die Wahl und die Anwendung dieser defensiven und indirekten Strategien durch den Untergebenen eine ganz natürliche Folge des Machtunterschieds zwischen Vorgesetzten und Untergebenen ist.*

Unglücklicherweise neigt ein Vorgesetzter dazu, furchtbar wütend zu werden und den Untergebenen als Quertreiber oder negativ eingestellten Kerl anzusehen, wenn er von einer solchen Aktion betroffen wird. Er sieht darin bestenfalls ein unaufrichtiges und schlimmstenfalls ein unerlaubtes Verhalten. Der Vorgesetzte vergißt dabei aber, daß er gegenüber seinen Untergebenen nur deshalb nicht zu solchen Verhaltensweisen greift, weil er der Vorgesetzte ist, (obwohl er sich seinen Vorgesetzten gegenüber nicht anders verhalten mag).

Worauf Sie zählen können

Wenn die Bossologie einige Dinge lehrt, die nicht unbedingt so sind, so läßt sie auf der anderen Seite verschiedene Dinge unberücksichtigt, auf die Sie zählen können.

„Der größere Überblick"

Während Ihr Vorgesetzter wahrscheinlich die größeren Zusammenhänge weniger gut kennt als sie glauben, so dürfte er aber doch einiges über Ihre Aufgaben wissen, das Sie nicht kennen. Der berüchtigte „größere Überblick" ist das, was Ihr Vorgesetzter zu haben glaubt und wünscht, daß Sie es bekommen. Ein wichtiger Teil des größeren Überblicks sind alle jene Vorbehalte und Einschränkungen, die der Vorgesetzte kennt, aber nicht nennt, und alle die anderen besonderen Bedingungen, an die sich der Vorgesetzte erinnert, wenn Sie Ihr Ziel verfehlen. In einer Hinsicht ist der größere Überblick nur eine andere Betrachtungsweise, weil die Tätigkeit Ihres Vorgesetzten anders geartet ist als Ihre, mit anderen Prioritäten, anderen zufriedenzustellenden Gruppen und anderen zu lösenden Konflikten.

Offensichtlich ist es zu Ihrem Vorteil, so viel als möglich von dem größeren Überblick zu bekommen. Aber ganz gleich, wie sehr Sie sich auch anstrengen, Sie können nie den „ganz großen Überblick" erhalten, es sei denn, Sie sind wirklich Ihr eigener Vorgesetzter. Es muß immer gewisse Dinge geben, über die Sie nicht Bescheid wissen. Sie müssen sich damit abfinden, daß Sie nicht den Blick über das Ganze haben und versuchen, sich so gut es geht zu behelfen. Sie müssen z. B. ständig Ihre Annahmen überprüfen, denn wahrscheinlich sind einige falsch oder überholt. Eine solche Überprüfung schadet nicht Ihrer Intelligenz und Unabhängigkeit, sondern ist eher eine gute Gelegenheit, diese Fähigkeit zu beweisen. Was *Sie* nicht wissen (und was auch Ihr Vorgesetzter nicht weiß) kann Ihnen schaden.

Nicht nur Untergebene sind Menschen

In der gegenwärtigen Bossologie wird besonders betont, wie wichtig die menschliche oder *psychologische Seite* des Verhaltens von *Untergebenen* ist, es wird aber wenig über diesen Aspekt beim *Vorgesetzten* gesagt. Hat nicht jeder Vorgesetzte sein eigenes Bündel von Bedürfnissen und Zielen? Ich habe sogar den Verdacht, daß zwischen den Bedürfnissen eines Vorgesetzten und eines Untergebenen kein größerer Unterschied besteht, als zwischen den Bedürfnisbündeln von zwei verschiedenen Untergebenen oder zwei verschiedenen Vorgesetzten. Aber wie auch immer das Bedürfnisbündel des Vorgesetzten zusammengesetzt ist, es sind seine Untergebenen, die bis zu einem gewissen Grad diese Bedürfnisse erfüllen müssen (ob dies die Untergebenen wissen oder nicht, und ob sie es wollen oder nicht).

Wie ich schon früher sagte, ist es z. B. *allgemein ein Vorgesetztenbedürfnis, Dinge anzuordnen und ihre Ausführung* zu überwachen. Ich denke an Überwachung in zwei Teilen; die *Vorhersagbarkeit* von etwas und die Möglichkeit, dieses Etwas genau zu *beeinflussen.* Vor die Wahl gestellt, würden sich nach meiner Meinung die meisten Vorgesetzten gern für die Vorhersagbarkeit bei der Überwachung entscheiden. Einfacher ausgedrückt, die meisten Vorgesetzten wollen keine Überraschungen.

Zumindest möchte der Vorgesetzte das *Gefühl* haben, daß er seine Untergebenen überwacht. Wenn Sie also als Untergebener etwas Neues versuchen oder von ihrem normalen Vorgehen abweichen, dann sind Sie gut beraten, mit Informationen für den Vorgesetzten nicht zu sparen. Je unabhängiger Sie scheinen, desto mehr können Sie das Gefühl des Vorgesetzten, daß Sie seiner Anordnungsbefugnis und Überwachung unterstehen, gefährden (selbst wenn der Vorgesetzte im allgemeinen alles, was Sie von sich aus tun, für richtig hält). *Aber den Vorgesetzten wissen lassen, was man vorhat, ist nicht das Gleiche wie für alles um Erlaubnis bitten.* „Tuchfühlung" mit dem Vorgesetzten gibt ihm das Gefühl, daß er abändern kann, was Sie tun, wenn er das möchte.

Der typische Vorgesetzte möchte auch das Gefühl haben, daß seine Untergebenen bis zu einem gewissen Grad von ihm *abhängig* sind. Wenn Sie „alles alleine können", dann mag sich Ihr Vorgesetzter schließlich fragen, wozu er noch da ist. Vorgesetzte möchten spüren, daß man sie braucht – solange sie nicht mit zu vielen schwierigen Problemen belästigt werden. Untergebene können das *partizipative Management* bei ihren Vorgesetzten genauso anwenden wie die Vorgesetzten bei ihnen. Finden Sie heraus, was der Vorgesetzte gern beisteuert, und geben Sie ihm Gelegenheit zu tun, was ihm gefällt. So können *Sie* entscheiden, wann und wo Ihnen der Beitrag des Vorgesetzten am meisten hilft (oder am wenigsten schadet), und Ihr Vorgesetzter ist eher bereit, Ihnen auf anderen Gebieten freie Hand zu lassen.

Es ist auch nichts dabei, sich ab und zu unwissend und hilflos zu geben, obwohl manche Untergebene diesen Bogen überspannen. Fragen Sie Ihren Vorgesetzten aber auch nicht nach seiner Meinung oder bitten Sie ihn nicht um Hilfe, nur um den Anschein zu wahren. Ihr Vorgesetzter mag sich gezwungen fühlen, eine Meinung zu äußern, auch wenn er keine hat.

Ob Sie es glauben oder nicht, Vorgesetzte wollen auch, daß man sie *mag*, ja, daß man sie *bewundert.* Sie sind wahrscheinlich nur kurze Zeit bei Ihrem Vorgesetzten, aber er ist womöglich während der meisten Zeit des Tages bei seinen Untergebenen. Es kann ziemlich niederdrückend für einen Vorgesetzten sein, fast den ganzen Tag mit Leuten zu verbringen, die ihn fühlen lassen, daß sie ihn nicht mögen oder denen er zumindest gleichgültig ist. *Igor Radović* macht in seinem Buch, wie man mit seinem Vorgesetzten umgeht, die zynische Bemerkung:

„*Der Vorgesetzte ... sehnt sich* mehr als die meisten Menschen nach *positiver Anerkennung.* Um sie zu erlangen, braucht er vor allem den Untergebenen (denn sie kommt wahrscheinlich selten von einer anderen Seite), und *er ist bereit, gut dafür zu bezahlen*[6].

Wenn Ihr Vorgesetzter etwas tut, was Ihnen gefällt oder das Sie bewundern, dann tut es nicht weh, wenn Sie ihm Ihre positiven Gefühle zeigen. Vorübergehender „Liebesentzug" kann auch eine mächtige Waffe in Ihrem Repertoire sein. Natürlich hängt der Einsatz dieser emotionalen Mittel davon ab, daß Sie im Grunde ein gutes Verhältnis zu Ihrem Vorgesetzten haben.

Kurz, *erliegen Sie nicht der Gefahr, in Ihrem Vorgesetzten nur den Inhaber einer höheren Position und nicht den Menschen zu sehen,* obwohl es mitunter so scheinen mag, als wollte er gerade das. Manche Vorgesetzte beschränken sich ausschließlich auf ihren dienstlichen Auftrag, ohne je offen die Bedeutung ihrer eigenen persönlichen Belange zuzugeben. Wenn Sie Ihren Vorgesetzten bei einem „Spiel" überraschen, das Sie nicht mögen, dann verurteilen Sie ihn nicht gleich. Sie sind nicht der einzige, der nach Erfüllung seiner persönlichen Wünsche strebt.

Ihre persönlichen Ziele stehen an zweiter Stelle

Ein *erleuchteter Vorgesetzter* mag sich Ihrer persönlichen Ziele bewußt sein und sie sogar von Zeit zu Zeit berücksichtigen, aber ihnen gilt nicht sein Hauptinteresse. Ganz gleich wie Sie es drehen und wenden, Sie wurden in erster Linie eingestellt, um gewisse Aufgaben im Unternehmen zu erfüllen. Wenn Sie Ihre Arbeit nicht entsprechend ausführen, kommen Sie und Ihr Vorgesetzter in Schwierigkeiten. Die Tatsache, daß Sie dabei (vielleicht unterstützt von Ihrem Vorgesetzten) alle persönlichen Bedürfnisse befriedigen, wird die Schwierigkeiten kaum mildern.

Natürlich sind für Sie die Prioritäten genau umgekehrt. Sie werden verständlicherweise böse darüber sein, wenn Ihre persönlichen Bedürfnisse nicht angemessen befriedigt werden, und die Tatsache, daß Sie gute Arbeit leisten, wird das kaum ausgleichen. Nebenbei gesagt, Ihre persönlichen und die Ziele des Unternehmens

---

6 *Igor Radović,* The Radović Rule, M. Evans & Co., New York 1973.

stimmen gewöhnlich um so weniger überein, je weiter hinunter Sie in Ihrem Unternehmen gehen.

So neigen Untergebene dazu, ihre Vorgesetzten als böse, unanständig oder einfach rücksichtslos anzusehen, weil sie nicht sehr um die Erfüllung der persönlichen Ziele ihrer Untergebenen bemüht sind. Aber erinnern Sie sich, *Ihr Vorgesetzter jongliert ständig mit den Zielen des Unternehmens, seinen persönlichen Bedürfnissen und Ihren individuellen Wunschvorstellungen.* Die Tatsache, daß *Sie nicht sein einziger Untergebener sind,* macht dieses Jonglieren nur noch schwerer. Davon abgesehen sind viele der Dinge, die Untergebene haben wollen, Mangelware: Geld, Ansehen, Macht, Aufstieg, Anerkennung. Selbst wenn diese Dinge nicht so knapp sind, will doch jeder Untergebene mehr davon haben als die anderen. So ist es ganz wahrscheinlich, daß die Mehrzahl der Untergebenen einen großen Teil von dem, was sie haben möchten, nicht bekommen.

Natürlich überschneiden sich die Ziele des Unternehmens und die der Mitarbeiter bis zu einem gewissen Grad (sonst würde das Unternehmen nicht lange bestehen). Zum größten Teil liegt es aber an Ihnen, nicht an Ihrem Vorgesetzten, ob Sie Ihre persönlichen Ziele erreichen. Dazu gehört vor allem, daß Sie *Ihre Ziele* (bei passender Gelegenheit) *bekannt machen;* daß Sie Ihre *Erfindungsgabe* zur *Erreichung einsetzen;* daß Sie, wenn nötig, dafür *kämpfen;* und daß Sie die unvermeidlichen *Kompromisse* eingehen zwischen dem, was Sie erstreben (einschließlich dessen, was Sie sowohl für das Unternehmen als auch für sich selbst zu erreichen suchen) und was das Unternehmen und Ihr Vorgesetzter wollen.

Das Erwartete schreckt nicht

Gelegentlich spreche ich gerade mit einem Manager in seinem Büro, wenn er seine Gehaltsabrechnung bekommt. Das Ritual ist fast immer das gleiche. Der Manager öffnet gelassen den Umschlag, gewöhnlich ohne die geringste Unterbrechung des Gesprächs. Er wirft einen kurzen Blick auf den Nettobetrag und steckt den Gehaltsstreifen in seine Tasche oder die Schublade. Sein Gesicht strahlt nicht vor Dankbarkeit. Er läuft nicht zu seinem Vorgesetzten, um ihm zu danken, und er bietet mir auch kein Getränk an, um mit mir darauf anzustoßen. Er setzt einfach seine Arbeit fort. Der Manager hat das bekommen, was er für die Erfüllung seiner Aufgaben erwartet hat.

Der Vorgesetzte betrachtet Ihre Arbeitsleistung weitgehend in der gleichen Weise. Jede Woche oder jeden Monat erledigen Sie gewisse Ihnen übertragene Aufgaben, und lassen Sie uns annehmen, Sie leisten eine gute Arbeit. Sie tun, was man von Ihnen erwartet, wofür Sie bezahlt werden. Dennoch möchten Sie gelegentlich von Ihrem Vorgesetzten eine besondere *Anerkennung,* selbst wenn es nur ein Wort des Lobes oder des Dankes ist. Sie meinen, daß nicht alle Untergebenen die nötigen Fähigkeiten besitzen; aus einer Vielzahl von Gründen werden Arbeiten oft nicht ausgeführt. Sie haben wahrscheinlich recht, aber *Befähigung und Ausführung der Arbeit* sind eben das, was Ihr Vorgesetzter *erwartet,* ganz gleich, wie selten dies tatsächlich der Fall ist.

Unsere *Erwartungen* stellen eine Art Null-Marke dar. Wenn ihnen nicht entsprochen wird, leuchtet ein negatives Signal auf unserer inneren Anzeigetafel auf; wir fühlen uns enttäuscht und unglücklich. Wenn unsere Erwartungen erfüllt werden, erfolgt keine Anzeige und keine Reaktion. Bei einem Übertreffen unserer Erwartungen leuchtet ein positives Signal auf, wir fühlen uns befriedigt und glücklich.

Eine lediglich zufriedenstellend erledigte Aufgabe löst auf der Anzeigetafel Ihres Vorgesetzten kein Signal aus (es sei denn, er hat Sie für einen Tölpel gehalten und ist über Ihre Arbeit erstaunt). *Um wirklich „Punkte" bei Ihrem Vorgesetzten zu bekommen, müssen Sie schon etwas tun, womit er nicht rechnete* (aber etwas, was er wollte). Selbst wenn Sie einige weniger wichtige Teile Ihrer normalen Arbeit nicht so genau nehmen, um dieses „Extra" zu erreichen, dürfte sich dies auf Ihre Punktwertung sehr vorteilhaft auswirken.

Ihren Vorgesetzten zu überraschen, birgt natürlich einige Risiken: Das „Extra" kann sich als etwas herausstellen, was Ihr Vorgesetzter nicht wollte. Es zeigt sich also auf eine sonderbare Weise, daß Untergebene für das Eingehen von Risiken wie ihre Vorgesetzten belohnt werden.

Wenn Sie es wollen, ist Ihr Vorgesetzter immer für Sie erreichbar

In der Bossologie wird besonderer Wert auf die *Kommunikation* zwischen Vorgesetzten und Untergebenen gelegt. Seltsamerweise geben die Vorgesetzten ihren Untergebenen genügend Gelegenheit, sich mit Fragen und Problemen an sie zu wenden, aber nicht immer in der Form, wie die Bossologie das vorsieht. Ihr Vorgesetzter ist ein Mensch, und das bedeutet, daß er ständig auf Sie und Ihre Tätigkeit reagiert. Wenn Ihr Vorgesetzter nicht ausschließlich nur agiert, dann wird er unvermeidlich viele jener Reaktionen zeigen. Solche Reaktionen müssen jedoch nicht notwendig die Form von ausdrücklichen verbalen Wertungen Ihres Tuns haben. Ja, die meisten Vorgesetzten sind in formalen Erklärungen nicht einmal sehr geschickt und sehen den vierteljährlichen oder jährlichen Beurteilungsgesprächen mit ebensoviel Angst und Bange entgegen wie der Untergebene. Wie dem auch sei, so finden diese formalen Beurteilungsgespräche gewöhnlich so lange Zeit nach dem Geschehen statt, daß sie für keinen von beiden wirklich nützlich sind.

Der ständige Strom von *Rückmeldungen* ist da, aber die *Zuständigkeit* dafür, daß sie gesehen und gehört werden, liegt in erster Linie bei Ihnen. Zunächst müssen Sie die Rückkoppelung *wollen.* Viele von uns sagen, sie wollen das Urteil des Vorgesetzten, meinen aber in Wirklichkeit, daß *sie das positive Urteil wollen.* Als nächstes müssen Sie lernen, die Reaktionen des Vorgesetzten zu deuten. Welche nonverbalen Äußerungen gibt Ihr Vorgesetzter von sich, wenn er mit Ihnen eine Aufgabe bespricht: Ist er unruhig, ungeduldig, ernst, nachdenklich? Wie ist der Ton seiner Stimme? Worüber scherzt er? Scherze sind oft ein Mittel, um indirekt Besorgnisse auszudrücken, die zu heikel sind, als daß man darüber sprechen möchte. Wieviel Zeit verbringt Ihr Vorgesetzter mit Ihnen? Was macht er mit Ihren Ideen? Sagt er, sie sind hervorragend und greift sie dann nicht auf, oder sagt er nichts und übernimmt einige von ihnen (oder stiehlt sie sogar)?

Eine solche informelle oder indirekte Rückkoppelung kann schwierig zu deuten sein. Wenn Ihr Vorgesetzter vier von fünf Ideen ablehnt, werden Sie vielleicht entmutigt sein. Andererseits mag der Vorgesetzte gerade über die eine Idee, mit der Sie kamen, froh gewesen sein. Ein Lächeln oder ein düsterer Blick können viele Bedeutungen haben, und sie brauchen nicht einmal gegen Sie gerichtet oder von Ihnen ausgelöst worden sein. Trotzdem hindert Sie nichts daran, von Zeit zu Zeit Ihre Deutungsversuche des Verhaltens Ihres Vorgesetzten zu überprüfen. Wenn z. B. Ihr Vorgesetzter nichts mehr oder weniger Positives äußert und Sie darin so etwas wie eine Ablehnung zu erkennen glauben, dann können Sie so etwas sagen wie „Sie scheinen nicht überzeugt zu sein“ oder „ich nehme an, das gefällt Ihnen nicht sonderlich, nicht?“

Wenn Sie Ihren Vorgesetzten dazu bringen wollen, daß er sich ausführlicher und deutlicher äußert, dann ist es wichtig, *daß Sie weder auf Lob noch auf Kritik zu stark reagieren.* Falls Sie sich über eine Äußerung Ihres Vorgesetzten freuen, dann schadet es nichts, wenn Sie das sagen, aber tun Sie nicht so, als wären Sie unübertrefflich. Wenn Sie über eine Äußerung Ihres Vorgesetzten bekümmert sind, dann ist es um so besser, je weniger Sie über Ihre Gefühle sagen. Vergewissern Sie sich, daß Sie das, was der Vorgesetzte gesagt hat, voll verstehen; aber hüten Sie sich vor leidenschaftlicher Selbstverteidigung. Versuchen Sie nicht, ihn sofort zu einer Meinungsänderung zu bewegen. Vor allem, streiten Sie nicht mit Ihrem Vorgesetzten über seine Beurteilung (zumindest nicht unmittelbar anschließend), oder Sie laufen Gefahr, ihn in Zukunft von einem Gespräch mit Ihnen abzuhalten. Wenn Sie über eine Sache nachdenken oder Ihre Verteidigung vorbereiten wollen, dann ziehen Sie sich zuerst in Ihre vier Wände zurück.

Um es noch einmal zu sagen: Ihr Vorgesetzter ist immer für Sie erreichbar, aber Sie müssen selbst etwas dazu tun!

Trachten Sie nicht danach, Ihren Vorgesetzten zu ändern

Wie oft meinen Sie, daß es eine riesige Erleichterung wäre, wenn der Vorgesetzte einige wenige Dinge anders handhabte. Leider ändern Sie aber Ihren Vorgesetzten überhaupt nicht, indem Sie sich über ihn beklagen oder ihn umzumodeln wünschen. Es ist sogar schwierig, sich irgend etwas vorzustellen, was *Sie tun könnten,* um ihn zu ändern.

Andererseits gibt es gewöhnlich manches, das Sie (ungeachtet Ihres Vorgesetzten) ändern können, und das die Situation verbessern würde. Wenn Sie aber über diese Änderungen nachdenken, dann werden Sie vielleicht zu dem Ergebnis kommen, daß sie nicht annähernd die Wirkungen zeigen, die Sie sich von einer Änderung Ihres Vorgesetzten erhoffen. Die Aussicht auf so geringe Wirkungen Ihres Bemühens könnte Sie so entmutigen, daß Sie in dieser fruchtlosen Art fortfahren und weiter darüber nachsinnen (oder sich darüber beklagen) was Ihr Vorgesetzter alles falsch macht.

Hier möchte ich Ihre Aufmerksamkeit auf ein etwas unbescheiden benanntes „Gesetz" lenken, das Sie veranlassen könnte, die Dinge in einem etwas anderen Licht zu sehen:

> *Das Golde'sche Gesetz*
> *Der Erwartungswert dafür, daß sich Ihr Vorgesetzter ändert, ist allgemein geringer als der Erwartungswert dafür, daß Sie selbst sich ändern.*

Lassen Sie mich dies näher erläutern. Der Begriff, „*Erwartungswert*" wird in der Wahrscheinlichkeitstheorie benutzt und stellt einfach eine Art gewogenes Urteil dar, das *sowohl* die *Größe eines Gewinnes* als auch die *Wahrscheinlichkeit seines Eintreffens* (durch Multiplikation der beiden Größen) ausdrückt. Wenn Sie z. B. mit einem Los in der Lotterie spielen, (sagen wir mit zwei Millionen Losen in der Lotterie) dann könnte der *Gewinn* sehr groß sein (sagen wir eine Million DM), aber die *Gewinnchancen* sind sehr gering (genau 1 : 2 000 000). Der Erwartungswert Ihres Lotterieloses würde sich ergeben aus dem Gewinn von einer Million DM multipliziert mit Ihrer Gewinnchance von einem Zweimillionstel (0,0000005), das sind 0,50 DM; und das ist weniger als Sie für ein Los aufzuwenden haben.

Das *Golde'sche Gesetz* wendet den gleichen Ansatz des gewogenen Wertes an, um die Chancen der Änderung Ihres Vorgesetzten mit denen der Änderung Ihres Verhaltens zu vergleichen.

Die *Folgen* Ihrer Verhaltensänderung sind geringer als die Folgen der Verhaltensänderung Ihres Vorgesetzten, aber die *Wahrscheinlichkeit,* daß Sie sich ändern, ist größer als die, daß es Ihnen gelingt, Ihren Vorgesetzten zu ändern (obwohl es keineswegs einfach ist, daß Sie sich ändern). Das *Golde'sche Gesetz* besagt, daß die größere Wahrscheinlichkeit Ihrer Verhaltensänderung gewöhnlich ihre geringeren Folgen aufwiegt. Kurz, *Sie tun besser daran, auf sich selbst anstatt auf Ihren Vorgesetzten zu setzen.*

Die Lage des Untergebenen

Bewahren Sie sich Ihren Vorgesetzten! Der nächste könnte schlimmer sein

Als Untergebene finden wir manchmal einen gewissen Trost darin, unseren Vorgesetzten als den „Höheren" zu betrachten, wodurch wir natürlich zu „Geringeren" werden. Dennoch glauben wir zumeist nicht wirklich, daß wir als Untergebene auch geringer sind. Die Bossologie hat die Annahme in die Welt gesetzt, daß die Vorgesetzten managen und für ihre Untergebenen sorgen, während in der Wirklichkeit das Gegenteil oft ebensowahr ist: ein tüchtiger und erfolgreicher Untergebener managt und sorgt für seinen Vorgesetzten. Übrigens kann die Art und Weise, wie wir für unseren Vorgesetzten sorgen, erheblich darauf einwirken, wie unsere Untergebenen *uns* beurteilen und für *uns* sorgen.

Tief im Inneren wissen wir alle, daß Vorgesetzte menschliche Bedürfnisse und menschliche Gefühle haben; daß Vorgesetzte ihre eigene Bürde tragen und ihre eigenen Kämpfe austragen; daß ein großer Teil der Schuld, die wir den Vorgesetzten geben, von Dingen verursacht wird, die sie nicht beeinflussen können; daß Vorgesetzte nicht so sehr viel anders als Untergebene sind und daß wir im Durchschnitt nur mittelmäßige Vorgesetzte erwarten dürfen. Wir wissen dies alles, aber wir finden es bequemer, uns so zu verhalten, als wüßten wir es nicht, *da wir uns so von einer Verantwortung entlasten können, die wir nicht gern übernehmen möchten.*

Wir müssen uns davor in acht nehmen, das, was wir gerne hätten oder täten, mit dem durcheinander zu bringen, was wir berechtigterweise *erwarten dürfen.* Wenn wir von unseren Vorgesetzten erwarten, daß sie den in der Bossologie porträtierten mythischen Managern gleichen, dann verurteilen wir uns selbst (und sehr wahrscheinlich auch unsere Vorgesetzten) zu fortwährender Enttäuschung und Frustration. Wir müssen davon ausgehen, daß der Vorgesetzte *erhebliche Mängel* hat, die wir als Untergebene weitgehend *auszugleichen* haben.

So sollten wir bei jenen seltenen Gelegenheiten, wenn der Vorgesetzte wirklich etwas Richtiges tut, froh oder sogar dankbar sein, anstatt zu seufzen „es war aber auch höchste Zeit“. Hin und wieder wäre es sogar angebracht, den Vorgesetzten etwas anzuspornen, indem wir ihm ein Wort der Ermutigung oder des Dankes sagen.

Stellen Sie Ihr Licht nicht unter den Scheffel

Wenn Sie als Untergebener auch nicht unbedingt geringer sind, so ragen Sie auch nicht unbedingt heraus. Sie sind nur einer von den vielen Untergebenen, die die ihnen zugeteilte Arbeit verrichten. Sie müssen aber auch sicherstellen, daß die notwendigen Meßdaten verfügbar sind, um Ihre Tüchtigkeit zu beweisen. Wie wir bereits erwähnten, besteht ein anderer Weg, sich hervorzutun, darin, etwas Besonderes zu tun, etwas, das über Ihre regulären Aufgaben hinausgeht. Die Betätigung auf Gebieten, die außerhalb Ihres eigenen beruflichen Feldes liegen, kann Ihre Sichtbarkeit ebenfalls erhöhen, z. B. wenn Sie einen Beitrag für eine Fachzeitschrift verfassen, in der Öffentlichkeit sprechen oder in der kommunalen Arbeit mitwirken.

„Anders sein als andere“ ist eine weitere Strategie, um aufzufallen.

Ein junger Mann war für die Arbeit in der Poststelle eines großen Automobilherstellers eingestellt worden. Er stellte fest, daß sich alle anderen Mitarbeiter in der Poststelle ziemlich nachlässig kleideten. Um sich von den anderen abzuheben, trug er immer Jacke und Krawatte. Man wurde bald auf ihn aufmerksam und übertrug ihm eine interessantere Aufgabe.

Man kann auf vielfache Weise anders sein als andere, z. B. im Stil von Aktennotizen, in der Arbeitsweise, im Verhalten bei Sitzungen, in der Einrichtung des Arbeitsplatzes. Man muß jedoch sehr genau zwischen Überspanntheit und persönlicher Differenzierung zu unterscheiden wissen. Die erstere wird, wenn überhaupt, gewöhnlich nur bei sehr alten Managern geduldet.

Die letzte Waffe

Sie können versuchen, Ihren Vorgesetzten oder andere in Ihrem Unternehmen zu ändern; Sie können sich selbst bis zu einem gewissen Grad ändern oder neue Kompromisse schließen zwischen dem, was Sie wollen, und dem, was Sie hinzunehmen bereit sind. Aber in beiden Fällen können Sie nicht allzuviel erreichen. Selbst wenn man eine unglückliche Situation erheblich verbessert, muß sie noch lange nicht erträglich sein. Sie (und auch Ihr Vorgesetzter) haben nur wenige der vielen Faktoren in der Hand, die für Ihre Unzufriedenheit bei der Arbeit verantwortlich sind. Ihr Vorgesetzter kann wirklich hoffnungslos unfähig, machtbesessen oder erschreckend paranoid sein. Ihre Abteilung kann unwiderruflich die Gunst der gerade herrschenden Gruppierungen verloren haben. Ihre Projekte mögen wirklich unheilbar langweilig, unrealistisch konzipiert oder unausweichlich zum Scheitern verurteilt sein.

So wie die letzte Waffe Ihres Vorgesetzten seine Befugnis ist, Sie zu entlassen, *so ist Ihre letzte Waffe Ihr Kündigungsrecht* (was, wenn Sie es recht bedenken, eine Möglichkeit darstellt, Ihren Vorgesetzten zu entlassen). *Aber die äußerste Waffe hat keine Wirkung, wenn Sie nicht willens sind, sie einzusetzen.* Es ist schwierig, mit Ihrer Entschlossenheit zur Kündigung zu bluffen; Ihre tatsächlichen Absichten werden durchscheinen. Der Schlüssel dazu, wie ernst Sie eine Kündigung erwägen, ist einfach das Wissen um andere Stellenangebote oder Ihr Vertrauen, daß Sie sie finden, wenn es darauf ankommt.

Sicherlich können Sie diese Waffe mißbrauchen, indem Sie jedesmal, wenn etwas nicht nach Ihrem Willen geht, mit der Kündigung drohen. Sicher birgt die Suche neuer Stellen gewisse Risiken. *Niemand ist unersetzlich,* und Ihr Vorgesetzter könnte das Gefühl bekommen, Sie seien „unloyal“, wenn er erfährt, daß Sie sich nach etwas anderem umschauen. Aber Ihr Vorgesetzter mag Ihre Stellenangebote ebensogut als ein Zeichen Ihrer Tüchtigkeit auffassen; denn immerhin, wenn Sie jemand haben will, dann sind Sie vielleicht mehr wert als er dachte. Zumindest wird er Ihr Bleiben nicht mehr als so selbstverständlich ansehen. Gerade die Tatsache, daß Sie andere Wahlmöglichkeiten haben, kann also dazu beitragen, Ihrer gegenwärtigen Stelle gegenüber eine positivere Haltung einzunehmen.

Sicher, Sie könnten in den Ruf eines „*Jobspringers*“ geraten, wenn Sie zu oft wechseln. Aber heute sind die meisten Unternehmen weniger vorsichtig als früher, wenn es darum geht, jemanden einzustellen, der mehrmals gewechselt hat. Ja, manche Unternehmen bevorzugen sogar Bewerber, die Erfahrungen in verschiedenen Unternehmen und auf verschiedenen Gebieten gesammelt haben. Außerdem kann das zu lange Verbleiben in einer Stelle Ihre Flexibilität in der Weise beeinträchtigen, daß es für Sie schwierig wird, neue Aufgaben zu übernehmen. Auch die Einkommensverbesserung, die gewöhnlich mit einem Stellenwechsel verbunden ist, kann oft erheblich größer sein als die, die Sie erwarten können, wenn Sie mehrere Jahre bei Ihrer Firma bleiben.

Viele Untergebene scheinen die äußerste Waffe gänzlich zu ignorieren, geschweige denn sie zu mißbrauchen. Ihre Entschlossenheit zu gehen ist aber die grundlegende Macht, die Sie besitzen ’ die Macht, von der die meisten anderen Machtmittel abhängen, die Macht, die (ob Sie es wollen oder nicht) den Hintergrund bildet für alle Ihre Verhandlungen über Gehalt, Befugnisse, Aufgabenverteilung und Ihre Zukunft. *Die Wirklichkeit ist die, daß Sie auf Ihrer eigenen Gehaltsliste stehen, ganz gleich, für wen Sie arbeiten.*

3. Der Ermessensspielraum

Tun Sie es so, wie ich es haben möchte – von sich aus

Die Suche nach risikoloser Freiheit

Es war während der Frühstückspause in einer Lebensmittelfiliale, aber eine ähnliche Unterhaltung hätte sich auch in einer Werkhalle oder während einer Kaffeepause in einem Büro entwickeln können.

Klein: Nun schau mal her. Als ich schließlich wegen des Berichts über unsere neue Filiale zu meinem Chef kam, fiel dem nichts Besseres ein als mich anzupflaumen, weil ich, um gewisse Informationen zu bekommen, mit einigen Leuten vom Bürgermeisteramt gesprochen hatte.

Meier: Oh ja, ich weiß, was Du meinst. Auch mein Alter kann nichts delegieren. Wie bei diesem Untersuchungsprojekt. Ich tue, was ich für richtig halte; aber ganz gleich, womit ich komme, er macht es herunter, weil es nicht das ist, was er wollte:

Klein: Richtig. Ich brauche einige Befugnisse, um Dinge zu regeln, die plötzlich auftauchen. Schließlich kann ich nicht dauernd rückfragen, wo er ohnehin während der Hälfte der Zeit nicht erreichbar ist.

Ihre Chefs unterhalten sich währenddessen an der nächsten Ecke.

Rode: Verdammt noch mal! Da könnte man doch aus der Haut fahren! Ich gebe dem Klein den Plan für die neue Filiale, damit er daran weiterarbeitet, und heute kommt er mit einem regelrechten Durcheinander an. Das einzige, was er wirklich fertig brachte, war, die auf dem Bürgermeisteramt aufzuscheuchen, und Sie wissen doch, was das für Vögel sind. Dann wundert sich der Klein, warum ich ihn ständig kontrolliere.

Braun: Ja, ich habe die gleichen Probleme. Der Meier und ich haben uns lange darüber unterhalten, was wir für diese Untersuchung benötigen, aber er überfällt mich dreimal am Tage, um mich zu fragen. Er kann einfach nicht drangehen und die Sache selbständig erledigen.

Rode: Genau. Ich wünschte, der Klein käme nur einmal zu mir: herausfinden, was benötigt wird, alles zusammenstellen – rechtzeitig für die Eröffnung – und es mir zur Genehmigung vorlegen.

Es ist selten, daß nicht das Thema *Ermessensspielraum* irgendwie in diesen alltäglichen informellen Gesprächen auftaucht. Dennoch sind die Meinungen über Ermessensfragen seltsam geteilt. Untergebene möchten einen größeren Ermessensspielraum; Vorgesetzte meinen, die Untergebenen nutzen ihn nicht, und vertreten die Auffassung, die Untergebenen haben gewöhnlich eine zu freie Hand. Unklare Aufgabenstellungen räumen viel Freiheit ein, dabei beklagen sich die Untergebenen über diese Unklarheit; die Vorgesetzten beklagen sich oft, wenn Untergebene den Ermessensspielraum wirklich ausnutzen. Dennoch, und ungeachtet dieser Verwirrung, sprechen Vorgesetzte und Untergebene selten direkt miteinander darüber.

Das Problem des Ermessensspielraums steht im Mittelpunkt der nie endenden Diskussion um die Frage, wie Aufgaben verteilt und erledigt werden und wie Vorgesetzte und Untergebene zur Erreichung organisatorischer und persönlicher Ziele zusammenarbeiten. Die wachsende Bedeutung der menschengerechten Arbeit rückt den Ermessensspielraum noch näher zum Mittelpunkt.

Die Doppelnatur des Ermessens

Ich stellte eines Tages überrascht fest, daß gerade der Begriff „Ermessen" eine zweifache Bedeutung hat, die sofort einen Teil des Dilemmas offenbart. Auf der einen Seite wird im Lexikon Ermessen als die Freiheit zu entscheiden und zu wählen, als die Fähigkeit, nach seinem Gutdünken zu urteilen und zu handeln, definiert. Auf der anderen Seite bedeutet Ermessen auch, daß man bei dem, was man sagt und tut, vorsichtig, sorgfältig und besonnen ist[7]. So enthält das Wort Ermessen sowohl die Vorstellung von Unabhängigkeit und Freiheit als auch die von Sicherheit oder Vorsicht. Das Bemühen, diese beiden unterschiedlichen Bedeutungen des Wortes Ermessen in Einklang zu bringen, ist ein sehr zentrales Problem in den Beziehungen zwischen den meisten Vorgesetzten und Untergebenen.

Vorgesetzte und Untergebene stimmen gewöhnlich (mehr oder weniger) darin überein, daß Unabhängigkeit und Freiheit für den Untergebenen erwünscht sind. Sie stimmen gewöhnlich auch darin überein, daß die beiderseitige Sicherheit zumindest teilweise davon abhängt, daß die Dinge so geschehen, wie es der Vorgesetzte wünscht. Von hier aus gesehen sind die Dinge aber nicht so angenehm.

Doppelgleisiges Denken in Ermessensfragen

Je mehr Unabhängigkeit ein Vorgesetzter im allgemeinen seinen Untergebenen einräumt (oder je unabhängiger ein Untergebener handelt), desto größer ist das Risiko, daß die Dinge nicht so geschehen, wie es der Vorgesetzte wünscht. Wenn jedoch Vorgesetzter und Untergebener schlaue Manager sind, dann werden sie beide versuchen, ihr Risiko möglichst gering zu halten, was kaum möglich ist, ohne die Freiheit des Untergebenen einzuengen. Die Versuche von Vorgesetzten und Untergebenen, „ihre Kohlen zu behalten und sich gleichzeitig daran zu wärmen", laufen gewöhnlich auf eine Art doppelgleisiges Denken hinaus (oder doppelgleisiges Reden, wenn Sie wollen).

„Tun Sie es, so wie ich es haben möchte – von sich aus" ist das, was der Untergebene von seinem Vorgesetzten zu „hören" meint, oder auch „Tun Sie, was ich haben möchte, ohne mich zu fragen". Das Dilemma ist so offenbar, wie es unausweichlich ist. Wenn der Untergebene „von sich aus" oder „ohne zu fragen" handelt, läuft er erhebliche Gefahr, nicht das zu tun, was der Vorgesetzte wünscht. Um sicherzustellen, daß die Wünsche des Vorgesetzten erfüllt werden, wird der Untergebene weniger von sich aus handeln als es ihm oder dem Vorgesetzten recht ist.

7 Die Doppelbedeutung ist im englischen Wort „Discretion" noch ausgeprägter (Anm. des Übersetzers).

Was der Vorgesetzte von seinem Untergebenen zu „hören“ meint, ist, „Helfen Sie mir, es von mir aus zu tun“ oder „Regen Sie sich nicht auf, wenn ich etwas von mir aus versuche, das mißlingt“. Der Untergebene möchte, daß der Vorgesetzte mit allem einverstanden ist, ganz gleich, was passiert. Was soll der arme Vorgesetzte tun? Wenn er dem Untergebenen hilft, dann hat der Untergebene nicht von sich aus und selbständig gehandelt. Wie kann aber ein Vorgesetzter bereit sein, zu allem ja zu sagen, was der Untergebene tut; wie kann er darauf verzichten, sich aufzuregen, wenn der Untergebene einen schweren Fehler macht?

Vorgesetzter wie Untergebener streben nach *risikoloser Freiheit,* und es ist dieses Streben, das so paradoxe Einstellungen hervorbringt: Untergebene wollen mehr Ermessensspielraum (Freiheit), nutzen diesen Spielraum aber nicht immer aus (aus Sicherheitsgründen); Vorgesetzte räumen oft Ermessensspielraum (Freiheit) ein, beklagen sich aber, wenn er genutzt wird (weil damit ihr Sicherheitsbedürfnis verletzt wird).

Das Dogma der Delegation

Der Ausdruck „Ermessen“ erscheint nicht sehr oft in der Managementliteratur. Die Fragen von Sicherheit und Freiheit werden dagegen bis zu einem gewissen Grade unter so verwandten Themen wie *Delegation, Management by Exception, Management by Objectives (MbO)* und *partizipatives Management* behandelt. Aus Gründen der Einfachheit möchte ich all diese Prinzipien unter dem Begriff der *„konventionellen Auffassung der Delegation“* allgemein zusammenfassen.

Die übliche *Beschreibung effektiver Delegation* lautet etwa so:

> Delegation ist das Erzielen von genau festgelegten und im einzelnen beschriebenen Ergebnissen durch einen Manager, indem dieser Manager seinen Untergebenen den größten möglichen Spielraum zur Erreichung aller oder eines Teils der jeweiligen Ziele einräumt, für die der Manager letztlich verantwortlich ist[8].

8 *Dale D. Mc Conkey,* No-Nonsense Delegation, AMACOM, New York, 1974.

Auf eine solche Definition folgt in der Regel eine Diskussion darüber, welche *nötigen Befugnisse* der Untergebene braucht, um so entscheiden und handeln zu können, daß die gewünschten Ergebnisse erzielt werden. Als Folge hiervon wird gesagt, daß der Vorgesetzte nicht mehr eingreifen sollte, nachdem er dem Untergebenen die entsprechenden Befugnisse übertragen hat. Der Untergebene sollte in eigener Verantwortung handeln, ausgenommen natürlich gewisse periodische Überprüfungen des Fortschritts seiner Bemühungen.

So wird nach der konventionellen Auffassung mit Hilfe der Delegation zu erreichen versucht, daß die Dinge nach den Wünschen des Vorgesetzten (Sicherheitsfaktor) geschehen, indem die *Endergebnisse* sorgfältig bestimmt werden. Dadurch, daß sie ihm die volle Verantwortung für alles überträgt, was zur Erzielung der festgelegten Ergebnisse getan werden muß, verleiht die Delegation dem Untergebenen Unabhängigkeit und Freiheit.

Management by Exception besagt ja im wesentlichen, daß der Vorgesetzte so lange nicht eingreifen sollte, solange alles planmäßig läuft. Berichte und andere Vorkehrungen dienen dazu, Signale zu erzeugen, sobald etwas schief laufen könnte. Die „Ausnahme"-Regelung verleiht dem Untergebenen vermutlich ein Höchstmaß an Unabhängigkeit, gibt aber zugleich dem Vorgesetzten die Sicherheit, daß er informiert wird, wenn die Dinge nicht nach seinen Wünschen laufen.

Beim *Management by Objectives* wird die Bedeutung *klarer Aufgabenstellungen* bei der Delegation besonders betont. Ebenso wird hervorgehoben, daß *Ziele* so genau wie möglich, und zwar mehr in Form von Ergebnissen anstatt von Tätigkeiten, beschrieben werden sollten. Nicht weniger wichtig ist es, sinnvolle *Meßgrößen* für die Ergebnisse zu bilden, um den Grad der Zielrealisierung beurteilen zu können.

Beim *partizipativen Management,* das in das Management by Objectives mündet, wird besonders darauf abgehoben, daß der Untergebene bei der Aufstellung der von ihm zu erreichenden Ziele beteiligt wird. Dem liegt die Erwartung zugrunde, daß der Untergebene durch sein Mitwirken bei der Zielsetzung eine klarere Vorstellung von dem zu Erreichenden bekommt und sich auch stärker dafür einsetzt. Die Befürworter des partizipativen Management führen außerdem an, daß gerade die Teilhabe selbst das Verlangen des Untergebenen nach Unabhängigkeit und Selbstverwirklichung befriedigen kann.

Was mir mißfällt, ist, daß man nach der konventionellen Auffassung in der Delegation mehr als lediglich eine Reihe möglicherweise nützliche Instrumente in der Hand des Managers sieht; man sieht in ihr ein Modell dafür, wie der Manager sich verhalten kann, um das *Dilemma des Ermessens* möglichst klein zu halten. Das Modell ist so hübsch und vernünftig, daß wir stillschweigend angenommen haben, es passe in die reale Welt der Unternehmen. Es ist so reizvoll, daß man dazu neigt, alle sich ergebenden Probleme einer falschen Anwendung der Techniken anzulasten. Vielleicht wurde das Ziel einfach nicht klar genug definiert; oder das Ziel wurde dem Untergebenen willkürlich auferlegt; oder der Vorgesetzte traut dem Untergebenen nicht genügend; oder dem Untergebenen fehlt es an Urteilsvermögen; oder das Ziel sollte sowohl quantitative als auch qualitative Faktoren beinhalten; oder das Berichtswesen sollte verbessert werden, um die zur Leistungsmessung benötigten Daten zu erfassen.

Ich gebe zu, daß viele MbO-Systeme fehlerhaft aufgebaut, schlecht eingeführt oder unvollständig sind. Ich stimme auch zu, daß Manager oft nicht über die notwendigen Fähigkeiten verfügen, um das System arbeitsfähig zu machen, und daß Manager manchmal sogar Haltungen zeigen, die einem einwandfreien Funktionieren des Modells abträglich sind. Ich heiße Versuche willkommen, das System zu verbessern, Managern die notwendigen Kenntnisse zu vermitteln oder Anreize zu geben, um ablehnende Einstellungen zu beseitigen. Was mich stört, ist, daß man überhaupt nicht daran denkt, das *Modell selbst* genauer anzuschauen, um festzustellen, ob es wirklich ein *sinnvolles Ideal* ist, nach dem man streben sollte. Mit anderen Worten, *auftretende Probleme werden beharrlich Fehlern bei der Einführung und nicht Unzulänglichkeiten des Modells selbst zugeschrieben.* Diese unkritische Übernahme des Modells wird deutlich durch die Bemerkung eines Managers veranschaulicht, dessen Unternehmen soeben sein MbO-System aufgegeben hatte.

> Ich bin nach wie vor von der Bedeutung klarer Zielsetzungen überzeugt, so daß ich meine Untergebenen voll dafür verantwortlich machen kann, daß die Dinge getan werden. Ich glaube nur, daß unser MbO-System zu einer Menge zusätzlicher Papierarbeit und unproduktiven Sitzungen geführt hat, die nicht wirklich zum Kern der Sache vordrangen.

Nun, ich kann nicht mit Bestimmtheit nachweisen, daß der konventionellen Auffassung der Delegation etwas Wichtiges fehlt. In nur wenigen Fällen hat man den Erfolg der Delegation oder ähnlicher Techniken exakt zu messen versucht. (Liegt nicht eine gewisse Ironie darin, daß man bei den meisten MbO-Programmen keine Ziele und Erfolgskontrollen für das MbO-Programm *selbst* vorgesehen hat?)

Mein Mißtrauen gegen das Delegationsmodell verstärkt sich, wenn ich einen kritischen Blick auf einige Probleme richte, die Manager im Hinblick auf die normalen Techniken der Delegation anführen (selbst wenn sie in ihnen zugleich eine Art Ideal sehen):

> Wie Sie wissen, ist es sehr schwierig, eine Vielzahl von Dingen festzuhalten, vor allem, wenn es um komplexe Sachverhalte geht und man nie genau weiß, in was man hineingerät.
>
> Manchmal lassen sich die Gesamtziele des Unternehmens einfach nicht mit der Situation in unserem Bereich in Einklang bringen.
>
> Wie Sie wissen, besteht das Problem darin, daß alle Ziele miteinander in Wechselwirkung stehen und daß Ziele des Unternehmens zu persönlichen Zielen in Widerspruch stehen können.
>
> Dieses Messen und Beobachtung der Entwicklung verleidet mir die ganze Sache. Man kann nicht alles und jedes in Zahlen festhalten, und wenn Sie etwas anderes verwenden, kommt eine Menge persönlicher Wertung und Deutung ins Spiel. Davon abgesehen laufen die Dinge oft lange Zeit auf Grund von Faktoren, die Sie wirklich nicht beeinflussen können.

Natürlich können Sie diese Bemerkungen einfach als weitere Beispiele dafür ansehen, daß es den Leuten nicht gelang, das konventionelle Delegationsmodell ordnungsgemäß zu realisieren. Ein kritischer Blick auf diese Äußerungen weist aber auch auf ein gewisses Mißverhältnis zwischen der realen Welt des Management und der Welt hin, die der konventionellen Auffassung von der Delegation zugrunde liegt. Vor allem dürften die *Ziele* in der realen Welt des Unternehmens nicht die Charakteristiken haben, von denen die konventionelle Theorie der Delegation ausgeht. Im Rest dieses Kapitels wird entwickelt, was die Manager meiner Meinung nach fühlen und welche Folgerungen möglicherweise aus solchen Beobachtungen zu ziehen sind.

Ziele sind selten das, was sie zu sein scheinen

Begriffe wie „Bedürfnisse", „Pläne" und „Programme" bedeuten manchmal das gleiche wie „Ziele". Diese Ausdrücke können von Unternehmen zu Unternehmen unterschiedliche Bedeutungen erhalten. Ich möchte mich jetzt nicht mit den möglichen verschiedenen Bedeutungen dieser Ausdrücke aufhalten und deshalb das Wort „Ziel" in einem breiten, allgemeinen Sinn verwenden und damit das bezeichnen, was ein Unternehmen, ein Vorgesetzter oder Untergebener erreichen will (was oft in der Aufgabe, einem Auftrag usw. im einzelnen beschrieben ist).

Literatur und Seminare über Delegation, MbO usw. wiederholen immer wieder die folgende Art von Erklärungen über Ziele:

1. Ziele sollten *genau bestimmt* sein, d. h. klar und unmißverständlich sein.
2. Ziele sollten *vollständig* bestimmt sein und alles enthalten, was verlangt wird.
3. Ziele sollten *„Zwecke"* darstellen; sie sollten von den „Mitteln" zur Erreichung der Ziele getrennt und unterschieden werden.
4. Ziele sollten so formuliert sein, daß der *Grad ihrer Erreichung gemessen* werden kann.

Nun, jede dieser Feststellungen oder Empfehlungen beruht in Wirklichkeit auf einer sehr bedeutenden aber gewöhnlich unausgesprochenen Annahme. Nehmen wir die erste Feststellung. Wenn Sie sagen, „Ziele *sollten* bestimmt sein", dann nehmen Sie stillschweigend an, daß Ziele genau bestimmt werden *können.*

Wenn man in jeder der anderen Aussagen die Worte „sollten“ durch „können“ ersetzt, dann ergibt sich eine neue wesentliche Annahme, deren Gültigkeit nach meinem Dafürhalten ebenfalls fraglich ist. Ich schlage vor, wir untersuchen die hinter den ersten drei Feststellungen stehenden Annahmen, um zu sehen, ob sie der realen Welt des Managers standhalten. (Wenn dies nicht der Fall ist, dann brauchen wir die vierte Annahme über die Meßbarkeit der Ziele und Ergebnisse nicht mehr im einzelnen zu untersuchen. Das heißt, wenn Ziele nicht genau und vollständig bestimmt und von den „Mitteln“ unterschieden werden können, dann ist es wenig sinnvoll anzunehmen, daß sie allgemein in einer Art und Weise formulierbar sind, die den Grad ihrer Erreichung zu messen erlaubt.)

Genauigkeit oder „eine Ansammlung von Löchern“

Hier ist eine (nur leicht verkürzte) Richtlinie, die von der Hauptverwaltung eines größeren Herstellers von Büroeinrichtungen herausgegeben wurde.

> **An:** alle Bezirks-Verkaufsleiter
> **Von:** Vertriebsleitung
> **Betreff:** Verbesserung der Kundenbeziehungen
> Wie Sie alle wissen, ist ein rapides Absinken der Folgeverkäufe bei unseren größeren Kunden festzustellen. Als Teil unserer Maßnahmen zur Verbesserung der Situation wird das folgende Programm aufgestellt, mit dessen Verwirklichung sofort zu beginnen ist:
>
> 1. Alle Bezirks-Verkaufsleiter sollten 40 Prozent ihrer Zeit darauf verwenden, ihre Verkäufer bei Kundenbesuchen zu begleiten.
> 2. Alle großen Kunden mit einem Jahresumsatz von mehr als 70 000 Dollar oder mehr sollten mindestens einmal im Vierteljahr von einem Verkäufer besucht und mindestens einmal monatlich angerufen werden.
> 3. Jeder Bezirks-Verkaufsleiter sollte jeden Kunden, dessen Käufe seit dem letzten Jahr um 25 und mehr Prozent zurückgegangen sind, selbst aufsuchen.

Wir sollten nicht untersuchen, ob die in der obigen Richtlinie angegebenen Ziele geeignet sind, das Problem zu lösen. Hier geht es darum, daß die gesetzten Ziele, gemessen an vielen Standards, ziemlich genau und klar bestimmt scheinen. Einige der Ziele sind sogar in leicht meßbaren Größen – Häufigkeit der Besuche, Dollarbeträgen, prozentualen Umsatzrückgängen usw. festgehalten. Dessen ungeachtet ist hier ein typisches Beispiel dafür, wie diese Richtlinie von den Betroffenen aufgenommen wurde:

Sam: Nun, die Richtlinie ist also da. Wir brauchen nur noch herauszulesen, was wir zu tun haben. Was bedeutet 40 Prozent meiner Zeit? Sind es 40 Prozent der Zeit, die ich im Außendienst verbringe, oder sind es 40 Prozent meiner Gesamtzeit? Sind es 40 Prozent im Durchschnitt jeden Monat oder was sonst?

Tom: Wie auch immer ich es drehe, ich weiß nicht, wie ich all die zusätzliche Arbeit ohne Hilfe bewältigen soll. Wer vertritt mich während dieser Zeit im Büro? Offen gesagt, unser Problem ist nicht, daß wir zu wenig draußen sind; uns fehlt die Zeit für die Vorbereitung und Nachbearbeitung, um unsere Besuche produktiv zu machen.

Sam: Ja, und ist es nicht lächerlich, einen Kunden jeden Monat zu belästigen, wenn er uns ohnehin schon alle Aufträge gibt. Übrigens, wie soll ich denn wissen, ob ein *neuer* Kunde „potent" wird, solange er nicht wirklich gekauft hat?

Tom: Richtig. Ich meine auch, daß ich meine Zeit den problematischen Kunden widmen sollte; und das sind nicht unbedingt die großen. Und was soll ich *genau tun,* wenn ich einen Kunden mit meinem Verkäufer besuche? Das ist die eigentliche Frage. Diese Richtlinie ist nichts weiter als eine Ansammlung von Löchern.

Sam: Nun, ich denke nicht so sehr an die Löcher als vielmehr daran, daß wir für Klärung sorgen müssen. Die einzige Schwierigkeit ist, daß die Vögel von der Vertriebsleitung das gar nicht einsehen.

Sicher hätte der Vertriebsleiter einige Punkte genauer fassen und verschiedene damit zusammenhängende Fragen abdecken können. Es würde aber ein 50seitiges Handbuch füllen, wollte man versuchen, alles zu berücksichtigen, und selbst dann blieben ohne Zweifel noch einige Löcher. Die umfangreichen Arbeitsanweisungen in manchem großen Unternehmen und die Ausführungsbestimmungen zu den Gesetzen des Staates sind nie so lückenlos, daß es keine Löcher mehr gibt.

Eine Schwierigkeit besteht darin, daß es für einen Manager mit zunehmender Entfernung vom Ort des Geschehens immer schwieriger wird zu wissen, was wirklich *festgehalten* werden muß. Dazu kommt, daß die örtlichen Verhältnisse sehr variieren. Jeder Versuch der Zentrale, alles im einzelnen vorzuschreiben, wäre sinnlos (d. h. nicht generell anwendbar). Selbst die örtlichen Verkaufsleiter in der vordersten Linie können nicht alle wichtigen Maßnahmen bestimmen, ohne eine gewisse Zeit dafür verwendet zu haben, die Ausführung der neuen Richtlinien auszuprobieren.

Manchmal kann es sogar zweckmäßig sein, die Ziele nicht ganz genau zu bestimmen. Oft vertreten mehrere an der Bewältigung einer Aufgabe beteiligte Gruppen unterschiedliche Auffassungen über die Ziele des Unternehmens, und persönliche Ziele können mit den Zielen des Unternehmens kollidieren. Wenn man sich immer auf ein genau formuliertes Ziel oder einen Inhalt einigen müßte, ehe etwas unternommen werden kann, dann führte dies bei den meisten amerikanischen Unternehmen zu einem Stillstand.

Ein Ziel, das ein Höchstmaß an Genauigkeit darstellt, müßte im wesentlichen aus einer Reihe von Einzelanweisungen bestehen, die nur noch mechanisch, ohne den geringsten Ermessensspielraum, auszuführen wären. Wir brauchen uns aber keine Sorgen zu machen; die Ungenauigkeit der Sprache (ganz zu schweigen von anderen Faktoren) genügt, um ein Höchstmaß an Genauigkeit unerreichbar werden zu lassen. In der realen Welt der Manager werden Ziele immer auf einer etwas allgemeinen oder abstrakten Ebene festgelegt. Sie sind immer etwas mehrdeutig und für unterschiedliche Auslegungen offen. Bis zu einem gewissen Grad ist ein Ziel immer eine „Ansammlung von Löchern" – zumindest dürfte dies eine realistischere Annahme sein, die man für die Lösung des Delegationsproblems zugrunde legen kann.

Vollständigkeit

Bei einem Hersteller von Gebrauchsartikeln aus Plastik im Mittleren Westen sollte wegen des Abschlusses eine Jahresvertrages zur Beschaffung von mehreren Tonnen Rohmaterial verhandelt werden. Das Unternehmen (wir nennen es Playfab) stand sowohl von seiten der Erlöse als auch der Kosten unter ziemlich hartem Druck, und das Einkaufsziel war so einfach und anscheinend selbstverständlich, wie man es sich nur denken konnte:

> Wir holen Angebote für diesen Beschaffungsauftrag ein und erteilen dem preisgünstigsten Anbieter den Auftrag, wobei aber in keinem Fall mehr als drei Dollar je Pfund bezahlt werden.

Natürlich werden Sie bemerkt haben, daß dieses Ziel einige Löcher ähnlich den im letzten Abschnitt besprochenen aufweist. Beeinflussen z.B. die Zahlungsbedingungen den Preis, den man zu zahlen bereit ist? Wie viele Angebote sind einzuholen? Und wie steht es um die Fracht- und Versicherungskosten? Aber in diesem Fall möchte ich nicht den Löchern nachgehen. Ich möchte vielmehr die Aufmerksamkeit auf eine Reihe anderer damit in Zusammenhang stehender Ziele lenken. Diese Ziele sind Bestandteil der Beschaffungspolitik des Unternehmens, sind aber in dem oben zitierten Ziel nicht enthalten. Die Beschaffungspolitik der Firma Playfab enthält z.B. folgende Klauseln:

1. Kein Lieferant darf Firmen beliefern, mit denen Playfab in Wettbewerb steht.
2. Kein Lieferant darf gleichzeitig Kunde von Playfab sein.
3. Jeder Lieferant muß den Grundsatz der Chancengleichheit bei der Beschäftigung anerkennen.
4. Jeder Lieferant muß die gewerkschaftliche Organisation der Beschäftigten zulassen.
5. Kleinbetriebe erhalten als Lieferanten den Vorzug.
6. Von einem Lieferanten dürfen nicht mehr als 30 Prozent des Bedarfs an einem Material bezogen werden.
7. Die Lieferanten müssen gewissen Qualitätsanforderungen entsprechen.

8. Die Lieferanten müssen gewissen Versandvorschriften zustimmen.

9. Die Lieferanten müssen in der Lage sein, strenge Liefertermine einzuhalten.

10. Die Lieferanten müssen „finanziell gesund" sein. Maßgebend hierfür sind die vom Controller aufgestellten Grundsätze.

So, wie es dastand, war das anfangs zitierte Ziel natürlich unvollständig. Das Problem bestand darin, daß einige der 10 dazugehörigen Forderungen (oder Beschränkungen, wenn Sie wollen) schriftlich niedergelegt waren, und einige nicht. Einige der 10 Ziele bestanden seit langem und waren ziemlich gut bekannt, einige nicht (einige der zusätzlichen Bedingungen wurden noch heftig bestritten). An keiner Stelle im Unternehmen waren alle zehn zusätzlichen Bedingungen gemeinsam festgehalten.

Die bei der Firma Playfab vorgefundene Unvollständigkeit in der Abfassung der Einkaufsbedingungen ist eher die Regel als die Ausnahme. Gewöhnlich sind die umgebenden Rahmenziele, wenn überhaupt, nur umrißhaft festgelegt. Professor *Herbert Simon* beschreibt die allgemeine Situation so:

> Um annehmbar zu sein, muß ein Handlungsablauf in der Entscheidungssituation des realen Lebens einer ganzen Reihe von Bedingungen oder Einschränkungen entsprechen. Manchmal wird eines dieser Erfordernisse herausgestellt und zum Ziel der Handlung erklärt. Aber die Auswahl einer dieser Bedingungen unter anderen ist weitgehend willkürlich... Jene Einschränkungen, die den Entscheider motivieren und jene, von denen er sich bei seiner Suche nach Handlungsalternativen leiten läßt, werden manchmal als mehr „zielhaft" angesehen als jene, die ihn bei den in Betracht gezogenen Handlungsmöglichkeiten einengen oder die benutzt werden, um zu prüfen, ob eine von ihm vorgesehene mögliche Handlungsalternative zufriedenstellende Ergebnisse liefert[9].

Mit anderen Worten, die Firma Playfab sollte nicht dafür getadelt werden, daß sie die zusätzlichen Beschränkungen oder Ziele außer

9 *Herbert Simon,* On the Concept of Organization Goal, in: Administrative Science Quarterly, Juni 1964.

acht gelassen hat. Bei Playfab verließ man sich vernünftigerweise auf das allgemeine Wissen der Einkaufsabteilung, um alle nicht aufgeführten Bedingungen zu berücksichtigen. *Offensichtlich kann die eine oder andere der unausgesprochenen oder nicht schriftlich niedergelegten Bedingungen sehr leicht übersehen werden,* und in vielen Fällen *können die Meinungen darüber, was die ungenannten Beschränkungen genau bedeuten, erheblich voneinander abweichen.*

Ein weithin bekannt gewordenes Beispiel für Probleme dieser Art kann aus der Kuba-Raketen-Krise angeführt werden. Präsident *Kennedy* ordnete die See-Blockade gegen Kuba an. Die amerikanische Marine faßte diesen Befehl als Erlaubnis zum Einsatz von Unterseebootzerstörern auf, die man entwickelt hatte. Diese Maßnahmen widersprachen jedoch gänzlich dem Ziel der vom Präsidenten angeordneten Blockade.

Unstimmigkeiten zwischen Geist und Buchstaben von Gesetzen haben die gleiche Art von Problemen zur Folge. Der Buchstabe des Gesetzes entspricht genau dem, was das Gesetz nach seinem Wortlaut ausdrücklich besagt. Der Geist des Gesetzes umfaßt all die anderen implizierten aber nicht formulierten Bedingungen, Vorbehalte und Einschränkungen. Eine etwas sprichwörtliche Redensart weist ebenfalls auf das gleiche Problem hin: „Seien Sie vorsichtig mit Ihren Wünschen, sie könnten in Erfüllung gehen."

Jeder Ihrer Wünsche hat ein weit über ihn hinausreichendes *Umfeld,* das ihn begleitet, ohne daß ein Wort darüber gesagt wird. Ihr Wunsch mag sich (dem Buchstaben nach) erfüllen, aber in einem völlig anderen Verständnis (Geist) als Sie ihn meinten, jedoch nicht aussprachen. Die Wirkung dieses gänzlich anderen Umfelds kann die ursprüngliche Absicht Ihres Wunsches völlig verkehren. Midas erbat die Gabe, alles, was er berührte, in Gold zu verwandeln, und dieser Wunsch wurde ihm gewährt. Er hatte jedoch nicht damit gerechnet, daß sich *alles* in Gold verwandeln würde.

In freier Wiedergabe: „Seien Sie vorsichtig, wenn Sie etwas von Ihrem Untergebenen (oder Vorgesetzten) verlangen; er könnte es tun."

Die Hierarchie der Ziele (oder sind es Mittel?)

Die Bedürfnisse eines jeden Unternehmens können als eine Leiter mit vielen Sprossen dargestellt werden – wobei mit jeder Sprosse von oben herab die Genauigkeit und Bestimmtheit der Bedürfnisse zunimmt. Die zur Kennzeichnung der einzelnen Sprossen verwendeten Begriffe sind von Unternehmen zu Unternehmen verschieden, manchmal sogar innerhalb ein und desselben Unternehmens. Diese Unterschiede in der Terminologie stiften oft erhebliche Verwirrung, aber ich bin weniger an der Schlichtung semantischer Streitigkeiten interessiert. Mir geht es vielmehr um die Beziehungen zwischen den Sprossen der Leiter, ganz gleich wie sie benannt sind. Eine typische Leiter (mit willkürlich gewählten Bezeichnungen für die Sprossen) könnte so aussehen:

Werte (der Wunsch des Unternehmens, eine führende Stellung in der Wirtschaft einzunehmen und etwas herzustellen, was für die Kunden einen wirklichen Nutzen und Wert hat)
Ziele (z.B. „jeder Familie ein Huhn in den Topf")
Plandaten (z.B. 15 Prozent Wachstum jährlich)
Strategien (z.B. Marktpräsenz in jeder größeren Stadt des Landes)
Pläne bzw. Programme (z.B. Eröffnung eines Verkaufsbüros im Mittelwesten)
Aufgaben (z.B. Einstellung eines Verkaufsleiters für das Verkaufsbüro Mittelwest)

Ich sollte darauf hinweisen, daß man in den meisten Unternehmen über den Inhalt der obersten Sprosse ziemlich unsicher und uneins ist. Darin spiegeln sich mehr oder weniger die Auffassungen über den Sinn des Lebens überhaupt. Deshalb wird über die oberste Sprosse gewöhnlich nicht sehr ausführlich gesprochen.

Charles Granger, ein Unternehmensberater, hat diese Art von Leiter eine „Hierarchie von Zielen (objectives) genannt, und er definiert den Begriff Objective in dem ziemlich allgemeinen und alltäglichen Verständnis der Management-Sprache als „ein Streben oder Zweck eines Handelns"[10].

---

10 *Charles H. Granger,* The Hierarchy of Objectives, Harvard Business Review, Mai/Juni 1964.

Ist aber die Eröffnung eines neuen Verkaufsbüros im Mittelwesten Zweck eines Handelns oder einfach Teil der Maßnahmen zur Erreichung des Ziels, in jeder größeren Stadt mit einem Verkaufsbüro vertreten zu sein? Ist die Markterweiterung das eigentliche Ziel oder lediglich ein Mittel zur Wachstumssteigerung?

Ich gebe zu, daß man die *Hierarchie der Ziele* eines Unternehmens (oder der Zwecke) ebensogut als eine *Hierarchie der Mittel* ansehen kann. Jede einzelne Sprosse der Leiter (oder Hierarchie) ist in gewissem Sinn ein Mittel – ein Mittel, um zu einer höheren Sprosse auf der Leiter zu gelangen. Gleichzeitig ist jede Sprosse der Leiter ein „Ziel", ein Ziel, das über die unteren Sprossen der Leiter erklommen werden kann. Jede Sprosse (mit Ausnahme der obersten) ist *sowohl Mittel als auch Zweck,* je nachdem, ob man von dieser Sprosse nach oben oder nach unten sieht. So ist der Unterschied zwischen Zielen (Zwecken) und Mitteln eher eine Frage der Betrachtungsweise als der einer bestimmten Handlung, Entscheidung oder Feststellung innewohnenden Eigenschaft.

Die Wechselbeziehung zwischen den verschiedenen Sprossen hilft erklären, warum es höchst unwahrscheinlich ist, daß eine einzelne Sprosse für sich vollständig und genau bestimmt werden kann. Jede Sprosse der Leiter wirkt auf die darunter liegenden bestimmend und beeinflussend; umgekehrt bestimmen und ergänzen die unteren Sprossen die oberen. Im wirklichen Leben wird das Bild natürlich noch weiter kompliziert, da es typische Leitern mit kreuzweise angeordneten Sprossen gibt, die die Ziele verschiedener Gruppen und unterschiedlicher persönlicher Interessen darstellen.

Wir haben hier nur das erklärt, was die meisten Manager bereits wissen: Die Art und Weise, wie ein Untergebener einen Auftrag ausführt, kann das ursprüngliche Ziel (mit oder ohne Absicht) völlig verändern. Sollvorgaben und Budgets sind z.B. relativ genaue und vollständige Ziele, aber das Soll wurde nocht nicht gefunden, das nicht „ausgetrixt" werden kann. Dazu folgende *Anekdote:*

In einer Schraubenfabrik wurde das monatliche Produktionssoll stark heraufgesetzt – über die Kapazität der Maschinen hinaus. Da sich die Zahl der produzierten Schrauben schlecht bestimmen läßt, wurden die Sollvorgaben in Gewichtsangaben gemacht. Der schlaue Betriebsleiter änderte einfach die Rohmaterialzusammensetzung, um das Gewicht der produzierten Schrauben zu erhöhen, ohne an deren Zahl etwas geändert zu haben.

Wie weiß der Vorgesetzte, was er will, solange er nicht sieht, was getan wird?

Bisher haben wir über die Annahme gesprochen, daß Ziele genau und vollständig bestimmt und von den Mitteln zu ihrer Erreichung getrennt werden können. *Es gibt jedoch noch eine viel grundlegendere Annahme, die in Frage gestellt werden muß – nämlich, daß immer Ziele gesetzt werden können.* Im vorigen Kapitel unterstellte ich, daß der Vorgesetzte (oder das Unternehmen) nicht immer weiß, was er (oder es) will. Wenn der Vorgesetzte aber nicht genau weiß, was er will, dann dürfte er offensichtlich einige Schwierigkeiten haben zu beschreiben, was er wünscht.

Ich spreche nicht von dem Vorgesetzten, der einfach zu faul ist oder der sich nicht die Zeit nimmt, seine Gedanken zu ordnen. Probleme der Unternehmensführung kommen nicht immer in kleinen Portionen hübsch verpackt, und selbst hübsche Päckchen können es in sich haben. Manchmal treten die tatsächlichen Probleme nicht klar hervor; der Vorgesetzte sieht lediglich eine Anzahl von Symptomen. Und zuweilen sind nicht einmal die Symptome klar erkennbar – der Vorgesetzte wittert nur irgendwie Schwierigkeiten. *Probleme finden* ist eine ebenso zeitraubende wie wichtige Managementaufgabe wie *Probleme lösen*.

Schauen Sie sich das Beispiel des Vertriebsleiters eines mittelgroßen Metallwarenherstellers an, der Ernie (einen seiner Manager) zu sich kommen läßt, um ihm einen Auftrag zu erteilen, den er so erläutert:

Sie wissen, daß die Unternehmensleitung eine ganze Reihe von Reklamationen erhalten hat, und unsere Verkaufsleiter haben einfach nicht die Zeit, sich mit diesen Dingen zu beschäftigen. Als Teil unseres Planes zur Verbesserung des Kundendienstes hat unsere Geschäftsleitung beschlossen, eine neue Stelle zur Pflege der Kundenbeziehungen zu schaffen. Wir möchten, daß Sie diese Gruppe übernehmen, die eine Verbindungs- und Koordinierungsfunktion zwischen den operierenden Abteilungen ausüben soll.

Die Aufgabe verlangt jemanden, der unser Geschäft durch und durch kennt, ein guter Manager ist, aber auch über diplomatisches Geschick im Umfang mit unseren Kunden verfügt. Wir glauben, daß Sie der richtige Mann sind und bald Ergebnisse werden nachweisen können. Sie wissen, wie wichtig diese Aufgabe ist angesichts der Konkurrenz, die nur darauf wartet, aus unseren Fehlern Kapital zu schlagen.

Ernie war befriedigt und ging an die Arbeit. Die Aufgabe schien ausreichend klar zu sein und so geartet, daß der Erfolg (oder sein Ausbleiben) deutlich erkennbar sein würde.

Innerhalb weniger Wochen wurde aus Ernie ein ziemlich nervöser und entmutigter Mann. Die Verkäufer gaben dem Rechnungswesen die Schuld; das Rechnungswesen machte die Produktion verantwortlich; die Leute in der Produktion beschuldigten den Einkauf und die Konstruktionsabteilung. Ernie wußte nicht, ob er nur die Kunden „warmhalten" oder den eigentlichen Ursachen der Reklamationen nachgehen sollte. Sollte er die Reklamationen an die zuständige Abteilung weiterleiten, oder sollte er Maßnahmen ergreifen, um die Ursache des Problems für die Zukunft auszuschalten? Woran sollte seine Arbeit gemessen werden: an der Zahl der erfolgreich behandelten Reklamationen, an der Zahl der entdeckten Probleme oder an der Zahl der Fehlerquellen, die er ausgeschaltet hatte? Trotz aller Anstrengungen, die er und seine Gruppe bei der Reklamationsbehandlung machten, schien ihre Zahl sogar noch zuzunehmen.

Ernie beschloß, seinen Vorgesetzten aufzusuchen, um seine Aufgabe genauer zu fassen. Was er aber bekam, war nicht mehr als eine Handvoll allgemeiner aufmunternder Redensarten. Der Vorgesetzte wußte nicht mehr als: „Es freut mich, Sie packen es. Halten Sie uns die Kunden bei guter Laune. Wenn Sie Schwierigkeiten haben, wenden Sie sich an mich. Meine Tür ist immer für Sie offen."

Sie können einwenden, der Vorgesetzte habe einfach keine Lust gehabt, sich ernsthaft mit der Sache zu beschäftigen und schob Ernie vor in der Hoffnung, es werde ihm gelingen, sich durchzuboxen. Ich finde es ebenso plausibel anzunehmen, daß der Vorgesetzte nicht genug Information hatte, um die Aufgabe genauer zu beschreiben. Tatsächlich sollte Ernie im einzelnen herausfinden, was nicht in Ordnung war und welche Maßnahmen notwendig wären, um sie dann auch zu ergreifen (natürlich, ohne irgend jemandem auf die Zehen zu treten). Sind nicht schließlich die Manager der mittleren Ebene dafür da?

Nun, Ernie zog am Ende einige Schlüsse und ergriff geeignete Maßnahmen. Was darauf folgte, war, daß ihn sein Vorgesetzter kurz abkanzelte.

Anscheinend hatte man sich des öfteren über die Reklamationsgruppe beschwert; Ernie hatte einigen Staub aufgewirbelt, und Reklamationen gab es nach wie vor. Ernie verließ die Sitzung mit der heimlichen Bemerkung, daß sich sein Vorgesetzter ihm gegenüber verhalte wie er es gerade brauche.

In dem großen Hauptbuch im Himmel, in dem Managerleistungen aufgezeichnet werden, wurde ein weiterer Fall schlechter Delegation eingetragen.

Wir müssen mit der Unschärfe leben.

Ermessen wird anders erlebt als es aussieht

In dem Ermessensspielraum anderer sehen wir Freiheit. In dem Ermessensspielraum, den wir haben (oder einräumen) finden wir Risiken und Mangel an Sicherheit. In dem Ermessensspielraum, von dem wir träumen, erblicken wir *risikolose Freiheit.* Das konventionelle Delegationsmodell leuchtet uns als die Erfüllung unseres Traumes voran– genaue, klare Ziele zur Minimierung der Risiken und unbeschränkte Wahl der Methoden zur Gewährung der Freiheit. Wir ergreifen begierig Prinzipien wie MbO, Management by Exception, partizipatives Management und andere Techniken und stellen am Ende doch wieder fest, daß *Risiko* und *Mangel an Sicherheit* doch *nicht so leicht zu bannen* sind.

Um es mit einem Satz zu sagen: *Ziele sind von Natur aus „unscharf"*, ohne feste, greifbare Konturen; und je höher hinaus man im Unternehmen schaut, desto weniger konturiert werden die Ziele. Der ganze Vorgang, den wir einleiten, wenn wir einen anderen etwas für uns tun lassen, ist mit dieser Unschärfe belastet: Es ist schwierig, genau zu wissen, was wir wollen, und zumindest ebenso schwer, genau und vollständig genug zu beschreiben, wie zu handeln ist. Es mag sein, daß Sie wirklich nicht wissen, wie das Ziel erreicht werden soll oder ob die andere Person dazu tatsächlich befähigt ist, und in vielen Fällen werden Sie vielleicht nie mit Sicherheit erfahren, was getan oder erreicht wurde.

Das bedeutet nicht, daß Unschärfe nicht auch ihre guten Seiten hat. Hier ist der Versuch eines Autors, eine, wie er es nennt, kristallklare Beschreibung der Vorzüge der Vagheit (er benutzt diesen Ausdruck anstelle von Unschärfe) zu geben:

> ... Vagheit bei der Zielformulierung hat viele positive Seiten. Sie läßt anderen Raum zur Ergänzung der Einzelheiten oder sogar Abänderung der allgemeinen Struktur; zu genaue Zielvorgaben ersticken die Initiative. Vagheit kann die Anpassung an veränderte Bedingungen erleichtern; Übergenauigkeit kann die Flexibilität zerstören. Vagheit kann es möglich machen, mehrere Ziele gleichzeitig zu verfolgen, die nur auf Umwegen erreicht werden können. ... Vor allem ist Vagheit ein wesentlicher Bestandteil aller Vereinbarungen, die durch einen Kompromiß zustande kommen. Wenn ein Streit geschlichtet ist, dann sind die Formulierungen nicht eindeutig getroffen. Daher rühren die weitgefaßten Texte des geschriebenen Rechts. Ähnliche Mehrdeutigkeiten sind in den meisten Verfassungen, Urkunden über verbriefte Rechte, Absichtserklärungen, Regierungserklärungen, Manifesten, Satzungen und Tarifverträgen enthalten. Auf gewisse vorweggenommene Ereignisse wird immer in einer Sprache Bezug genommen, in der verschiedene Menschen verschiedene Dinge verstehen. Sie ist gerade wegen und nicht trotz dieser Eigenschaft nützlich[11].

Wie die Delegation in uns das Gefühl der Unzulänglichkeit erweckt

Wenn wir uns über die Unschärfe und Vagheit der Ziele nicht im klaren sind, kann die konventionelle Praxis der Delegation zu unrealistischen Erwartungen und schädlichen Einstellungen führen. Der Vorgesetzte fühlt sich nicht wohl, weil er sich eingestehen muß, daß er nicht recht weiß, was wirklich notwendig ist. So wird er vielleicht versuchen, Klarheit und Genauigkeit *vorzutäuschen*, auch auf die Gefahr hin, falsche Aussagen über den Sachverhalt zu machen. Nachdem diese logisch scheinenden Aussagen oft genug wiederholt wurden, fängt der Vorgesetzte, und das ist noch schlimmer, selbst an, daran zu glauben. Die Folge davon ist, daß er es später ablehnt, weitere Zeit auf eine genauere Fixierung des Zieles zu verwenden, denn ein klares Ziel braucht ja nicht weiter erläutert oder abgeändert zu werden.

Der Untergebene neigt auch zu dem Glauben, daß der Vorgesetzte weiß, was er will, daß so das Leben überschaubarer und si-

11 *Bertram Groß,* The Managing of Organizations, Free Press, New York 1964.

cherer wird. Der Untergebene gefällt sich in der Vorstellung einer klaren Aufgabe, die ihm volle Freiheit in der Ausführung läßt. Aber in dem Maße, wie er tiefer in die Materie eindringt, werden die Dinge immer komplizierter. Er findet neue Informationen, entdeckt weitere Alternativen und stößt auf unerwartete Probleme. Plötzlich hat er zu viele Entscheidungen zu treffen und verfügt über zu wenige Richtlinien. Dennoch hat der Untergebene das Gefühl daß er durch das ständige Rückfragen bei seinem Vorgesetzten seine über alles geschätzte Selbständigkeit opfert. Dessen ungeachtet meint er, daß er dadurch entweder seine Unzulänglichkeit eingesteht oder dem Vorgesetzten zu verstehen gibt, daß er sich ungenau und vage ausgedrückt hat.

Wenn eine Aufgabe nicht klar gestellt ist, dann scheint es, daß entweder der Vorgesetzte oder der Untergebene (oder beide) in irgendeiner Weise unzulänglich sind.

Management von Zielen

Der Begriff „Ziel“ (objective) selbst verstärkt noch die Reihe der falschen Erwartungen und Gefühle der Unzulänglichkeit. „Objektiv“ bedeutet ja etwas von der persönlichen Wahrnehmung oder Vorstellung Unabhängiges – etwas „Reales“ oder „Wirkliches“, eben das Gegenteil von „subjektiv“. Wir sprechen so, als ob wir *von* diesen konkreten Dingen, die wir Ziele nennen, gemanagt und regiert würden. Unsinn! Wir dienen nicht den Zielen, sie sind es, die uns dienen. Wir sind verantwortlich; es ist das Management, das die Ziele setzt und überwacht, nicht umgekehrt. Wenn der Prozeß der Annäherung an das Ziel nebenher überwacht wird, dann weisen ungünstige Ergebnisse nicht weniger auf die *Notwendigkeit der Zieländerung* als auf eine *Änderung der Maßnahmen* hin. Wir sollten eher von einem Management *von* Zielen als von einem Management *durch* Ziele sprechen.

Die anfängliche Verminderung der Unschärfe

Obwohl eine gewisse Unschärfe unvermeidlich und sogar nützlich ist, gebe ich aber gern zu, daß es ratsam ist, zu versuchen, die Ziele klarer zu machen, also so genau, vollständig und meßbar wie möglich. Es bringt nichts, die Dinge nicht so klar wie möglich zu machen.

Wenn Sie sich z.B. vergegenwärtigen, daß jedes Ziel nur einen Teil eines ganzen Bündels von Einschränkungen spezifiziert, dann lohnt es sich durchaus, den Rest des Bündels zu diskutieren. Mit anderen Worten, nachdem ein Ziel sorgfältig festgelegt wurde, sollten Vorgesetzter und Untergebener, sagen wir wenigstens zehn, weitere relevant erscheinende Beschränkungen oder Bedingungen besprechen. Eine solche Liste dürfte nicht an und für sich nützlich sein; sie wird sowohl den Vorgesetzten als auch den Untergebenen daran erinnern, daß das Ziel mehr umfaßt als in der verbalen Formulierung enthalten ist.

Bei der Aufstellung einer solchen Liste besteht jedoch die Neigung, daß man den negativen Bedingungen und Beschränkungen mehr Beachtung schenkt als den Räumen von Freiheit und Unabhängigkeit. Der Psychologe *Eric Berne,* der die transaktionale Analyse entwickelte, führt aus: „*Negatives* wird gewöhnlich laut und deutlich, mit starker Betonung geäußert; während *Positives* oft nur wie Regentropfen auf den Strom des Lebens fällt, kaum hörbar und nur kleine Wellen schlagend"[12].

Mit Negativem meint *Berne* Verbote und Beschränkungen. Unter Positivem versteht er Erlaubtes und Freiheiten, d.h. die *Freiheit der Person*, ihren eigenen Neigungen zu folgen. *Bei der Untersuchung der eigentlichen Bedeutung eines Ziels sollten sowohl Erlaubnisse als auch Verbote geklärt werden.* Nehmen wir z.B. das Ziel, bis zum Ende des nächsten Monats einen Verkaufsleiter für die neue Filiale im Mittelwesten zu finden. Nehmen wir an, daß Gehalt, Erfahrung usw. auch schon im Ziel angegeben wurden. Die weitere Diskussion dürfte Bedingungen wie die folgenden zutage fördern:

1. Der Untergebene kann die endgültige Auswahl treffen (Erlaubnis), aber der Vorgesetzte führt noch ein Gespräch mit dem Bewerber, ehe er eingestellt wird (Verbot).

---

12 *Eric Berne*, What Do You Say After You Say Hello?, Grove Press, New York 1972, (Deutsche Übersetzung bei Kindler Verlag, München).

2. Der Untergebene kann die Anstellung mit den Leuten von der Marketing- oder Werbeabteilung besprechen (Erlaubnis), aber nicht mit der Personalabteilung (Verbot).
3. Der Vorgesetzte hat keine Einwände gegen einen Bewerber von einem Wettbewerbsunternehmen (Erlaubnis), ausgenommen die Fitzgit Company (Verbot).
4. Der Vorgesetzte räumt ein, daß der Untergebene wegen der vordringlichen Suche eines Verkaufsleiters die Termine von einem oder zwei anderen Projekten eventuell nicht einhalten kann (Erlaubnis).
5. Der Untergebene muß den Einstellungstermin mit der Grundstücksverwaltung abstimmen, die für die Einrichtung der Räume verantwortlich ist (Verbot).

Beachten Sie bitte, daß diese zusätzliche Erläuterung des Zieles auch Dinge einschließt, in denen wir normalerweise sowohl „Mittel“ als auch „Zwecke“ sehen. Das ist ganz in Ordnung, sobald Sie einmal die Unmöglichkeit, die beiden sauber zu trennen, eingesehen haben. Die Aufstellung einer Liste mit zusätzlichen Bedingungen muß keine große Arbeit sein. Es ist überraschend, wie viel in kurzer Zeit geklärt werden kann, wenn man sich auf nicht mehr als etwa zehn weitere Verbote oder Erlaubnisse beschränkt.

Die weitere Verminderung der Unschärfe

Die Aufstellung einer Liste mit zusätzlichen Bedingungen für ein Ziel sollte einem Vorgesetzten und dem Untergebenen zeigen, daß das Ziel damit noch nicht vollständig bestimmt ist. Aber selbst wenn alles vollkommen klar erscheint, sollten sie nicht annehmen, daß diese idyllische Situation lange dauern wird. *Die Wahrscheinlichkeit, daß neue Unklarheiten auftauchen, sollte bewußt gesehen und eingeplant werden.*

Die konventionelle Praxis der Delegation verlangt nach periodischer Überprüfung, aber der primäre Zweck einer solchen laufenden Überprüfung besteht in der Feststellung und Beurteilung des *Fortschritts.* Was mir wichtig erscheint, ist, daß bei jeder Überprüfungsbesprechung besondere Aufmerksamkeit auf die *weitere*

Klärung des Zieles gelegt werden sollte. Weder der Vorgesetzte noch der Untergebene können zu Beginn an alle notwendigen Einzelheiten denken und sie berücksichtigen.

Ich meine nicht, daß der Untergebene nach einigen Wochen beim Vorgesetzten aufkreuzt und sagt: „Das ist wirklich eine ganz verrückte Geschichte. Ich weiß einfach nicht mehr, wie es weitergeht." Ich möchte auch nicht sagen, der Untergebene solle sich einfach mit einer Reihe allgemeiner Fragen und Probleme an den Vorgesetzten wenden, obwohl gerade dies häufig geschieht. Durch ein solches Verhalten des Untergebenen wird zuviel der Last zurück auf die Schultern des Vorgesetzten verlagert. Der Vorgesetzte wird sich zu Recht einem solchen Vorgehen widersetzen, was schließlich dazu führt, daß der ganze Delegationsprozeß zusammenbricht.

Besprechungen des Projektfortschritts sind dann am erfolgreichsten, wenn sich der Untergebene gut vorbereitet hat und mit einer *gezielten Liste* weiterer Verbote oder Erlaubnisse kommt, um sie vom Vorgesetzten genehmigen oder ablehnen zu lassen. Ich bin auch dafür, daß der Untergebene sowohl über das berichtet, was er nicht tut, als auch über das, was er tut. Bei der Suche eines Verkaufsleiters für die Filiale im Mittelwesten mag der Untergebene z. B. darauf hinweisen, daß er davon *abgesehen* habe, Bewerber von Wettbewerbsunternehmen in die Wahl einzubeziehen, da ihm die Verkäufer gesagt hätten, dies wäre ihrem eigenen Ansehen abträglich.

Jenseits des Traumes vom Unerreichbaren

Der nicht zu verwirklichende Traum von der *risikolosen Freiheit* lockt weiter mit seiner verführerischen Macht, während in der wirklichen Welt des Management der Kampf zwischen Freiheit und Sicherheit unvermindert tobt, wobei die Sicherheit im allgemeinen die Oberhand behält. Der Vorgesetzte neigt dazu, dem Untergebenen heimlich über die Schultern zu schauen; indes sind sich beide darin einig, daß für ein solches Überprüfen keine Notwendigkeit besteht. Der Untergebene neigt dazu, Entscheidungen heimlich aus dem Wege zu gehen, die er nicht treffen will; sowohl er als auch der Vorgesetzte ereifern sich aber über den Mangel an Initiative.

Es klingt seltsam, aber es ist die konventionelle Auffassung der Delegation, die vor allem zum Vorherrschen des Sicherheitsfaktors beiträgt. *Während die Delegation nach außen hin auf die Schaffung eines freien Raumes gerichtet ist, setzt sie ihrem Wesen nach das Bestehen klar abgegrenzter Befugnisse, genauer Leistungsmeßgrößen und klarer Ziele voraus.* Wenn diese Bedingungen nicht erfüllt sind (was meistens der Fall ist), dann wird die mit der Delegation verbundene Freiheit bald durch das aufgeschreckte Sicherheitsbedürfnis unterlaufen.

MbO betont, daß die Freiheit der Untergebenen darin liegt, für die Erreichung der Ziele tätig zu sein. Vorgesetzte sagen immer nur: „Erledigen Sie es. Mir ist es egal, wie Sie es anstellen, nur, erledigen Sie es." Selbstverständlich ist es dem Vorgesetzten nicht egal, wie Sie es machen. Wenn der Untergebene aus Versehen den Karren umwirft, dann fällt der Vorgesetzte über ihn her und will wissen, warum er nicht vorher um Rat gefragt wurde.

Um das scheinbar Unerreichbare erreichbar zu machen, müssen wir über die konventionellen Auffassungen, die auf unrealistischen Voraussetzungen beruhen, hinausgehen. Sie führen sowohl bei Vorgesetzten wie bei Untergebenen zu Mißerfolgserlebnissen und Gefühlen des Versagens. *Warum soll man nicht schon zu Beginn zugeben, daß der Weg zu einem Ziel gewissermaßen tastend beschritten wird; daß viele Aspekte des Ziels anfangs noch nicht besprochen oder geklärt werden können; daß jede Maßnahme zur Erreichung des Ziels das Ziel selbst beeinflussen kann?*

Unter diesen Voraussetzungen wird sich der Vorgesetzte weniger in die Defensive gedrängt fühlen, wenn er nicht in der Lage ist, das Ziel schon zu Beginn definitiv zu bestimmen. Die Abänderung des Ziels nach Aufnahme der Arbeit durch den Untergebenen und Gewinnung neuer Erkenntnisse über das Problem sollte dann ganz normal sein. Der Untergebene wird dann wahrscheinlich einsehen, *daß seine Initiative und Freiheit zum großen Teil von der Übernahme der Verantwortung für eine genauere Bestimmung und Klärung der Ziele abhängen.* Und es ist gerade diese Art der Klärung, die das unvermeidliche Risiko mindern kann, das mit dem

Ergreifen wichtiger Maßnahmen zur Erreichung eines Ziels verbunden ist.

Wenn Delegation und MbO eine Art Tasten sind, dann hat der Untergebene den größten Anteil daran. Vielleicht ist die *Verantwortung für das Vorantasten gerade das, was in Wirklichkeit delegiert wird;* und das Formen sowohl der Zwecke als auch der Mittel ist ein kontinuierlicher Prozeß, und nicht eine einmalige Angelegenheit, wie oft angenommen wird.

Am Ende sind natürlich Vorgesetzte *und* Untergebene *gemeinsam* für die Erreichung der Ziele verantwortlich. Der Ermessensspielraum ist nicht etwas, das der Vorgesetzte dem Untergebenen zuteilt. Es ist etwas, das Vorgesetzter und Untergebener in dem Prozeß des Sich-Vorantastens und des Managements der Ziele ausfüllen – in dem Prozeß der Bestimmung und Klärung der Ziele selbst bei ihrer Erreichung.

4. Reorganisieren Sie — wenn Sie nicht wissen, was Sie sonst tun können

Heute soll etwas geändert werden

Was ist die Reorganisation für ein Tier, und wo gehört sie im Reich des Management hin?

In diesem Augenblick versammeln sich in zahllosen Konferenzräumen im ganzen Land Gruppen von Managern. Seit Wochen gehen bereits wilde Gerüchte um; die Manager erzählen sich immer neue Witze und bemühen sich, die letzten „Meldungen" aufzufangen. Nach langen Untersuchungen hat die Projektgruppe ihre sorgfältigen Analysen abgeschlossen; die verschiedenen Machtgruppen im Unternehmen haben alle ihre Standpunkte offiziell vorgetragen und im inoffiziellen politischen Ränkespiel ihren Interessen soweit nachzuhelfen versucht, als es dienlich schien. Jetzt befällt in jedem Sitzungsraum ängstliches Schweigen die versammelte Menge, ein Manager der Geschäftsleitung bricht mit dem üblichen einleitenden Witz die Stille und beginnt mit der lang erwarteten Ankündigung einer tiefgreifenden Reorganisation des Unternehmens.

In der Erklärung werde die Schaffung einer weiteren Vorstandsstelle und die Zusammenlegung mehrerer Stabsabteilungen angekündigt; außerdem werde die funktionale Organisation durch eine spartenmäßige ersetzt, und eventuell sei ein Wechsel vom Ein-Mann-Produktmanagement zur Führung durch ein Team vorgesehen. In Erwägung gezogen sei außerdem eine Dezentralisation der Auslandsaktivitäten, die Neugestaltung der Verkaufsorganisation nach Schwerpunkten bestimmter Abnehmerindustrien anstelle rein geografischer Verkaufsbezirke, oder vielleicht die Schaffung einer neuen Abteilung, die sich mit Umweltfragen oder Problemen der Chancengleichheit für Arbeitnehmer beschäftigt.

Zur gleichen Zeit wird in jeder größeren Unternehmensberatung an mehreren Untersuchungsprojekten gearbeitet, die alle darauf hinauslaufen, daß irgendwann Ankündigungen von Reorganisationen ähnlich den oben beschriebenen erfolgen. Genaue *Zahlen über Reorganisationen* sind schwer zu bekommen. Die größeren Unternehmungsberatungsfirmen schätzen, daß in den meisten großen Industrieunternehmen zumindest alle zwei oder drei Jahre eine größere Umorganisation erfolgt.

Reorganisationen beschränken sich nicht nur auf die Privatwirtschaft. Krankenhäuser, Universitäten und viele gemeinnützige Einrichtungen werden in zunehmendem Maße von Zeit zu Zeit neu organisiert. Selbst die als schwerfällig geltende amerikanische Bundesregierung reorganisiert des öfteren. Allein im letzten Jahrzehnt wurden bisher unabhängige Funktionen in zwei neuen Ministerien zusammengefaßt (Verkehr und Wohnungswirtschaft mit Städtebau); mehrere neue Behörden entstanden, wie z. B. das (inzwischen wieder aufgelöste) Office for Economic Opportunity (Wirtschaftsförderung) und die Environmental Protection Agency (Umweltschutzbehörde). Auch innerhalb von Behörden wurden mehrere Umorganisationen vorgenommen, so bei der Post und dem Amt für Management und Haushalt.

Es gibt eine umfangreiche Management-Literatur, in der die beste Art und Weise, ein Unternehmen zu gliedern, diskutiert oder gefragt wird, ob es eine beste Art und Weise gibt. Die Organisationsstruktur wurde verschieden gesehen: im Sinne eines mechanischen bürokratischen Modells; eines mehr natürlichen biologischen Modells, in dem auch menschliche Variablen berücksichtigt werden; und im Sinne eines offenen Systems, das mit seiner Umwelt in Wechselwirkung steht. Die Theoretiker haben empfohlen, um technische Hilfsmittel, Informationsflüsse, Entscheidungsprozesse, unternehmerische Funktionen, Produkte, Kunden, Standorte und viele andere Bezugszentren herum zu organisieren.

Es ist nicht meine Absicht, diesem erschreckenden Panorama von Hypothesen über die beste Organisationsstruktur für ein Unternehmen weitere hinzuzufügen. In diesem Kapitel geht es mehr um die fundamentale Natur der Reorganisation – jeder Reorganisation. *Was ist das Besondere an der Reorganisation, und für welche Situationen ist sie am meisten geeignet?* Meine grundlegende Beobachtung ist die, daß der wahre Charakter der Reorganisation weitgehend mißverstanden wird, und dieses Mißverständnis selbst trägt zur Enttäuschung bei, die so viele Reorganisationsprojekte umgibt. Ich glaube auch, daß wir durch eine Klärung unserer Auffassung von der grundlegenden Natur der Reorganisation bessere Vorgehensweisen entwickeln können, um die Erfolgschancen zu vergrößern.

Was können Sie ändern?

Reorganisation geschieht kaum um ihrer selbst willen; sie ist vielmehr eine von vielen Möglichkeiten, organisatorische Probleme anzugehen – eine von vielen Möglichkeiten, etwas zu ändern. Das letzte Ziel der meisten Änderungen besteht darin, andere Ergebnisse der im Unternehmen ausgeübten Tätigkeiten zu erhalten. Herkömmlicherweise wurden die Ergebnisse der Arbeit eines Unternehmens lediglich im Gewinn, in der Produktion von Gütern oder im Leisten von Diensten gesehen – mit anderen Worten, jenen Zielen, die sich unmittelbar aus der *wirtschaftlichen Aufgabe* des Unternehmens ableiten ließen. Neuerdings wird die Betrachtung der Ergebnisse auch auf die Befriedigung der *persönlichen Bedürfnisse* der in einem Unternehmen tätigen Menschen ausgedehnt. So können heute Änderungen sowohl im Hinblick auf *persönliche* als auch *wirtschaftliche* Ergebnisse vorgenommen werden.

Um die Ergebnisse eines Unternehmens zu verändern, kann man das ändern, was die Mitarbeiter tun (d.h. ihre Aufgaben und Arbeiten). Eine andere Möglichkeit zur Veränderung der Ergebnisse besteht darin, die Art und Weise, wie die Tätigkeiten *ausgeführt* werden, zu verändern (d.h. Änderung der Methoden, Verfahren, Technologien). Die Veränderung der Aufgaben oder Verfahren wäre der relativ direkteste Weg, wenn nicht die Menschen davon betroffen wären. Selbst bei voll automatisierten Abläufen werden an der einen oder anderen Stelle Menschen in Mitleidenschaft gezogen[13].

So bedingen die meisten *Änderungen einer Organisation* schließlich eine *Veränderung des Verhaltens,* der *Fertigkeiten* oder *Einstellungen von Menschen.* Um zu sehen, wo eine Reorganisation in die Landschaft paßt, erachte ich es für nützlich, die Ansätze zur Veränderung menschlichen Verhaltens in drei Gruppen zu teilen (die, wie gewöhnlich, etwas miteinander verbunden sind):

1. *Körperliche* Veränderung; d. h. man führt eine neue Person ein, die bereits die erwünschte Änderung in der Einstellung, der Fähigkeit oder im Verhalten bewirkt.
2. *Geistige* Veränderung durch eine Form der Kommunikation; d.h. man versucht, die gleiche Person durch Erklärung der gewünschten Änderungen zu einem anderen Verhalten zu bewegen. Dies kann durch Anordnung, Beratung oder Schulung und Training geschehen.
3. Änderung der *Umgebung* der Person in einer Weise, die die gewünschten Änderungen in der Einstellung, den Fähigkeiten oder dem Verhalten bewirkt. Zu den Schlüsselfaktoren der Umgebung gehören die folgenden:
   a) Anreiz- und Kontrollsysteme;
   b) Bereitstellen von Mitteln wie Geld, Personal, Gerät und Information;
   c) Organisationsstruktur - was ich Reorganisation nenne.

Der CIA[14]-Charakter der Reorganisation

Die Änderung der Struktur einer Organisation ist kein einfacher Vorgang, der nur einige wenige Elemente im Leben eines Unter-

---

13 In jedem Fall ist eine Änderung an einer voll automatisierten Produktionsstraße nicht einfach. Die genaue Untersuchung der notwendigen Umgestaltungen kann verwickelt sein; Änderungen, die an einer Stelle der Straße vorgenommen werden, funktionieren nicht immer auf Anhieb und können unerwartete Folgen an anderen Stellen der Straße haben, immer wird eine erhebliche Zeit für Probe- und Testläufe zur Beseitigung noch vorhandener Fehler benötigt.

14 Complex/Intangible/Abstract = vielfältig/unfaßbar/losgelöst

nehmens berührt. Bei einer Reorganisation werden ganze Bäume mit ihrem Wurzelwerk verpflanzt. Für die betroffenen Menschen ist es, als ob sie in eine neue Wohnung in einem anderen Teil einer großen Stadt umziehen. Alte Möbel werden beim Umzug dem Sperrmüll überlassen, weil sie nicht in die neue Wohnung passen. Geschäfte in der neuen Umgebung müssen getestet werden, um Preise und Qualität der Waren oder Dienstleistungen kennenzulernen.

Neue Freundschaften blühen auf wie alte welken. Die täglichen Gewohnheiten des Wegs zur Arbeit, des Haushalts oder der Erholung wandeln sich mehr oder weniger.

Eine Reorganisation beeinflußt in der Regel einen viel weiteren Bereich als andere Umweltveränderungen. Eine Änderung der Struktur beeinträchtigt fast immer auch andere Elemente der Umwelt wie Anreize und die Zuteilung von Mitteln, obwohl solche Änderungen nicht im Plan vorgesehen sind. Außerdem bringt eine Reorganisation regelmäßig erhebliche Änderungen in den Aufgaben, Verfahren und Abläufen mit sich, einschließlich Entscheidungs- und Problemlösungsregeln (wieder nicht immer bewußt gewollt).

Reorganisation richtet sich ausdrücklich auf die Änderung der *Beziehungen* unter Menschen und Gruppen von Menschen, und solche Beziehungen neigen zur Komplexität und sind schwierig zu steuern und schwer zu messen. Die Schwierigkeiten der Reorganisation sind sogar noch größer, weil Reorganisation eine Art *indirekter Strategie* ist. Dahinter steht die Idee, Änderungen in den Aufgaben, Methoden oder den Menschen durch die Schaffung geeigneter struktureller Bedingungen *einzuleiten.* Bei einer Reorganisation kann man nicht alle inneren Einzelheiten, wie die neue Struktur funktionieren soll, bestimmen; es besteht einfach noch zu viel Ungewißheit, und es sind zu viele Variable, als daß man treffsichere Vorhersagen machen oder sehr genaue Ziele festlegen könnte. Der Mangel an Einsicht in diese charakteristischen Merkmale der Reorganisation verursacht nicht selten mehr als eine Art von Verwirrung.

Aus Gründen der Kürze spreche ich gern vom CIA-Charakter der Reorganisation (ein Akronym nicht ohne gewisse relevante Obertöne):

Complex	– erfaßt ganze Komplexe organisatorischen Lebens, d.h. sie hat es gleichzeitig mit einer Vielzahl von Variablen zu tun.
Intangible	– Betont menschliche Wechselwirkungen und Gruppenbeziehungen, die unfaßbar (intangible), d.h. schwierig zu quantifizieren und zu steuern sind.
Abstract	– Eine ziemlich hohe Strategie, die nicht versucht, sich ausführlich mit dem Kleinkram zu beschäftigen.

Reorganisation als letzter Ausweg

Der Ernst einer Situation wird oft vornehmlich zur Rechtfertigung einer Reorganisation herangezogen – z.B. erhebliche Überkapazität (oder Unterkapazität), ein scharfer Rückgang der Erträge oder Gewinne, eventuell zu erwartende Verschärfung in der Einhaltung gesetzlicher Bestimmungen, hohe Fluktuation. Dennoch haben nicht viele ernste Situationen zwangsläufig eine Reorganisation zur Folge. Was sonst muß dann eine Situation charakterisieren, damit es zur Reorganisation kommt?

Die Management-Literatur sagt nicht viel zu dieser Frage. Erklärungen von Unternehmensleitungen über Reorganisationen neigen zur Weitschweifigkeit, Plauderei und Vagheit. Im Jahre 1975 gab z.B. die Mazda Motors of America Inc. eine „größere Reorganisation" bekannt, die unter anderem eine Übertragung des Vertriebs in den US-Staaten im Osten an die Firma C. Itoh and Company, ein großes japanisches Handelsunternehmen, vorsah. Die Unternehmensleitung von Mazda erklärte den Zweck der Reorganisation so:

> Die Reorganisation soll größere finanzielle Mittel bereitstellen und eine wirksamere Steuerung des Vertriebs wie auch ein besseres Reagieren auf die besonderen Bedürfnisse der 385 zur Zeit in den USA tätigen Mazda-Händler ermöglichen. Von der Verbindung mit Itoh verspricht man sich eine Stärkung der Finanzkraft und eine intensivere Bearbeitung des Marktes[15].

15 „*Toyo Kogyo's Mazda Subsidiary* gibt ‚größere Reorganisation' bekannt", The Wall Street Journal, 14. Januar 1975.

Andere typische Rechtfertigungen von Reorganisationen enthalten Erklärungen wie die folgenden:

Wir haben Schwierigkeiten, unsere Werke einheitlich zu führen und benötigen eine einheitlichere Unternehmenspolitik.

Wir suchen einen Weg, verschiedene Projekte zu koordinieren und zu gewährleisten, daß sich jeder Beteiligte einen ganzheitlichen Blick, der das dem Unternehmen am meisten Nützende erkennen läßt, angewöhnt.

Wir möchten, daß die das gesamte Unternehmen erfassenden Maßnahmen schneller und tiefgreifender wirken und die neu aufgenommenen Geschäftszweige integriert werden.

Wir müssen die schädlichen Konflikte zwischen gewissen Gruppen vermindern und eine bessere Verständigung unter ihnen ermöglichen.

Managern, die sich einer analytischen und präzisen Arbeitsweise rühmen, erscheinen solche Erklärungen ungewöhnlich leer an klaren Definitionen von Problemen, deren Symptomen oder Ursachen. Stellen wir uns doch einmal ein ganz konkretes, genau bestimmtes Problem vor: z.B. ,die Benachrichtigung der Abteilung Fertigungssteuerung durch die Abteilung Einkauf, daß sich die Lieferung von Rohmaterial verzögert; die Erhöhung der Zeit, die der Außendienst für Kundenbesuche aufwendet; die Verantwortung aller Manager für die Beschäftigung eines bestimmten Prozentsatzes weiblicher Arbeitskräfte. Das sind alles ernste Probleme, aber keines davon scheint eine Reorganisation notwendig zu machen. Ich kann mir tatsächlich kaum eine bestimmte Problemlage vorstellen, die eine Reorganisation erzwänge – eine seltsame Situation, um es ganz vorsichtig auszudrücken.

Nachdem ich selbst einige Zeit nicht weitergekommen war und ziemlich viel herumgewurstelt hatte, kam mir die erhellende Antwort – und schien mir, wie gewöhnlich, ganz klar. Keine bestimmte Problemlage dürfte mit einer Reorganisation unmittelbar verbunden sein. Darum geht es im wesentlichen. *Reorganisation dürfte immer dann am Platze sein, wenn eine Situation unklar ist.* Wenn ein Problem schlecht definiert ist, wenn die Entscheidungskriterien unklar sind, wenn keine wirkliche Übereinstimmung in den Zielen besteht, kann die Lage dennoch ernst genug sein, um Maßnahmen zu erfordern. Wenn Sie genügend Zeit zur Untersuchung hätten, könnten Sie die Situation klären, aber Sie haben möglicherweise diese Zeit nicht. Davon abgesehen sind viele reale Situationen so kompliziert und undurchsichtig, daß Sie sie wahrscheinlich nie ganz verstehen. Reorganisation ermöglicht es Ihnen, sich mit dieser Unklarheit auseinanderzusetzen.

Zu reorganisieren, wenn man sonst nichts zu tun weiß, kann, wenn man darüber nachdenkt, sehr sinnvoll sein. Schließlich ist Reorganisation ein Vorgehen mit *Breitband-Wirkung.* Macht nicht ihr CIA-Charakter die Reorganisation zu einer äußerst geeigneten Strategie für Situationen mit den gleichen Merkmalen? *Robert Townsend,* der frühere Präsident der Avis, bemerkte, daß „man sich einer Reorganisation ebensooft unterziehen sollte wie einer größeren Operation"[16].

Ich glaube, dieser Vergleich mit einer Operation trifft die ernsthafte Natur der Reorganisation, er ist aber in anderer Hinsicht sehr irreführend. Die meisten Operationen werden nicht vorgenommen, ohne vorher den Patienten sorgfältig zu untersuchen, um die Art der Störung festzustellen und zu bestimmen, was bei dem Eingriff getan werden muß, wenn der Patient einmal auf dem Operationstisch liegt. Wenn ich zu einem medizinischen Vergleich aufgefordert würde, dann würde ich die Reorganisation eher mit einem jener mächtigen Breitspektrum-Pharmazeutika vergleichen. Ich selbst ziehe einen Vergleich zwischen dem Jagen mit einer Kugelflinte und dem mit einer Schrotflinte vor. Wenn Sie wissen, worauf Sie zielen müssen, dann sind Sie mit einer Kugelflinte, die eine größere Durchschlagskraft hat, besser dran. Wenn Sie aber nicht genau wissen, wo das Ziel liegt, dann ist die Chance, es dennoch irgendwie zu treffen, mit der Schrotflinte erheblich besser.

Reorganisation hat zwei Gesichter

Zu Beginn dieses Kapitels schilderten wir eine Versammlung von Managern, die ängstlich die Ankündigung einer bevorstehenden Reorganisation erwarteten. Können Sie sich vorstellen, daß die Ansprache des Vorstandsmitglieds etwa so lautete?

16 *Robert Townsend,* Up the Organization, Verlag Knopf, New York 1970 (Deutsche Übersetzung bei Droemersche Verlagsanstalt, München).

Sehr geehrte Herren,
wie Sie wissen, stehen wir vor einigen schwierigen Problemen. Wir haben über längere Zeit die Lage sorgfältig untersucht, ohne daß wir zum Kern des Problems vorgedrungen sind. Gewiß, wir wissen in etwa, was im argen liegt, aber die Probleme sind kompliziert und umfassen viele sich wechselseitig beeinflussende Faktoren, die wir nur annähernd verstehen. Es ist uns nicht gelungen, einfach einen oder zwei Schritte in Richtung auf eine Lösung dieser Probleme zu tun.

Wir haben uns deshalb entschlossen, einige unserer Bereiche zu reorganisieren und hoffen, damit ein Stück in der richtigen Richtung weiterzukommen. Wie Sie alle wissen, ist Reorganisation eine riskante Sache. Es ist schwer, genau festzustellen, wie sich alles im einzelnen entwickeln wird, aber wir wissen, offen gesprochen, im Moment keinen besseren Weg.

So möchte ich Sie alle bitten, sich voll hinter dieses Reorganisationsprojekt zu stellen und zu helfen, daß es erfolgreich wird. Es umfaßt im einzelnen ...

Manager sind geübt in der Zurückhaltung, zuzugeben, daß irgend etwas unklar ist oder unzureichend verstanden wird. Es wird sogar noch tadelnswerter für einen Manager angesehen, wenn er unklare ziellose Maßnahmen empfiehlt, ganz gleich, wie die Situation auch sein mag. So würde ein Vorstandsmitglied, das eine solche Rede hielte, zweifellos als unfähig angesehen und die Strategie der Reorganisation als schlecht erachtet. Deshalb spricht natürlich niemand in einer solchen Weise über Reorganisation.

Stattdessen wird einer Reorganisation ein scheinbar rationales Gesicht gemalt. Sie wird mit ganz bestimmten Zielen, wie Senkung der Kosten oder Erhöhung der Produktivität verbunden. Es werden fein gegliederte Untersuchungen durchgeführt und die Ziele quantifiziert. Die einzelnen Schritte oder Maßnahmen im Rahmen der Reorganisation werden sorgfältig angegeben. Eine neue Anordnung der Kästchen auf dem Organisationsschema, begleitet von auf den neuesten Stand gebrachten Stellenbeschreibungen, läßt die ganze Angelegenheit sehr konkret erscheinen; und was könnte augenscheinlicher und greifbarer sein als die Verlegung von Büros mit allen Möbeln? Es ist tatsächlich so; die im Rahmen einer Reorganisation ergriffenen Maßnahmen sind vom Konzept her einfach, greifbar und klar. Es sind die Verzweigungen der Maßnahmen, die komplex, ungreifbar und abstrakt sind.

So sehen Manager gewöhnlich *nur* das rationale Gesicht der Reorganisation. Selbst diejenigen, die mit ihr nicht einverstanden sind, sehen sich gezwungen, ihre Einwände in logische, analytische Begriffe zu kleiden, wenn sie versuchen, ein weniger hoffnungsvolles aber dennoch rationales Bild zu malen.

Wie Reorganisation fehlschlägt

Wenn schon wenig über die Zahl der Reorganisationen bekannt ist, dann gibt es noch weniger offizielle Berichte über Erfolg oder Mißerfolg von Reorganisationen. Der Mangel an Information ist zum Teil bedingt durch die Schwierigkeit, strenge Kriterien für die Feststellung der Wirksamkeit einer bestimmten Reorganisation aufzustellen. Darüber hinaus dürfte es auch an der Motivation zur Beurteilung des Erfolges fehlen, da eine Reorganisation bis zu einem gewissen Grade unwiderruflich ist. Wenn eine Änderung in der Struktur einmal Wurzeln geschlagen hat, dann kann man nicht einfach beschließen, zur alten Struktur zurückzukehren und erwarten, daß alles so läuft wie es vorher gelaufen ist.

Dessen ungeachtet möchte ich sagen, daß sich in Äußerungen wie den folgenden oft ziemlich viel Unzufriedenheit über viele Reorganisationen ausdrückt:

Ich bin nicht sicher, ob nicht dieses ganze Reorganisationsprojekt ein Machtspiel von Dave und seinen Leuten war. Natürlich hatten wir einige ernste Probleme, aber ich sehe nicht, daß sich durch die Reorganisation daran viel gebessert hat. Ich glaube einfach nicht, daß die da oben die wahren Probleme ausgegraben haben. Auf jeden Fall glaube ich, daß man das viel einfacher machen kann.

Nun schau her. Diese Reorganisation sollte die Koordination mit den anderen Abteilungen einfacher machen und einen schnelleren Durchfluß ermöglichen. Es kostet mich jetzt die doppelte Zeit, die Dinge zu erledigen, und wo ist all das Geld, das wir sparen sollten?

Es scheint mir, daß unser Managementausschuß einfach die Einzelheiten dabei nicht durchgedacht hat. Ja, ich nehme an, die Dinge laufen in mancher Hinsicht jetzt etwas glatter, aber diese verdammte Reorganisation hat eine ganze Fuhre neuer Probleme gebracht. Insgesamt bin ich nicht sicher, ob wir nicht schlechter dran sind als vorher.

Es ist möglich, in diesen Äußerungen weiter nichts als die normale Anhänglichkeit an den Status quo zu sehen – d.h. den üblichen, erwarteten Widerstand gegen jede Änderung. Bei näherem Hinsehen werden Sie jedoch, wie ich meine, in jeder dieser Äußerungen einen *Hinweis* auf eine andere aber *allgemeine Störquelle bei Reorganisationen* finden:

1. Reorganisation wird dazu benutzt, etwas Klares unklar zu machen.
2. Die Weckung unrealistischer Erwartungen, die die Reorganisation nicht erfüllen kann.
3. Die Annahme, daß Reorganisation übereinstimmende Tätigkeiten zusammenfassen kann.
4. Das Unvermögen, Instrumente zu entwickeln und bereitzustellen, um erfolgreich die Teilprobleme anzugehen, die sich zwangsläufig bei einer Reorganisation ergeben.

Lassen Sie mich jedes dieser vier Probleme ausführlich darstellen.

Es ist nicht immer die Unklarheit

Der Breitband-Charakter der Reorganisation wird manchmal absichtlich benutzt, um ein ziemlich *klares Ziel zu tarnen* oder zu verdecken – ein Ziel, das vielleicht nicht annehmbar wäre, wenn man es geradeheraus und ausdrücklich ansteuerte. Mit anderen Worten, die Situation ist gar nicht so unklar; die Verfechter der Reorganisation sind sich sehr wohl im klaren, was sie zu erreichen hoffen, und wissen auch, daß der CIA-Charakter der Reorganisation ihre Absicht verschleiert. Die eigentliche Absicht mag der „Griff nach der Macht" sein, von dem im ersten Zitat vorhin die Rede war; es mag der Versuch sein, einen früheren Fehler zu verdecken; es mag die Verlagerung von unangenehmen oder schwierigen Aufgaben auf die Schultern anderer sein; es mag der Versuch sein, die wackelige Stellung einer Abteilung zu stützen oder sogar gewisse Personen zu belohnen. Wenn der wahre Grund einer solchen Reorganisation offenbar wird, dann kann sich eine Menge Unmut Luft machen, vor allem, weil die Sache indirekt oder anscheinend heimlich betrieben wurde.

Natürlich kann die Reorganisation auch unbeabsichtigt in einer nur scheinbar unklaren Situation angeordnet werden.

Die Brillen-Sparte eines großen Unternehmens hatte eine neue Produktgruppe von Augenmeßgeräten (AMG) entwickelt, die mit Verlust arbeitete. Die Unternehmensleitung prüfte die Situation flüchtig und entschied, die AMG der Optik-Sparte einzugliedern, die eine von vielen hochtechnisierten Gruppen mit dem Sitz an der Zentrale des Unternehmens war. Die Verantwortlichen gaben zu, daß sie sich über die eigentlichen Ursachen der Schwierigkeiten bei der AMG nicht klar waren. Sie meinten, die Probleme ständen in Zusammenhang mit der hochentwikkelten Technologie der Produkte. Sie beobachteten, daß der größte Teil der Manager der Brillensparte der AMG-Gruppe nicht sehr freundlich gesonnen war und wahrscheinlich auch nicht über genügend Wissen verfügte, um die komplizierte Technik, auf der die Augenmeßgeräte beruhten, voll zu verstehen.

Nach der Reorganisation hatte sich die Lage der AMG nicht gebessert, und man beauftragte schließlich einen Krisenmanager von der Zentrale, die Situation zu analysieren. Er stieß bald auf die eigentliche Ursache des Problems. So wie die Geräte gegenwärtig konzipiert waren, gab es nur einen sehr begrenzten Markt für sie. Reorganisation war nicht die Lösung. Es mußte Geld für eine Umkonstruktion bereitgestellt werden, um die Geräte einem größeren Markt anzupassen. Falls das nicht möglich war, konnte das Unternehmen natürlich versuchen, die AMG an eine andere Firma zu verkaufen, die ein ähnliches Produktionsprogramm hatte und die Augenmeßgeräte mit geringen zusätzlichen Kosten vertreiben konnte.

In wieder anderen Situationen mag das Management die besondere Natur der zu lösenden Probleme voll erkennen, aber den CIA-Charakter der Reorganisationsstrategie verkennen. So kann z. B. die Errichtung einer neuen Abteilung den Eindruck einer einfachen, auf die Lösung eines ganz bestimmten Problems gerichteten Maßnahme erwecken. Sie kann aber dazu führen, daß nur Verwirrung gestiftet wird, indem Leute versetzt, Weisungsketten geändert und eingespielte Beziehungen zertrennt werden.

Irrige Erwartungen

In einem früheren Abschnitt dieses Kapitels habe ich gesagt, daß sich die meisten Manager genötigt sehen, eine Reorganisation mit greifbaren Vorteilen zu begründen oder zu rechtfertigen, obwohl sie die Problemlage nicht durchschauen und obwohl die Reorganisationsstrategie auf kein klares Ziel gerichtet ist. Dieses rationale Gesicht der Reorganisation erweckt Hoffnungen auf Dinge wie die Senkung der Gemeinkosten, schnellere Informationsverarbeitung und größere Selbständigkeit oder bessere Zusammenarbeit. Wenn die Reorganisation in Gang kommt, lassen diese besonderen Ergebnisse jedoch meistens auf sich warten, einfach deshalb, weil sich herausstellt, daß sie gar nicht Gegenstand der Reorganisation waren.

Schauen wir uns z.B. den Fall von zwei Krankenhäusern in einer Großstadt an, die sich vereinigen wollten:

Die beiden Krankenhäuser hatten sich auf die gleichen Gebiete medizinischer Pflege spezialisiert. Durch die Vereinigung sollten Doppeleinrichtungen abgebaut und der Personalbestand reduziert werden. Außerdem hofften beide Verwaltungsräte, durch den Zusammenschluß mehr Erfolg beim Beantragen von kommunalen Zuschüssen zu haben. Die Vereinigung wurde vollzogen, aber selbst nach mehreren Jahren war keine Personalverminderung eingetreten und auch die Kosten waren nicht gesenkt worden. Während informeller Diskussionen über diese Probleme mit einem Unternehmensberater sagten schließlich mehrere Direktoren: „Nun, ich glaube, wir haben uns mit all diesen Kostensenkungen selbst etwas vorgemacht. Was uns wirklich am Herzen lag, war eine Verbesserung der medizinischen Pflege und des Dienstes am Kranken. Es ist sehr wichtig, daß wir über eine hochqualifizierte, moderne Einrichtung verfügen. Unter diesen allgemeinen Gesichtspunkten war die Vereinigung wirklich sehr erfolgreich, obwohl wir sicher einige Schwierigkeiten hatten."

Der Berater erkundigte sich weiter, warum man nicht gleich zu Beginn als Grund für die Vereinigung die Verbesserung der medizinischen Versorgung angegeben habe. Die Antwort der Direktoren lief darauf hinaus, daß man die Probleme damals noch nicht so klar wie in der Rückschau erkannt habe. Außerdem ist ein Ziel wie bessere medizinische Pflege ziemlich vage. Wie wollen Sie die Qualität der Pflege messen? Bedeutet nicht bessere Pflege höhere Kosten, und würde damit die Pflege für manche Menschen nicht weniger erschwinglich? Wer würde entscheiden, was bessere Pflege bedeutet?

Es lag daran, daß die Situation unklar und die Reorganisationsstrategie kaum geeignet war. In Wirklichkeit war die Reorganisation ziemlich erfolgreich, aber man war dennoch nicht wenig enttäuscht, weil durch die ursprüngliche Begründung der Vereinigung irrige Erwartungen geweckt worden waren.

Das wahrscheinlichste Ergebnis einer jeden Reorganisation ist, daß sie die zu Beginn genau festgelegten Ziele nicht erreicht und neue Probleme entstehen läßt, von denen viele unvorhersehbar sind.

Das Gleichartigkeitsspiel ist nicht zu gewinnen

Im Jahre 1937 schrieb *Luther Gulick,* ein Mitglied des von Präsident Roosevelt eingesetzten Ausschusses für Verwaltungswissenschaft, seine klassische Denkschrift über die Theorie der Organisation. Einer der wichtigsten Grundbegriffe, die in diesem Dokument herausgestellt wurden, war das „Prinzip der Homogenität", d.h., Aufgaben in einer Organisation sollten so gegliedert werden, daß Leute, die ähnliche Arbeiten ausführen, zusammengefaßt wurden[17]. Im Jahre 1949 unterstrich die Erste Hoover-Kommission ebenfalls die Bedeutung der Gliederung nach größeren Aufgaben, so daß „durch enge Zusammenfassung verwandter Tätigkeiten Überschneidungen vermieden, und, was noch wichtiger ist, abgestimmte Vorgehensweisen entwickelt werden können[18].

Gulicks Prinzip der Homogenität dient auch heute noch als vorgebliches Rückgrat für manch eine Reorganisation. Die von *Gulick* 1937 beschriebenen Kategorien der Homogenität (oder Gleichartigkeit, wie ich lieber sage) haben auch heute noch weitgehende Geltung[19]. Gleichartigkeit kann gegeben sein im Hinblick auf:

1. Gemeinsame Zwecke (oder Ziele), z.B. Organisation nach verschiedenen Produkten oder Dienstleistungen
2. Zugrunde gelegte Abläufe; z.B. Funktionen wie Produktion, Vertrieb, Rechnungswesen
3. Personen oder Dinge, mit denen man verkehrt oder denen man dient; z.B. Arten von Kunden

---

17 *Luther Gulick* „Notes on the Theory of Organization" in: Papers on the Science of Administration, herausgegeben von Luther Gulick und L. Urwick, Institute of Public Administration, New York 1937.

18 Kommission für die Organisation der Regierungs-Exekutive, Allgemeines Management der Exekutive. Ein Bericht an den Kongreß, Febr. 1949.

19 *Gulick*, a.a.O.

4. Orte, an denen die Tätigkeit ausgeübt wird; z.B. Arbeitsplätze, geografische Räume.

Im Laufe der Jahre wurden diesen Bezugspunkten der Gleichartigkeit weitere hinzugefügt oder sie wurden verfeinert:

1. Gruppenbildung auf der Grundlage gemeinsamer Kenntnisse, Fähigkeiten oder Erfahrungen, die bei einer Arbeit benötigt werden.
   a) Art der geistigen Leistung, z.B. kreativ, analytisch
   b) Aufgabe im Management; z.B. Überwachung, Steuerung, Vermittlung, Planung
   c) Berufliche Vorbildung; z.B. Naturwissenschaft, Soziologie, Wirtschaftswissenschaft
2. Gruppenbildung zur Vermeidung von Interessenkonflikten
   a) Trennung der Ausführung einer Tätigkeit von ihrer Kontrolle oder Beurteilung, z.B. Trennung der Qualitätsprüfung von der Produktion, der Buchhaltung von der Revision
   b) Trennung der Schöpfung einer Idee von ihrer Ausführung
3. Gruppenbildung auf Grund von Entscheidungs- oder Problemlösungsprozessen oder -systemen; z.B. Steuerungsprozesse, Informationssysteme, Planungskreise

Theoretisch hilft das Prinzip der Homogenität sicher, Überschneidungen, Doppelarbeit und durcheinander geratene Kompetenz- oder Verantwortungsbereiche zu beseitigen. Was aber oft nicht erkannt wird, ist, daß Sie in der Praxis das Gleichartigkeitsspiel nicht gewinnen können. Sie stopfen lediglich die losen Enden unter die Decke, um hinterher festzustellen, daß andere Dinge irgendwo herausstehen. Sie gruppieren neu, um die geografische Gleichartigkeit zu erhöhen und finden, daß Sie jetzt verschiedenartige Produkte zusammengeworfen haben (oder umgekehrt). Sie organisieren um die Produkthauptgruppen und erkennen, daß Sie nun zu viele verschiedene Managementfunktionen oder -aufgaben in einen Topf geworfen haben.

Das Gleichartigkeitsspiel wird sogar noch schwieriger, da unter jeder der oben aufgeführten Kategorien viele alternative (und unvereinbare) Grundtypen der Gleichartigkeit sein können. Nehmen wir z.B. an, Sie möchten die Organisation an der Betreuung der Kunden orientieren. Dann stehen Sie immer noch vor dem

Problem, die Kunden nach der Höhe des Umsatzes (effektiv oder potentiell), der Branche oder dem Verwendungszweck der verkauften Produkte einzuteilen. Das Spiel wird auch dadurch erschwert, daß eine bestimmte Tätigkeit oft nicht sauber in eine gewisse Kategorie paßt. Ist z.B. der Kundendienst Teil des Verkaufs, des Marketing oder ist er eine Verlängerung der Produktion?

Das Gleichartigkeitsspiel wird aus mehreren Gründen Jahr für Jahr komplizierter. Erstens werden die meisten Unternehmen größer (oder möchten es zumindest werden). Größe führt zu neuen Produkten, neuen Kunden, neuen Fähigkeiten usw. All das stört die bestehende Gleichartigkeit. Zweitens neigt der allgemeine Fortschritt auf dem Gebiet des verfügbaren Wissens und der Technologie zur *Vergrößerung der Arbeitsteilung* innerhalb eines Unternehmens; so erhöhen z.B. Automation und Datenverarbeitungsanlagen die Vielfalt der Tätigkeiten (anstatt sie zu vermindern). Drittens wächst das Bewußtsein neuer Verbindungen und Wechselbeziehungen zwischen den Tätigkeiten ständig, was wiederum neue Grundtypen der Gleichartigkeit entstehen läßt. So haben in den letzten Jahren Umweltschutz, gesellschaftliche Beziehungen, Sicherheit, Gleichberechtigung bei der Arbeit und Verbraucherschutz alle ihren Platz im Gleichartigkeitsspiel eingenommen.

Aber der erfinderische Geist des Management ist nicht untätig. Neue Organisationsformen entwickeln sich in dem Bestreben, mit der zunehmenden Komplexität des Gleichartigkeitsspiels fertig zu werden. Wir haben das Projekt-Management als Organisationsform für einmalige große Aufgaben. Geteilte Verantwortung und Matrix-Organisation versuchen, gleichzeitig zwei verschiedenen Dimensionen der Gleichartigkeit gerecht zu werden – z.B. der funktionalen Aufgabe *und* dem Ziel oder Zweck. Andere Bemühungen gehen dahin, um verschiedene Arten der Gleichartigkeit auf verschiedenen Ebenen des Unternehmens zu organisieren; eine Sparte kann produktorientiert sein, während auf niedrigeren Ebenen die Organisation kunden- oder tätigkeitsorientiert aufgebaut ist.

Leider wären Sie aber selbst bei einer dreidimensionalen Organisation nicht imstande, das Gleichartigkeitsspiel zu gewinnen. In einem einfachen räumlichen Vergleich gesprochen, es ist unmöglich, alle Räume eines Hauses so anzuordnen, daß alle Zimmer, die etwas Wichtiges gemeinsam haben, von der Diele aus zugänglich und unmittelbar durch eine Tür miteinander verbunden sind.

Dennoch ist gegen das Gleichartigkeitsspiel bei der Reorganisation nichts einzuwenden, solange Sie wissen, was für eine Art Spiel Sie spielen. Sicherlich kann zu einer bestimmten Zeit im Leben eines Unternehmens eine Art der Gleichartigkeit wichtiger als bisher werden. Eine Neugliederung zur Stärkung dieser neuen Art von Gleichartigkeit kann sehr zweckmäßig sein. *Nur zu oft vergessen wir jedoch, daß uns bestenfalls nichts anderes zu tun bleibt, als eine Art der Gleichartigkeit gegen eine andere auszutauschen.* Die Leute sind überrascht und aufgebracht, weil nach einer Reorganisation gewisse Dinge schwerer zu koordinieren sind als vorher.

Die Gleichartigkeit kann auch hinsichtlich der im Grunde unklaren und vorläufigen Natur der Reorganisation irreführen. Die Lehre von der Gleichartigkeit war über lange Zeit so anerkannt, daß sie als etwas ziemlich Einfaches, Konkretes und Bestimmtes erscheint. Die Analyse einer unklaren Situation nach den Kriterien der Gleichartigkeit scheint die Unklarheit erheblich zu mindern. Auf diese Weise läßt die Neugliederung zur Behebung eines gewissen Mangels an Gleichartigkeit die Reorganisation als eine sehr logische, genaue Strategie erscheinen. Aber eine Neugliederung nach einigen Kriterien der Gleichartigkeit hilft wenig, um den CIA-Charakter der Reorganisation zu mildern. Lebensströme werden umgeleitet, Beziehungen zwischen Gruppen verändert, und die Gleichartigkeit sagt wenig über die Behandlung des täglichen Kleinkrams.

Das Ordnen der Einzelheiten

Eine Reorganisation zerreißt zwangsläufig viele der sorgfältig gesponnenen Fäden, aus denen das raffinierte Gewebe des Lebens eines Unternehmens besteht. Selbst Fäden, von denen man glaubte, daß sie von der Reorganisation nicht berührt werden, können zerschnitten werden. Kaum eine Reorganisation versucht, jeden Teil eines Unternehmens einzubeziehen, aber oft bestehen feine Verbindungen zwischen den reorganisierten und den im alten Zustand belassenen Teilen eines Unternehmens. Die sichtbaren

Grenzen einer jeden Reorganisation sind ziemlich willkürlich; das Gewebe der Wechselbeziehungen ist ungleichmäßig und mehrdimensional und kann kaum sauber in völlig unabhängige Stücke zerlegt werden.

Was sehen Reorganisationspläne im allgemeinen vor, um das empfindliche, komplizierte Gewebe zusammenzuhalten oder neu zu ordnen, das für das erfolgreiche Arbeiten eines Unternehmens so wichtig ist? Gewöhnlich nicht sehr viel. Reorganisation ist wesensmäßig eine Art abstrakte Philosophie des Wandels, die nur einige wenige ziemlich allgemeine Richtlinien zur Behandlung der zahllosen Einzelheiten, die irgendwie berücksichtigt werden müssen, anbietet. Veränderte (neue) soziale Beziehungen unter Menschen erfordern Zeit für die Fehlerbereinigung, und zwar mehr als neue Maschinen. Viele der auftretenden Störungen sind nicht vorhersehbar, auch nicht durch noch so genaue Analysen. Die Reorganisation selbst sieht gewöhnlich kein Instrument vor, mit dem man alle die von ihr hervorgerufenen kleinen Probleme wirkungsvoll angehen könnte, und gibt sicherlich auch keine Garantie, daß alle Einzelheiten sorgfältig ausgewogen werden.

Die französische Sprache hat ein hübsches Verbum, um diesen Vorgang des Entwirrens, Ordnens und Arrangierens zu beschreiben: *debrouiller*. Es ist eigenartig, aber dieses Wort läßt sich kaum treffend in eine andere Sprache übersetzen. Die folgende Anekdote macht seine Bedeutung am besten verständlich:

Während des 2. Weltkriegs wurde eine französische Einheit in der nordafrikanischen Wüste an einen entlegenen Platz verschlagen. Die Versorgung der Soldaten war schlecht und die Uniformen gingen in Fetzen. Irgendwie gelangte doch eine Ladung Kleidungsstücke zu der entlegenen Station. Der für die Kleiderkammer zuständige Sergeant ließ alle Soldaten antreten und verteilte die Kleidungsstücke auf eine besondere aber dennoch ordentliche Weise: Jeder erhielt ein Hemd, eine Hose und zwei Schuhe, ohne Rücksicht auf die Größe.

Nachdem jeder die ihm zustehenden Stücke gefaßt hatte, gab der Sergeant das Kommando „Debrouillez-vous“, d. h., werdet selbst einig, so daß jeder die ihm passenden Kleidungsstücke erhält. (Natürlich tauschten die Soldaten, bis alle zufrieden waren – bis auf einen armen Kerl, der am Ende mit zwei linken Schuhen dastand und niemanden mit zwei rechten Schuhen fand).

Eine Reorganisation kann durchaus ein guter allgemeiner Schritt sein und das Unternehmen ein gehöriges Stück in der richtigen Richtung weiterbringen. Wenn aber zu viele Einzelheiten unberücksichtigt bleiben, dann können diese ungeordneten Einzelheiten den Erfolg der Reorganisation aufheben; sie können leicht dazu führen, daß der Zug in der richtigen Richtung aus den Gleisen springt, – deshalb:

Reorganisation allein ist nie genug

Wenn Reorganisation ein Gemälde ist, das mit einem breiten Pinsel auf eine ausgefaserte Leinwand gemalt wird, dann können wir kaum erwarten, daß dadurch allein ein wirkliches Kunstwerk entsteht. Im vorangehenden Kapitel haben wir angedeutet, daß selbst genau erscheinende Ziele, die ein Vorgesetzter einem Unternehmen setzt, nur als der Beginn eines Vorantastens angesehen werden sollten; wir sagten weiterhin, daß solche Ziele ständig verfeinert und neu formuliert werden müssen, während man sich ihnen nähert und bis man sie erreicht. So gesehen, stellt Reorganisation eine ziemlich extreme Art des Tastens dar, an dem viele Menschen beteiligt sind, nicht nur ein Vorgesetzter und ein Untergebener. Reorganisation ist, wenn Sie so wollen, eine Art von „Tasten in der Gruppe“.

Das Ändern von Organisationsplänen und das Umsetzen von Menschen oder Vertauschen von Büros ist nur der erste Schritt einer Bewegung in einer neuen Richtung, nicht der End- oder Kulminationspunkt eines Veränderungsprozesses. *Reorganisation ist ein andauernder, mit Versuchen und Irrtümern durchsetzter Prozeß, nicht ein einmaliger, definitiver Sprung der Änderung.* Reorganisation stellt die rätselhafte Frage nach dem Ziel, das Sie erreichen wollen, während Sie nicht genau wissen, wie Sie dahin gelangen.

Flexibilität ergibt sich nicht immer aus der Unklarheit

Im Laufe einer Reorganisation ergeben sich genauere Ziele und Prioritäten. Diese neu zum Vorschein kommenden Ziele und Prioritäten können auf die Notwendigkeit größerer Änderungen an der allgemeinen Zielsetzung der Reorganisation hinweisen.

Wenn Reorganisation ein ungenaues annäherungsweises Vorgehen ist, dann ist damit zu rechnen, daß wir während dieses Prozesses entdecken, daß der erste Anlauf die Richtung etwas verfehlte und eine Korrektur erforderlich ist. Deshalb müssen die eine Reorganisation einleitenden Richtlinien etwas flexibel sein.

Das hört sich ziemlich einfach an, da Reorganisation am Anfang allgemein und wenig bestimmt ist. Die erforderliche Flexibilität geht jedoch nicht zwangsläufig aus der Unbestimmtheit der Reorganisation hervor. Die Zentralisation der Einkaufsfunktion kann z.B. eine sehr allgemeine und ungenaue Strategie sein. Ich könnte hinterher feststellen, daß das eigentliche Problem darin besteht, daß der Vertrieb nicht in der Lage ist, genaue und zuverlässige Umsatzschätzungen zu machen. Trotzdem könnte ich mich dafür entscheiden, den Einkauf bei der Zentrale zu belassen. Oft erzeugt die Reorganisation eine gewisse Verpflichtung, einen einmal eingeschlagenen Weg weiterzugehen. Ein Abweichen von dieser Verpflichtung kann als Verlieren des Gesichts oder gar als direkter Fehler angesehen werden, wenn man nicht schon zu Beginn die Notwendigkeit der Flexibilität und die Wahrscheinlichkeit größerer Korrekturen erkannt und eingeräumt hat.

Der Einbau der Flexibilität in eine Reorganisationsstrategie bedeutet in gewissem Sinn, Reorganisation als Experiment zu betrachten, aber nicht als Experiment nach der herkömmlichen Auffassung. *C. West Churchman* erklärt schön, worauf ich hinaus möchte:

Nach der klassischen Theorie experimenteller Forschung ist es wichtig, daß der Forscher vorher weiß, welche Fragen er stellen will und daß er sorgfältig festlegt, was er zu beobachten hat. Er muß während der Dauer eines gut durchgeführten Experiments den Zweck und die Bedeutung der Begriffe unverändert lassen. Bei realistischer Betrachtung sind diese Erfordernisse jedoch unnatürlich. Bei einem natürlicheren Vorgehen machen wir uns selten unsere Zwecke klar, und wir halten die Bedeutung unserer Begriffe kaum während der gesamten Dauer der Untersuchung unverändert. Für viele dürfte das „versuchsweise Experiment" (elusive experiment) natürlich sein. Dabei macht erst der Verlauf des Experiments seinen Zweck klar und hilft uns, die Bedeutung der benutzten Begriffe herauszuarbeiten[20].

---

20 *C. West Churchman,* A Challenge to Reason, McGraw-Hill, New York, 1968.

Reorganisation wäre somit das, was Churchman ein „*versuchsweises Experiment*" nennt.

Reorganisation – und was sonst noch dazu gehört

In dem Maße, wie im Verlauf der Reorganisation die Umrisse der Einzelsachverhalte sichtbar werden, verliert die Situation ihre Unschärfe. Sobald die Probleme klarer und genauer erkennbar werden, können andere, deutlich hervortretende Änderungen anvisiert werden. Hier ist ein Fall, der veranschaulicht, was ich meine:

Die Britebuoys Gesellschaft war ein großer Hersteller von mechanischen Teilen und genoß einen ausgezeichneten Ruf wegen der Qualität ihrer Erzeugnisse. Die Hälfte ihrer Produktion entfiel auf die Kunden-Auftragsfertigung. Seit einiger Zeit fiel der Marktanteil des Unternehmens. Nachdem man den Sachverhalt untersucht hatte, kam die Unternehmensleitung zu dem Ergebnis, daß man Aufträge verlor, weil die Wettbewerber dem Kundendienst mehr Aufmerksamkeit schenkten.

Um den Kundendienst zu verbessern, wurde eine größere Reorganisation in die Wege geleitet. Zur Unterstützung des Verkaufsaußendienstes wurde eine besondere Gruppe von Servicebeauftragten gebildet. In jedem Werk wurde innerhalb der Produktionsleitung ein Projekt-Management-System aufgebaut. Dem Projekt-Manager wurde die Abwicklung gewisser wichtiger großer Aufträge übertragen, vor allem, um sie zu beschleunigen. Wenn ein Auftrag nicht rechtzeitig ausgeführt werden zu können drohte, war der Projekt-Manager für die Behebung der Schwierigkeiten verantwortlich. Falls nötig, sollte er auch mit dem Kunden Verbindung aufnehmen. Der Projekt-Manager wurde auch innerhalb eines jeden Werkes Kontaktstelle für die Verkäufer oder Servicebeauftragten, die Auskünfte über den Stand eines Auftrages wünschten oder Informationen vom Kunden weitergeben wollten.

Die Reorganisation ließ eine Menge Konflikte entstehen. Die Verkäufer empfanden die Arbeit der Servicebeauftragten als Entzug der Kontakte mit den Kunden. Die Servicebeauftragten meinten, die Projektmanager sollten sie zur Klärung von Fragen mit dem Kunden heranziehen. In der Produktion gab es Entrüstung über die Projektleiter. Schließlich gab ein Mitglied des Vorstands einer eigens dazu gebildeten kleinen Gruppe den Auftrag, die Angelegenheit zu untersuchen und herauszufinden, was an all diesem Durcheinander eigentlich schuld war.

Eines der Dinge, die diese Gruppe herausfand, war, daß es den meisten Kunden vor allem um eine schnellere Ausführung ihrer Aufträge ging. Als Folge dessen übten Verkäufer und Servicebeauftragte großen Druck auf die Projektmanager aus, um einen schnelleren Auftragsdurchlauf zu erreichen. Diese wiederum drängten die Leute von der Qualitätsprüfung, sie sollten ihre Qualitätsanforderungen senken. *Den Qualitätsprüfern lag aber nicht viel an einer rascheren Auslieferung der Teile. Ihr gesamtes Prämiensystem war darauf aufgebaut, die Zahl der von den Kunden zurückgewiesenen Teile möglichst gering zu halten.*

Eine ähnliche Situation ergab sich in der Lagerhaltung. Hier hatte man darauf gedrängt, die Bestände zu erhöhen, um größere Verzögerungen infolge fehlender Materialien zu vermeiden. Eines der wesentlichsten Steuerungsinstrumente bei der Britebuoys Gesellschaft war jedoch die Verzinsung des investierten Kapitals (ROI). *Eine Aufstockung der Lagerbestände (und der davon abhängigen Lagerhaltungskosten) drohte jedoch die ROI-Ziele der für diesen Bereich verantwortlichen Gruppe zu gefährden.*

Die Untersuchungsgruppe stellte auch fest, daß die Einkäufer nicht alles ihnen Mögliche unternahmen, um eine Beschleunigung der Materialbeschaffung bei den Lieferanten zu erreichen. Diese Aufgabe hatte in der Vergangenheit nie eine große Rolle gespielt; *deshalb waren sich die meisten Einkäufer nicht darüber im klaren, welche Verfahren am geeignetsten waren, um die Lieferanten zu einer Beschleunigung der Lieferungen zu bewegen.* Die Untersuchungsgruppe empfahl, die Einkäufer rasch in den Techniken des „show and tell" (Meldung des Ausführungsstandes eines Auftrages durch den Lieferanten), der Auftragsverfolgung usw. zu trainieren.

Lassen Sie mich einzeln auf die zusätzlichen Änderungen eingehen, die in dieser kleinen Fallgeschichte jeweils notwendig wurden – Änderungen, die wahrscheinlich bei ziemlich vielen Reorganisationen erforderlich werden.

Erstens *ist bei einer Reorganisation eine Änderung der Prioritäten zu erwarten* (obwohl dies im einzelnen zu Beginn noch unklar sein mag). Notwendigerweise verlieren einige Ziele und Vorgaben an Bedeutung, während andere nach vorne gerückt werden. Im Fall von Britebuoys wurde rasche Lieferung wichtiger als Qualität und ROI. Die Änderung gewisser struktureller Elemente durch eine Reorganisation reicht allein kaum aus, um eine bestimmte Änderung in den Prioritäten herbeizuführen.

Zweitens *machen die meisten Verschiebungen in den Prioritäten gewisse Änderungen der bestehenden Steuerungs- und Anreizsysteme notwendig.* Gewöhnlich sind die bestehenden Anreiz- und

Steuerungssysteme während einer längeren Zeitspanne entstanden und stützen sehr nachhaltig die vorhandenen Prioritäten, nicht jedoch die neuen Prioritäten, die sich während einer Reorganisation ergeben. Bei Britebuoys mußten so das Anreizsystem für die Qualitätskontrolle und der Planwert für die Verzinsung des investierten Kapitals abgeändert werden. In anderen Fällen können es die Voraussetzungen für Beförderungen, das Personalsystem oder die Kriterien für Budgetzuweisungen sein, die geändert werden müssen.

Drittens *erfordert eine Verschiebung der Prioritäten die Entwicklung neuer Fähigkeiten oder Einstellungen* bei einigen Mitarbeitern (neben anderen z.B. in der Versandabteilung bei der Firma Britebouys). Die strukturellen Veränderungen einer Reorganisation sind selten ausreichend, um neue Einstellungen zu erzeugen, obwohl sie dazu beitragen können. Neue Fähigkeiten tauchen nicht wie durch Zauberei einfach auf, weil man auf dem Organisationsschema irgendwelche Kästchen verschoben hat. *Umfangreiche Ausbildungs- und Trainingsprogramme sind gewöhnlich für den Erfolg einer größeren Reorganisation sehr wichtig.* Allzuoft beschränkt sich die Unternehmensleitung auf eine längere Dienstanweisung und einige orientierende Zusammenkünfte und macht dann die natürliche Abneigung gegen jede Änderung für alle Probleme verantwortlich. Im Laufe der Zeit, so hofft man außerdem, würde sich dieser Widerstand ohnehin abnützen.

„Schauen Sie um sich, während Sie springen"

Wenn Reorganisation ein Prozeß des Sich-Vorantastens ist, dann braucht es deswegen noch nicht ein blindes Tasten sein. Es kann in einem *selektiven* Versuchen und Irren bestehen: es kann eine Art von *organisiertem* Durchwursteln werden. Aber wer ist für eine Reorganisation verantwortlich? Irgend jemand gibt die Verlautbarungen, ein anderer oder eine Gruppe zeichnet die endgültigen Pläne und wieder ein anderer wacht darüber, daß die tatsächlichen Veränderungen vorgenommen werden – aber in der Regel ist keiner von diesen Leuten oder Gruppen dafür zuständig, die gesamte Reorganisation zu überschauen. Und keine einzelne an der Reorganisation beteiligte Gruppe kann wahrscheinlich das gesamte Vorhaben steuern oder sich auch nur ein vollständiges Bild davon machen, was vor sich geht.

Manchmal fühlt sich vielleicht ein Mitglied der Geschäftsleitung, dem all die reorganisierten Abteilungen unterstellt sind, dafür verantwortlich und kümmert sich darum, wie sich die Dinge entwickeln. Oft ist jedoch die Person, auf die diese Beschreibung zutrifft, der Vorstandsvorsitzer selbst oder ein anderes Vorstandsmitglied, das viele andere wichtige Aufgaben hat, und die Verfolgung all der Einzelheiten einer größeren Reorganisation kann eine sehr komplexe und zeitraubende Arbeit sein.

Ganz offenbar *sollte eine Stelle gebildet werden, die den Fortschritt der Reorganisation überwacht,* und die Pläne dafür sollten bereits zu Beginn in das Reorganisationsprogramm aufgenommen werden. Sie brauchen nicht verschwommen und vage zu sein, obwohl die Reorganisation selbst es ist.

Ja, diese Überwachung erfordert Personal und damit Geld, aber schließlich ist eine Reorganisation eine ernste Angelegenheit. Gewiß ist eine solche Überwachung eine schwierige Aufgabe, aber sie kann gelöst werden – und sie wurde in einigen Fällen mit bemerkenswertem Erfolg gelöst.

Die Überwachungsgruppe kann *mehrere Funktionen* übernehmen. Sie kann als *Anlaufstelle* für den nicht zu vermeidenden Fluß von Problemen dienen, die unerwartet auftreten. Die Mitglieder dieser Gruppe können auch versuchen, ihre Beobachtungen mit denen der anderen in Einklang zu bringen, um einen immer klareren *Überblick* über das tatsächliche Geschehen zu erhalten. Die Gruppe kann *Änderungen* des ursprünglichen Reorganisationsplans empfehlen oder zusätzliche Korrekturen vorschlagen, wenn es die Durchführung der Reorganisation verlangt. Kurz gesagt, die Aufgabe der Überwachungsgruppe ist es, *um sich zu schauen, während* die Reorganisation läuft.

Reorganisation ist mächtig

Wenn auch Reorganisation in der Breite ansetzt, wenn Reorganisation allein auch nie ausreicht, so bedeutet dies nicht, daß Reorganisation ein schwaches Instrument zum Herbeiführen von Änderungen ist. Der Lebenszusammenhang beeinflußt sehr stark die

Art, wie wir leben. Die sozialen Gruppen, zu denen wir gehören und in denen wir arbeiten, die Gruppen, mit denen wir Berührung haben und die Vorgesetzten, denen wir unterstellt sind, üben einen enormen Einfluß auf unser Verhalten aus. Eine Reorganisation wirft uns mit einem Plumps mitten in eine neue Umgebung, in der es sehr schwierig ist, so wie bisher weiterzumachen. Reorganisation bewirkt einen scharfen *Bruch mit der Vergangenheit;* es ist nicht der allmähliche Übergang mit jeweils geringfügigen Veränderungen. Die bisherigen Teile dieses Kapitels sollten vor allem zeigen, daß Reorganisation ein sehr mächtiges Instrument ist – oft mächtiger als uns bewußt ist.

In diesem Abschnitt möchte ich einige der mächtigsten Elemente der Reorganisation herausstellen – Elemente, deren Macht oft nicht voll verstanden wird.

Symbole bedeuten etwas

Wenn ich eng mit einem Vorgesetzten zusammenarbeite und selbst sehe, ob er im Unternehmen etwas zu sagen hat oder nicht, dann brauche ich dem Symbol des Teppichs in seinem Zimmer keine große Beachtung zu schenken. Im allgemeinen ist es jedoch schwer für uns, mehr als einen kleinen Ausschnitt aus der Arbeit eines Unternehmens und seiner Mitarbeiter unmittelbar selbst kennenzulernen. Schriftliche Berichte und Gerede aus zweiter Hand können zwar einen Teil der Wissenslücke füllen, aber wir sind doch sehr stark auf Symbole angewiesen, um uns schnell über Dinge ins Bild zu setzen, die wir weder aus erster noch aus zweiter Hand kennen. *Titel, Ränge, Büroausstattung, Zahl der Untergebenen und Budgetzuweisungen sind in gewisser Hinsicht Symbole, auf die wir uns als Ersatz für intimere Kenntnis verlassen.*

Natürlich ist ein Symbol selbst nicht das, wofür es steht; ich kann ein Eckzimmer mit großem Fenster haben und doch nicht sehr wichtig oder hoch bezahlt sein. Dennoch können Symbole durch sich selbst oft gerade die Dinge beeinflussen, die sie repräsentieren sollen: meine Bedeutung kann z.B. wirklich dadurch *größer werden,* daß viele Leute auf Symbole vertrauen, die meine Bedeutung verkünden und sich so verhalten, als ob ich bedeutsam wäre.

Durch eine Reorganisation können organisatorische Symbole manipuliert oder verändert werden. Oft haben viele der wesentlichen Veränderungen einer Reorganisation hohen Symbolwert, wie das folgende Beispiel zeigt:

Im Jahre 1970 reorganisierte Präsident Nixon das alte Haushaltsbüro. Eines der Hauptziele bestand darin, innerhalb des Büros die Prioritäten zu ändern, und zwar so, daß den Verwaltungsaufgaben der Exekutive mehr Beachtung geschenkt wurde. Obwohl die ursprüngliche Bestimmung des Büros auch den Auftrag einschloß, die Verwaltung der Exekutive zu überwachen, schien das Hauptaugenmerk dieser Dienststelle am Ende immer auf Angelegenheiten des Haushalts gerichtet zu sein. Ein hoher Beamter des alten Büros, der sich vornehmlich mit außerhalb des Haushalts liegenden Aufgaben beschäftigte, sagte dazu: „Jedesmal, wenn ich hinaus gehe und über Verwaltung spreche, finde ich einfach kein Gehör. Die Leute des Büros bestehen darauf, daß sie auf meiner Stirn das Wort ‚Haushalt' groß geschrieben sehen und kommen sofort auf ihre Finanzprobleme zu sprechen.

In dem Bemühen, dieses Problem zu lösen, wurde im Rahmen der Reorganisation auch der Name des Büros in Amt für *Verwaltungs-* und Haushaltsangelegenheiten geändert. Außerdem wurden bei der Reorganisation auch einige neue, hoch eingestufte Personalstellen eingerichtet, deren Inhaber neue, auf der Verwaltungsseite des Büros geschaffene Gruppen zu führen hatten. Damit sollte die erhöhte Bedeutung der nicht zur Haushaltsseite gehörenden Funktionen symbolisiert werden.

Es gibt eine ganze Reihe anderer Symbole, die bei einer Reorganisation benutzt werden können. Einen Gruppenbericht für einen höheren Vorgesetzten als bisher zu erstellen, ist ein klares Zeichen gesteigerter Bedeutung. Der Symbolwert, der mit der Einrichtung einer neuen Abteilung verbunden ist, ist besonders interessant. Eine neue Abteilung (selbst mit einer ganz kurzen Bezeichnung) stellt etwas Unbekanntes dar, etwas, auf das man kaum alte gefühlsmäßige Reaktionen, wie sie sich gegenüber längere Zeit bestehenden Symbolen entwickeln, übertragen kann. So kann es zweckmäßig sein, eine neue Abteilung zu schaffen, anstatt gewisse Aufgaben von einer Abteilung auf eine andere zu übertragen. Die Abteilung, die eine Aufgabe an eine andere abzugeben hat, empfindet eine solche Übertragung oft als Minderung Ihres Prestiges. Wenn diese Aufgabe und noch andere von anderen Abteilungen auf eine neue Stelle übertragen werden, dann kann die symbolische Bedeutung mehr darin bestehen, einen Beitrag zu einer neuen Anstrengung zu leisten.

Erlaubnis der Änderung

Der wichtigste symbolische Aspekt einer jeden Reorganisation liegt vielleicht in der Bedeutung des Wortes selbst. Allein die Verwendung des Wortes „Reorganisation" läßt auf größere Änderungen schließen; oft wird das Wort als Synonym für das gesamte Konzept der Änderung benutzt. Es drückt symbolisch aus, daß die Änderung gewünscht wird und auf der Tagesordnung steht.

Eric Berne beobachtete, daß Leute oft die Erlaubnis zur Änderung ihres Verhaltens benötigen – eines Verhaltens, das sie während langer Jahre „negativer Programmierung", wie er es bezeichnet, angenommen haben (d.h. tue dies nicht, und tue jenes nicht). Berne führt einen unter innerem Zwang stehenden Spieler an, der sagte: Ich brauche nicht jemanden, der mir befiehlt, mit dem Spielen aufzuhören; ich brauche jemanden, der mir die *Erlaubnis* gibt, aufzuhören, da irgendjemand in meinem Kopf sagt, ich darf es nicht[21]. Reorganisation ist eine Möglichkeit, diese Erlaubnis zum Ausprobieren neuer Verhaltensweisen zu geben.

Natürlich bietet die Erlaubnis zur Änderung keine Gewähr, daß die Änderung auch erfolgt. Außerdem kann die Erlaubnis zur Änderung eine gewisse Angst auslösen, und zwar gerade deshalb, weil Wahlmöglichkeiten zur erneuten Überprüfung eröffnet werden können. Die unklaren Begleiterscheinungen der bei einer Reorganisation geplanten Änderungen werden ohnehin die allgemeine Spannung, mit der sie verfolgt werden, erhöhen. Dessen ungeachtet bleibt die Reorganisation ein sehr mächtiges Instrument, um eingefleischte Verhaltensmuster aufzulockern und den zähen Griff der Tradition zu lösen.

---

21 *Eric Berne,* a.a.O.

Empfehlungen für die Reorganisation

1. Bereiten Sie sich gut vor. Versuchen Sie, Probleme, Symptome und Ursachen in einer unklaren Situation voneinander zu trennen. Wenn es Ihnen gelingt, sie herauszuarbeiten, ist die Reorganisation vielleicht nicht das geeignetste Instrument.
2. Wenn Sie eine Reorganisation planen, achten Sie auf Ihre symbolischen Aspekte und setzen Sie sie bewußt ein.
3. Gestehen Sie sich selbst (und möglicherweise allen anderen im Unternehmen) ein, daß niemand und nichts auf der Welt die Gründe für eine Reorganisation hinlänglich zu klären imstande ist, und daß keine genaue Vorhersage aller im Laufe einer Reorganisation auftauchenden Probleme möglich ist.
4. Bauen Sie Flexibilität in Ihren Reorganisationsplan ein und geben Sie Ihrer Erwartung Ausdruck, daß mit zunehmender Klärung der Probleme während der Reorganisation viele Anpassungen erfolgen können.
5. Schaffen Sie ein Instrument zur Überwachung des Fortschritts der Reorganisation, um auftauchende Probleme aufzugreifen, die eigentlichen Ziele herauszukristallisieren und diese neuen Erkenntnisse an alle an der Reorganisation beteiligten Gruppen weiterzugeben.
6. Vergessen Sie vor allem nicht, daß Reorganisation das ist, was Sie tun, wenn Sie sonst nichts zu tun wissen – und daß dies vollkommen richtig sein kann.

5. Der Umgang mit Fachleuten
Die Kunst des Management aus Unkenntnis

Immer mehr Fachleute

Ungeachtet aller Propaganda für Geburtenbeschränkung vermehren sich die Fachleute weiter wie Kaninchen. Jedes neue Wissensgebiet, jedes Stück neuer Technologie nährt seine eigene Art von Fachmann. Ältere Formen des Expertentums scheinen nicht auszusterben (oder auch nur zu verkümmern); sie spalten sich in zwei oder mehr Zweige und vervielfachen sich auf diese Weise.

Einige der neueren Arten des Expertentums sind nicht nur für die von den Unternehmen hergestellten Güter oder Dienstleistungen bedeutsam, sondern für die eigentlichen Aufgaben der Unternehmensführung. Neue Spezialgebiete des Management sind entstanden – Operations Research, Systemanalyse, Organization Development, Instructional Design und Umweltplanung, um nur einige zu nennen. Die vorhandenen Aufgaben des Management erfordern immer mehr und ausgeklügelteres Fachwissen. Ein Controller eines großen Unternehmens sucht z.B. nicht mehr nur einen Mann, der „gut mit Zahlen umgehen kann“, er braucht Spezialisten für Kredite, Versicherungen, Geldanlagen, Beteiligungen, fremde Währungen und viele andere Gebiete.

In dem Maße, wie das Expertentum gewachsen ist, ist auch die Notwendigkeit gestiegen, all die verschiedenen Spezialgebiete miteinander in Einklang zu bringen. Vor nicht langer Zeit konnte ein Manager den größten Teil seiner beruflichen Laufbahn damit verbringen, sich friedlich mit Problemen nur seines eigenen Gebietes herumzuschlagen. Heute müssen sich die meisten Manager jede Woche mit einer Reihe anderer Abteilungen und deren Fachleuten beschäftigen. Dabei stammen die Fachleute noch nicht einmal alle aus dem eigenen Hause. Die Abhängigkeit von fremden Fachleuten hat sich gewaltig ausgeweitet. Nach den Angaben der amerikanischen Vereinigung der Unternehmensberater

(ACME) stieg z.B. der Umsatz der Unternehmensberater von etwa 426 Millionen Dollar im Jahre 1954 auf etwa 850 Millionen Dollar im Jahr 1968 und auf über zwei Milliarden Dollar im Jahre 1974. (In diesen Zahlen ist nicht die Arbeit von öffentlichen Beratungsfirmen enthalten, die im Rechnungswesen tätig sind.) Ein ähnliches Wachstum ist bei freiberuflichen Rechtsanwälten, Architekten, Universitätsprofessoren, Wissenschaftlern und anderen Beratern zu verzeichnen.

Wie können es die Manager mit all diesen Fachleuten aufnehmen? Die Antwort, fürchte ich, lautet: „Nicht sehr gut“.

„Furcht“ ist ein kurzes Wort

Leider tragen die Fachleute gewöhnlich keine Markenzeichen, die uns ihre Qualität verbürgen. Auch die verschiedenen akademischen Titel oder staatlichen Zulassungsverfahren weisen nicht immer zuverlässig ihre fachliche Kompetenz aus. Für viele Fachgebiete gibt es auch keine staatlichen Prüfungen. Es fehlt so etwas wie ein „Leitfaden für Verbraucher von Fachleuten“, in dem zuverlässige Testergebnisse über jene exotischen Experten enthalten sind, mit denen wir uns abgeben müssen. Bei der Suche eines Experten begleitet uns demnach eine Furcht; die Furcht, an einen schlechten Fachmann zu geraten.

Aber selbst wenn wir völlig davon überzeugt sind, daß der Fachmann sein Metier wirklich beherrscht (und dem auch so ist), so ist unser Kummer noch nicht vorbei. Wir müssen in der Regel mit dem Fachmann zusammenarbeiten, um ihm das zu erreichen zu helfen, was wir wollen, und dann müssen wir seine Arbeit irgendwie bewerten und nach seinem Rat handeln (oder nicht handeln). Während wir so mit den Fachleuten umgehen, werden wir wahrscheinlich ständig fürchten, unsere Unkenntnis zu verraten (obwohl wir dazu ohne weiteres berechtigt wären). Es dürfte uns auch eine gewisse Angst beschleichen, uns der Gnade der Fachleute auszuliefern. Außerdem entdeckt ein Fachmann oft mehr Probleme als er löst. Er könnte uns zwingen, uns mit Fragen zu befassen, die wir vorher ausklammern konnten.

In einem umfassenderen Sinn zwingt uns der Umgang mit Fachleuten zum Management aus Unkenntnis, und das steht in offenem Widerspruch zu allem, was uns an der Kunst des Management lieb und heilig geworden ist. Gewiß, wir haben uns inzwischen etwas daran gewöhnt zu managen, wenn wir unsicher über die Zukunft sind; aber in der Gegenwart sollten wir mehr oder weniger gut wissen, wovon wir reden. Dieses Wissen beruht auf unserer Ausbildung und Erfahrung. Wenn wir aber feststellen, daß wir aus Unkenntnis managen, dann würde uns jeder raten, einiges zu lernen (und zwar schnell). Jedes neue Wissensgebiet führt zu einer Flut von Büchern und Kursen, die wir, wenn möglich, aufnehmen und verdauen müssen.

Ohne Zweifel gelingt der Umgang mit Fachleuten am besten, wenn man selbst Fachmann wird. Die eigentliche Frage ist, *auf wie vielen Gebieten man ein echter oder Halbwegsfachmann werden kann.* Sicherlich sollten Sie sich auf einem Gebiet, das für Ihre Arbeit sehr wichtig ist und es über längere Zeit auch bleiben wird, ein umfangreiches Wissen aneignen (als Controller sollten Sie z.B. über das Rechnungswesen und die Budgetierung Bescheid wissen). Natürlich ist es oft schwierig zu erkennen, welches Fachgebiet wirklich wichtig werden wird und für wie lange.

Noch schwieriger ist die Frage, wie man mit all den Fachleuten verfahren soll, mit denen man nur einmal kurz oder sehr unregelmäßig zu tun bekommt. Und wie steht es mit all den Fachgebieten, die zwar oft eine Rolle spielen, aber von geringerer Bedeutung für Ihre Tätigkeit sind? Wie soll man sich verhalten, wenn man kurzfristig einen Fachmann braucht, ohne genügend Zeit für die eigene Vorbereitung zu haben? Ich glaube, die vorherrschende Auffassung geht dahin, daß man sich zumindest einige Grundkenntnisse aneignen sollte, wenn zu einer intensiveren Beschäftigung keine Zeit ist. Wenn Sie kein Halbwegsfachmann werden können, dann sollten Sie zumindest ein Pseudofachmann zu werden versuchen.

Wir nehmen einen Schnellkurs über „Rechnungswesen für Nichtfachleute des Rechnungswesens“ oder „Alles, was Sie über statistische Entscheidungsbildung unter Bedingungen der Ungewißheit wissen wollten, aber sich nicht zu fragen trauten“. Wenn uns diese Kurse auch nicht alle Antworten geben können, so werden sie uns doch hoffentlich mit einigen Fragen vertraut machen und uns vielleicht auch befähigen, einige der von den Fachleuten angebotenen Antworten zu verstehen. Aber offen gesagt, es ist nicht leicht, in wenigen Tagen auch nur ein guter Pseudofachmann zu werden; und wir werden nicht einmal die Zeit haben, in jedem Fachgebiet, für das wir einen Experten zu Rate ziehen, ein zwei- oder dreitägiges Seminar zu besuchen. Darüber hinaus erhöhen solche Seminare oft nur unsere Furcht und unser Zittern vor der Kompliziertheit des Fachgebietes und lassen uns noch ungewisser über den Umgang mit diesen Spezialisten zurück.

Es ist deshalb gar nicht verwunderlich, wenn wir nach Möglichkeit dem direkten Verkehr mit Fachspezialisten aus dem Wege gehen. Wir behaupten, der Spezialist wird nicht wirklich gebraucht; wir schieben die Entscheidung, einen Fachspezialisten einzuschalten, hinaus. Oder wir holen uns den Fachmann, um dem Schein zu genügen, setzen ihn dann in eine Ecke und führen ihn hin und wieder der Öffentlichkeit vor, damit man uns nicht vorwerfen kann, wir hielten nichts von fachlicher Beratung.

Wir gehen in diesem Kapitel von der Voraussetzung aus, daß sich immer mehr Manager außerhalb ihres unmittelbaren Wissensgebietes bewegen müssen, dies aber eine Kunst ist, die sie nicht besonders entwickelt haben. Ich behaupte, daß *es möglich ist, die Fähigkeit zu entwickeln, aus Unkenntnis zu managen, aber nur, wenn wir vorher zugeben, daß eine solche Fähigkeit zum regulären Handwerkszeug des Managers gehört.* Die hier angebotenen Techniken sind keineswegs endgültig oder vollständig, sie weisen aber zumindest die Möglichkeit nach, solche Fähigkeiten zu entwickeln.

Im Rahmen der Zielsetzung dieses Kapitels möchte ich als „Fachspezialisten" jemanden bezeichnen, der auf einem Gebiet, über das der Manager kaum etwas weiß, besondere Kenntnisse besitzt. Dabei gehen wir davon aus, daß es der Manager mit einem Fachspezialisten von außen zu tun hat. Diese Ausgangsbasis wurde deshalb gewählt, da sie uns zwingt, uns mit vielen der schwierigeren Probleme des Management aus Unkenntnis auseinanderzusetzen. Aus sorgfältiger Beobachtung, wie Manager wirklich mit Fachspezialisten verkehren, habe ich versucht, einige der am meisten Erfolg versprechenden Vorgehensweisen herauszupflücken (und zu erläutern). Ich möchte auch einige Anmerkungen zu einigen der weniger wirkungsvollen Techniken geben, die gewöhnlich aus Mangel an besseren Ansätzen angewandt werden.

Eine allgemeine Strategie für den Umgang mit Fachleuten

Unsere Reaktionen gegenüber anderen Menschen (und ihrer Arbeit) hängen bis zu einem gewissen Grade von drei miteinander in Beziehung stehenden Variablen ab: unseren Beobachtungen; den Urteilen, die wir aufgrund dieser Beobachtungen fällen; und dem, was wir von der anderen Person wollen. Es ist dann nicht zu gewagt zu behaupten, daß

1. Manche Beobachtungen leichter zu machen sind als andere.
2. Manche Beobachtungen leichter zu beurteilen sind als andere.
3. Manche Beobachtungen im Hinblick auf das, was wir von dem anderen wollen, wichtiger sind als andere.

Die körperliche Größe einer Person ist z.B. leicht zu beobachten. Es ist auch nicht schwierig zu beurteilen, ob jemand durch seine Größe außergewöhnlich herausragt. Worauf ich hinaus möchte, ist, daß Körpergröße sehr wichtig ist, wenn wir einen guten Basketballspieler suchen, und keine Rolle spielt, wenn es um die Auswahl eines guten Verkaufsleiters geht. Einverstanden?

Leider leben wir nicht in der besten aller möglichen Welten. Oft ist das leicht zu Beobachtende schwer zu beurteilen, oder das leicht zu Beurteilende ist nicht wichtig für das, was wir suchen. So machen wir ständig Kompromisse zwischen der Leichtigkeit der Beobachtung, der Leichtigkeit der Beurteilung und der Bedeutung. Selbst im Umgang mit Nichtfachleuten verlassen wir uns mehr als uns bewußt ist auf das, was leicht zu beobachten, aber nicht notwendig wichtig ist. Der Psychologe *G. R. Thornton* ließ z.B. einige Personen Fotografien von verschiedenen Leuten und Leute, die in Person (ohne zu sprechen) vor ihnen erschienen, beurteilen. Leute, die Brillen trugen, wurden in der Regel hinsichtlich solcher Charaktermerkmale wie Ehrlichkeit, Intelligenz, Fleiß und Zuverlässigkeit höher eingestuft.

Andere Untersuchungen über Manager lassen vermuten, daß gutes Aussehen und hoher Wuchs die Aufstiegschancen verbessern.

Ich vermute, daß diese Art unangemessenen Kompromisses noch mehr auftritt, wenn es um Fachspezialisten geht. *Oliver Wendell Holmes* kleiner Vers über Doktoren könnte auch über Fachspezialisten im allgemeinen geschrieben worden sein.

> Lobe Deine Kunst! Der Mensch glaubt
> Keinem mehr als dem blanken, glatten Haupt!
> Das Alter verleiht Ehre auch und Größe;
> Das Volk will seine Doktoren schimmlig wie den Käse.

Wenn wir uns mit jemandem unterhalten, dessen Fähigkeiten unseren eigenen ähnlich sind, dann versuchen wir, mehr über seine Ausbildung und seine berufliche Entwicklung zu erfahren. Bei der Unterhaltung mit ihm beobachten wir unauffällig seine Ideen und urteilen über seinen Standpunkt. Wir achten auf die Verwendung von Schlüsselwörtern (oder sein Sprachniveau), die Kenntnis neuer Entwicklungen auf seinem Fachgebiet und seine Wissenslücken. Viele dieser Beobachtungen dienen nicht unmittelbar als Zeichen der Befähigung, Vorurteile, Moral und der anderen Dinge, an denen wir wirklich interessiert sind. Da wir aber etwas von der Sache verstehen, können wir vernünftige Vergleiche anstellen zwischen diesen indirekten Beobachtungen und dem, was tatsächlich wichtig ist.

Wenn wir aber Fachspezialisten vor uns haben, ist es sehr viel schwieriger, vernünftige Vergleiche zu ziehen. Wir sind weniger sicher, worauf wir achten sollen und wie wir die Bedeutung dessen beurteilen sollen, was wir beobachten. Um mit einem Fachspezialisten verkehren zu können, *müssen wir neue und extremere Kompromisse eingehen zwischen dem, was am wichtigsten ist und dem, was wir am besten beobachten und beurteilen zu können glauben.*

Alle Vorschläge im Rest dieses Kapitels sind im wesentlichen Ideen über Möglichkeiten, Abschläge zu machen, aber sie stellen immer noch Kompromisse dar. Beim Umgang mit Fachspezialisten können wir uns vorkommen als kämpften wir mit einer Hand auf dem Rücken, aber wir können auch mit einer Hand immer noch eine Menge ausrichten, wenn wir uns Mühe geben.

Sie brauchen also einen Fachmann

Wenn Sie feststellen, daß Sie wahrscheinlich einen Fachspezialisten brauchen, dann besteht eine gewisse Neigung, die Entscheidung hinauszuschieben, indem man möglichst lange sucht. Das bedeutet, daß Sie, wenn Sie schließlich einen Fachmann heranzuziehen haben, unter großem *Zeitdruck* stehen und wahrscheinlich die Wahl mit wenig Sorgfalt treffen müssen.

Vor einigen Jahren machte ich bei 20 kleineren, technisch orientierten Firmen eine Umfrage. Ich stellte darin einige gezielte Fragen über die Beschäftigung von Fachspezialisten. Mehr als 50 Prozent der Firmen gaben an, daß zwischen der Entscheidung zur Beschäftigung eines Fachspezialisten und der tatsächlichen Anwerbung weniger als drei Wochen vergangen waren.

Wenn Sie bei der Auswahl eines Fachspezialisten unter großem Zeitdruck stehen, dann werden Sie wahrscheinlich den erstbesten nehmen, auf den Sie stoßen. In der vorhin erwähnten Befragung erklärten mehr als zwei Drittel der Manager, sie hätten vor ihrer Entscheidung nur mit einem Fachmann Kontakt aufgenommen. Es kostet aber Zeit, einen guten Fachmann zu finden; genauso, wie es Zeit kostet, für eine Aufgabe, von der Sie etwas verstehen, einen guten Mitarbeiter zu finden.

Selbst wenn Sie viel Zeit haben, brauchen Sie natürlich zuerst einige Namen. Der häufigste erste Schritt ist, einige Geschäftsfreunde zu fragen, von denen Sie annehmen, daß sie schon Fachleute für ähnliche Probleme zu Rate gezogen haben. Wenn Ihr Geschäftsfreund „dabei gewesen ist", kann er Ihnen eine Beurteilung des Fachspezialisten geben, den er schließlich beschäftigte.

Das Problematische bei diesem Vorgehen ist, daß Ihr Freund möglicherweise nicht mehr als Sie von dem Fachgebiet versteht. Es kann auch sein, daß er bei der Auswahl seines Fachmannes nicht besonders umsichtig war. Aus diesem Grund kann die Beurteilung des von ihm beschäftigten Fachmannes wenig zuverlässig sein. Über die Beschäftigung von Fachspezialisten in der Wirtschaft wurden bisher erst sehr wenige Untersuchungen gemacht, aber es gibt eine Untersuchung über Ärzte, die das Wesentliche besagt. (Schließlich sind Ärzte Fachspezialisten, die wir alle brauchen und beurteilen können.) Die Untersuchung wurde vor einigen Jahren in North Carolina gemacht und zeigte, daß zwischen der Meinung eines Patienten über seinen Arzt und der tatsächlichen Eignung eines Arztes nach dem Urteil eines Kollegiums aus anderen Ärzten nur geringe Übereinstimmung bestand.

Dennoch könnten Sie der Ansicht sein, daß Ihnen Ihr Freund wenigstens sagen kann, ob der Fachspezialist eine ausgezeichnete Arbeit leistete oder die Probleme erst richtig verschlimmerte. Selbst wenn wir annehmen, daß Ihr Freund das Ergebnis richtig beurteilt hat, dann braucht dies jedoch noch nicht viel zu sagen, solange Sie nicht die Einzelheiten des Sachverhalts, die das Ergebnis beeinflussenden Faktoren und die Art, wie und von wem der Fachmann eingesetzt wurde, kennen.

Es geht darum ,daß *derjenige, der einen Fachspezialisten einsetzt, oft am wenigsten geeignet ist, seine Fähigkeiten zu beurteilen.* Je mehr jemand selbst Fachmann auf einem Gebiet ist, um so eher ist er in der Lage, einen anderen Fachmann auf diesem Gebiet auszuwählen und zu beurteilen.

Das Kontaktgespräch mit dem Fachmann

Die meisten Manager würden keinen Nichtfachmann ohne ein sorgfältiges Kontaktgespräch einstellen, aber das Kontaktgespräch mit einem Experten halten sie für eine unnütze Angelegenheit. Oft läuft das Interview mit dem Fachmann auf ein leeres Ritual hinaus. Sie stellen Ihre Situation dar, und der Fachmann überschüttet Sie mit all seinen Qualifikationen und früheren Triumphen. Wie können Sie am Ende wirklich feststellen, ob der Fachmann weiß, wovon er spricht, wenn *Sie* nicht wirklich wissen, wovon er spricht?

Die Antwort ist, daß Sie wahrscheinlich nicht in der Lage sind, selbst das fachliche Können des Spezialisten zu beurteilen. Im großen und ganzen müssen Sie sich auf das Zeugnis anderer Experten verlassen, die die Arbeit der Person, die Sie interviewen, kennen (deshalb sind die Quellen, von denen Sie die Namen von Fachleuten bekommen, so wichtig). Es gibt jedoch einige Dinge, die Sie während des Interviews prüfen können und sollten und die

Ihre Aussichten wesentlich verbessern, den richtigen Fachmann auszuwählen.

Zuerst *achten Sie darauf, ob es der Fachmann versteht, genau festzustellen, was Sie wollen oder brauchen.* Wenn Sie Ihr Problem oder Ihre Situation beschreiben, nimmt er dann an, er wisse genau, was Sie sagen? Bemüht er sich um weitere Information? Nimmt er an, er wisse bereits die meisten Antworten? Es geht nämlich darum, daß der Experte Ihnen nachher bei der Arbeit wird helfen müssen zu definieren und zu konkretisieren, was Sie wollen, und daß er später auf Sie (oder Ihre Leute) angewiesen sein wird, ihn über alle Einzelheiten der Situation zu informieren. Wenn der Fachmann dies nicht während des Interviews unter Beweis stellt, dann wird er es wohl bei der Arbeit nicht besser machen.

Ein zweiter Punkt, auf den Sie schauen müssen, ist, *wie klar sich der Fachmann mitzuteilen versteht.* Auf der einen Seite muß er Ihnen helfen, ihm die Informationen zu geben, die er braucht; auf der anderen Seite muß er aber auch die Ergebnisse seines Denkens an Sie zurückgeben können. Genauer gesagt, er muß *fähig* und *bereit* sein, Ihnen zu erklären, was er denkt. Sie können es sogar darauf abstellen, daß er Ihnen verschiedene Fachausdrücke übersetzt, die in seine Erklärungen eingeflossen sind. Selbst wenn Sie etwas von der Sache verstehen, tun Sie besser daran, ihr Wissen für sich zu behalten anstatt zu versuchen, den Fachmann damit zu beeindrucken.

Drittens sollten Sie den *Erfahrungshintergrund des Experten abschätzen,* aber Sie können es nicht so tun wie auf einem Gebiet, auf dem Sie zu Hause sind. Im besonderen handelt es sich zumindest um zwei wichtige Bereiche seiner Erfahrung, die Sie sondieren können; die Breite seines Erfahrungshorizonts und die Einschlägigkeit seiner Erfahrung für Ihre Probleme.

Die Breite seiner Erfahrung kann ein Hinweis darauf sein, wie gut es ihm gelingt, den Kern einer neuen Situation zu treffen. Obwohl sich Ihr Problem auf manche Art von denen unterscheidet, die der Fachmann früher löste, so dürfte es doch nicht so einzigartig sein wie Sie glauben. Ein Architekt z.B., der Fabriken verschiedener Größe für verschiedene Industrien gebaut hat, wird wahrscheinlich besser wissen, wie er die besonderen Erfordernisse Ihres Unternehmens in seinem Plan berücksichtigt.

Auf der anderen Seite teilen sich die meisten Fachgebiete wieder in viele Teilgebiete auf, und kein Fachmann kann auf mehr als einigen wenigen Teilgebieten umfassende Erfahrungen erworben haben. Es ist besonders wichtig, die Teilgebiete abzugrenzen, auf denen der Fachmann sachverständig ist, denn *die meisten Fachleute neigen dazu, ein größeres allgemeines Expertentum für sich in Anspruch zu nehmen als sie tatsächlich besitzen;* es gehört zum Überleben in einer auf Wettbewerb gegründeten Welt. Wenn z.B. Ihre neue Fabrik besondere Anforderungen an Sauberkeit oder Staubfreiheit stellt, dann sollten Sie versuchen, einen Architekten zu finden, der über einschlägige Erfahrungen im Bau solcher Fabriken verfügt.

Wenn Sie selbst kein Fachmann sind, dann kann es natürlich schwierig für Sie sein, genau zu wissen, wie sich ein bestimmtes Fachgebiet in Teildisziplinen gliedert. Es besteht jedoch kein Grund, warum Sie nicht den *Fachmann selbst fragen könnten, wie er die Unterteilung in verschiedene Teildisziplinen vornimmt.* Daran anschließend können Sie ihn nach den prozentualen Anteilen fragen, auf die sich seine bisherige praktische Tätigkeit in den genannten Teildisziplinen aufteilt. Viele Fachleute lassen sich nicht gern auf diese Weise festlegen, und Ihr Experte wird sicher auch nicht in der Lage sein, Ihnen auf Anhieb zu sagen, wie lange er auf welchem Teilgebiet gearbeitet hat. Manchmal können Sie ihm helfen, indem Sie ihn fragen, ob er vielleicht, sagen wir zu 80 Prozent, auf einem Gebiet gearbeitet hat. Er wird wahrscheinlich nein sagen, aber dann können Sie die Prozentsätze variieren, bis Sie unter Umständen bei Null landen.

Bei der Beurteilung der Breite und Einschlägigkeit der Berufserfahrung des Fachmanns könnten Sie die folgenden Variablen im Auge behalten.

– Branchen, in denen der Fachmann tätig war.

– Abteilungen oder Funktionsbereiche, in denen er gearbeitet hat. (Unter anderem können Sie daraus ersehen, ob er eng mit Managern zusammengearbeitet hat, denen diese Fachkenntnisse ebenfalls fehlten.)

– Die Größe der von ihm bearbeiteten Projekte. Ist Ihr Projekt erheblich größer als irgendeines der vorher von ihm bearbeiteten oder viel kleiner? (Letzteres könnte ihn veranlassen, es als unbedeutend oder uninteressant anzusehen.)

Es gibt noch einen anderen Aspekt des Erfahrungshintergrunds eines Experten, den viele Manager übersehen; *für welche Fragen oder Probleme hält er sich nicht kompetent;* für welche Gebiete hält er sich weniger kompetent oder woran ist er weniger interessiert? Gegen die Stellung solcher Fragen ist nichts einzuwenden. Es gehört zu einem guten Fachmann, seine Grenzen zu kennen und genügend Einsicht zu haben, wenn man nicht weiterkommt und die Hilfe anderer braucht.

Als allgemeine Vorsichtsmaßnahme möchte ich die Bedeutung betonen, die einer *Sondierung der Erfahrung des Fachmannes zukommt, ehe Sie Ihre eigene Situation in allen Einzelheiten darlegen.* Dies gehört natürlich zu den normalen ersten Schritten eines Interviews mit Nichtfachleuten, um dem Bewerber möglichst wenig Möglichkeiten zu geben, seine Antworten auf das einzurichten, was der Interviewer gern hören möchte. Dennoch wird dieses bewährte Vorgehen beim Interviewen von Fachleuten oft nicht beachtet, vielleicht wegen unserer allgemeinen Furcht im Umgang mit Experten. Selbstverständlich ist es doppelt wichtig, sich dem Fachmann gegenüber keine Blöße zu geben, einfach deshalb, weil man dann viel weniger in der Lage ist, die schwachen Stellen in der Selbstdarstellung des Fachmannes zu entdecken.

Der vierte Punkt, den Sie bei einem Interview ansprechen sollten, betrifft die *Interessen des Fachmannes außerhalb seiner beruflichen Tätigkeit.* Wie es *George Bernhard Shaw* ausdrückte, „kann niemand ein reiner Spezialist sein, ohne nach dem strengen Sinn des Wortes zum Idioten zu werden“. Wir alle spielen im Leben viele Rollen: Eltern, Gatten, Golfspiele, Fachmann, Untergebener usw. In jeder Rolle sind wir ein wenig anders, aber es gibt einen inneren Kern, der bei allen Rollen gleich bleibt. Die Frage nach den außerberuflichen Interessen gehört wieder standardmäßig zum Bewerbungsgespräch mit einem Nichtfachmann, wird aber beim Interview mit dem Experten oft ausgeklammert. Da Sie den Fachmann nicht unmittelbar in seiner Rolle als Fachmann beurteilen können, ist es gerade wichtig, eine Vorstellung von der Person in ihren anderen Rollen zu erhalten, die leichter verständlich sind. Die Art und Weise, wie sich jemand außerhalb seiner beruflichen Sphäre verhält, kann wertvolle Hinweise auf seine Arbeitsweise im Beruf geben.

Ich hoffe jetzt, Sie davon überzeugt zu haben, daß in einem Kontaktgespräch mit einem Experten vieles zu besprechen ist. Es sollte ebenso klar sein, daß Sie auch die Person(en) kennenlernen sollten, die später für Sie arbeiten. Es kann Zeitverschwendung oder sehr irreführend sein, wenn man nur mit dem Geschäftsführer oder einem leitenden Mitarbeiter eines Beratungsunternehmens spricht, der es zwar versteht, Aufträge hereinzuholen, aber mit der Beratungsarbeit selbst nichts zu tun hat. Selbst wenn ein Beratungsunternehmen als Ganzes einen ausgezeichneten Ruf genießt, so sind doch einzelne Berater erheblich besser als andere. Sie können sich darauf verlassen.

Eine letzte Empfehlung ist, *zu versuchen, den Fachmann in seinem eigenen Büro zu besuchen.* Sie werden eine Menge Informationen einfach dadurch gewinnen, daß Sie die Umgebung sehen, in der der Mann arbeitet. Wenn Sie Glück haben, könnte Ihr Gespräch sogar durch einen Telefonanruf unterbrochen werden, und Sie könnten Ihren Mann bei der Arbeit sehen.

Wie man mit Fachleuten arbeitet

Selbst wenn ein Manager mehrere Fachleute interviewt und seine Wahl sorgfältig trifft, dann wird er wahrscheinlich dem Experten seine Probleme doch noch in den Schoß werfen, einen tiefen Seufzer der Erleichterung tun und sich anderen Dingen zuwenden. Manager sehen einen Fachmann häufig als eine Art „schwarzen Kasten“ an. Man wirft alle Daten in den Kasten hinein, läßt ihn dann arbeiten und kommt nach einiger Zeit zurück, um die Ergebnisse abzuholen. Das ist eine sehr verführerische Auffassung, vor allem, weil sie den Traum nährt, daß keine Aufsicht nötig sei.

In Wirklichkeit ist es keineswegs so einfach, einen Experten erfolgreich einzusetzen, und *die Art und Weise, wie man ihn einsetzt, trägt zum Endergebnis zumindest ebenso sehr bei wie das fachliche Können des Experten.* Juristen, Marktforscher, EDV-Fachleute,

Ingenieure, Unternehmensberater und die meisten anderen Fachleute erheben alle vor allem folgende Klage: die große Mehrheit der Kunden setzt sie nicht gut ein.

Sie werden jedoch dagegenhalten, daß es der Fachmann ist, der die Hauptverantwortung dafür übernehmen sollte, daß er richtig eingesetzt wird. Wer sollte es besser wissen, wie man einen Fachmann einsetzt, wenn nicht der Fachmann selbst? Leider widmet die berufliche Ausbildung des Fachmanns dem Problem, wie man mit Nichtfachleuten zusammenarbeitet, wenig Aufmerksamkeit. Während der ganzen beruflichen Laufbahn eines Spezialisten gilt sein Hauptinteresse der Weiterentwicklung seines Fachwissens und seiner Fähigkeit, Probleme zu lösen. Viele Experten scheinen den Umgang mit ihren Kunden als Einmischung zu betrachten, zwar notwendig für ihr berufliches Fortkommen, aber lästig. Bis zu einem gewissen Grad kann ein Kunde einen Fachmann dazu animieren, sich Gedanken über eine fruchtbare Zusammenarbeit zu machen, aber in den meisten Fällen liegt die Hauptverantwortung für den erfolgreichen Einsatz beim Kunden.

Der Einsatz eines Experten ist nicht viel anders als der Einsatz irgendeines anderen Mitarbeiters: dennoch scheint es so, als würden die Techniken der Aufsicht, der Zielvorgabe, der Festlegung eines Budgets und andere Steuerungsinstrumente oft vernachlässigt. In den frühen sechziger Jahren erhöhten z.B. viele Unternehmen ihre Aktivitäten auf dem Gebiet der Forschung und Entwicklung. Wissenschaftler wurden für eine besondere Rasse gehalten. Man setzte sie in eine angenehme Umgebung und ließ sie weitgehend allein, damit sie sich ungestört ihren vertraulichen Forschungen widmen konnten. Als die Ergebnisse enttäuschten, erkannte man in vielen Unternehmen, daß Wissenschaftler, wie alle anderen auch, auf Termine reagierten und sich in ihrem Nutzen durch Budgets und andere Instrumente steuern ließen.

Experten sind auch nur Menschen und teilen mit ihnen die meisten menschlichen Eigenschaften. Sie sind an gewissen Projekten mehr interessiert als an anderen. Sie haben persönliche Bedürfnisse und Ziele, die sich nicht immer mit den Aufgaben in einem Unternehmen, die ihnen übertragen werden, vereinbaren lassen. Und nicht alle Fachleute sind gleich gute Fachleute.

So wie Sie mit jeder anderen Person verfahren, die für Sie oder mit Ihnen arbeitet, ist es auch hier wichtig, schnell zu erkennen, wie Ihr Experte arbeitet, seine Vorurteile und Unzulänglichkeiten zu entdecken, so daß man einen Ausgleich dafür schaffen kann.

Die Op-lite-Gesellschaft konstruierte und produzierte irgendwelche Laser für spezielle Anwendungen. Die Ertragslage war nicht sehr zufriedenstellend, und eines Tages wurde ein neues Mitglied in die Geschäftsleitung berufen, um zu versuchen, die Dinge zu bessern. Der neue Mann verstand nicht allzuviel von Lasern, aber er entdeckte bald, daß er die Kosten und Fertigstellungstermine eines Projektes genauer vorkalkulieren konnte als die Fachingenieure. Er sah einfach die Unterlagen der bisherigen Projekte durch und stellte fest, daß die Schätzungen der Ingenieure regelmäßig zu niedrig lagen. Er entwickelte daraufhin eine grobe Daumenregel zur Erhöhung der ihm vorgelegten Zeit- und Kostenschätzungen und gelangte zu erstaunlich genauen Vorhersagen.

Natürlich werden Sie einige der Charaktereigenschaften des Experten nicht leicht erkennen können – nämlich jene, die ein gewisses Verständnis des Spezialgebietes voraussetzen. Ungeachtet dessen gibt es sehr viele nützliche Dinge, die Sie über Ihre Experten erfahren können, z.B.:

1. Geht er für Sie zu schnell oder zu langsam vor?
2. Neigt er dazu, den Ernst eines Problems zu hoch oder zu niedrig anzusetzen?
3. Kommt er mit den Leuten im Unternehmen gut aus oder neigt er zur Feindseligkeit?
4. Ist er stark in der Diagnose aber schwach in der Ausführung (oder umgekehrt)?
5. Ist er besser in der Kleinarbeit oder in der Erfassung des größeren Zusammenhangs?

Da es immer eine Menge im Umgang mit einem Experten zu lernen gibt, ist es gut – sofern überhaupt möglich – ihn zuerst an einem kleineren Projekt oder an einem kleineren Stück eines größeren Projektes auszuprobieren. Ein solcher Pilot-Projekt-Ansatz kann Ihnen und Ihrem Fachmann helfen, besser miteinander bekannt zu werden, ehe man an die schwierigen Dinge kommt.

Ihre Erwartungen

Manche Manager sehen in einem Experten einen „Zauberer", der jedes ihm vorgelegte Problem auf wunderbare Weise zu lösen imstande ist. Leider sind aber die meisten wissenschaftlichen Disziplinen weniger mächtig als sie denen erscheinen, die nicht in das betreffende Wissensgebiet eingeweiht sind. Manager wissen, daß ihr Gebiet der Unternehmensführung sehr ungenau ist, daß Managementprobleme sehr vielschichtig sind, daß Daten oft unvollständig oder sehr unsicher sind. Dennoch unterscheidet sich diese Kunst nicht so sehr von anderen, nicht einmal von den sogenannten strengen Naturwissenschaften.

Ein realistisches Bündel von Erwartungen an einen guten Experten könnte folgende Punkte umfassen:

1. Der Fachmann könnte feststellen, daß das Problem nicht das ist, wofür Sie es hielten.
2. Der Fachmann könnte Probleme oder Zusammenhänge aufdecken, von denen Sie nichts wußten.
3. Der Fachmann könnte *Vorschläge* machen, wie man einige Probleme lindern kann, aber er wird nicht unbedingt die Probleme *lösen*.
4. Der Fachmann wird Ihnen bei der Analyse der Für und Wider verschiedener Wahlmöglichkeiten helfen und zusätzliche Alternativen vorschlagen, aber Sie werden einige seiner Vorschläge auf guten Glauben annehmen müssen, und bis zu einem gewissen Grad liegen die endgültigen Entscheidungen bei Ihnen.

Ihr Beitrag

„Die Schwierigkeit im Umgang mit einem Spezialisten besteht darin, daß er sicher einen Platz im System der Dinge hat, er kennt das System nur nicht."

Ich weiß nicht, wer als erster diesen sarkastischen Spruch ausgeheckt hat, aber er trifft nett das Wesentliche an der Zusammenarbeit mit einem Experten. Der Fachmann verfügt über gewisse Kenntnisse und Fähigkeiten, aber er kennt Ihre Situation nicht. Sie wissen eine Menge über Ihre Situation, aber Ihnen fehlen die

Fähigkeiten und das Fachwissen des Experten. Wenn Sie sich nicht die Spezialkenntnisse und Fähigkeiten des Experten aneignen, dann muß der Experte eine Menge über Ihre Situation lernen; und das kann er nur von Ihnen oder von Ihren Mitarbeitern.

Aber da ist immer noch ein grundlegendes Dilemma: Wie wissen Sie, was Sie dem Experten über Ihre Situation sagen müssen, wenn Sie nicht selbst schon Experte sind? Umgekehrt, wie kann der Fachmann Ihre Situation richtig beurteilen, wenn er nicht bereits mit ihr vertraut ist? Manager reagieren auf dieses Dilemma typisch auf zweierlei Weise. Entweder sie überlassen den Experten sich selbst, um „seine Sache zu machen“ oder sie setzen genau definierte Einzelziele, die exakt sagen, was Sie wollen.

Eigenartigerweise ist das Risiko bei beiden Vorgehensweisen das gleiche: nämlich, daß der Experte am Ende am falschen Problem oder auf das falsche Ziel hinarbeitet. Wenn Sie ihn sich selbst überlassen, dann wird er wahrscheinlich kaum erkennen können, was Sie wirklich benötigen, oder er wird am Ende das tun, was für *ihn* am interessantesten ist. Wenn Sie nach Ihrer Meinung genaue Ziele setzen, dann könnte der Experte pflichtbewußt genau das tun, was Sie vorschreiben – aber sehr wahrscheinlich wird dies nicht zu den Ergebnissen führen, die Sie wirklich wollten oder brauchten.

Gut, Sie müssen irgendwo anfangen, und den ersten Schritt haben gewöhnlich Sie zu tun. So offenbaren Sie dem Experten so viel von Ihrer Situation wie Sie für richtig halten. Es ist gewiß richtig, in groben Zügen zu umreißen, welche nach Ihrer Auffassung Ihre Probleme oder Ziele sind. Aber weder Sie noch Ihr Experte sollten sich in dem Glauben wiegen, daß Sie ihm alles gesagt haben, was er wissen muß oder daß Ihre Beschreibung der Probleme und Ziele vollständig und genau ist.

Es ist von eminenter Wichtigkeit zu erkennen, daß die *Arbeit mit einem Experten eine gemeinsame Anstrengung ist* und *daß sie eine größere Portion von Sich-voran-Tasten oder Wursteln erfordert,* vor allem in den ersten Phasen. Sie und Ihr Fachmann müssen miteinander in Tuchfühlung bleiben, um sicherzustellen, daß sie sich auf der gleichen Wellenlänge bewegen. Alle die Vorbehalte, die wir im vorigen Kapitel über die „Ermessensfreiheit“ erörtert haben, haben beim Umgang mit einem Experten doppelte Gültigkeit.

In dem Prozeß des Wurstelns mit Ihrem Experten *ist es vor allem wichtig, daß Sie verstehen, wovon er spricht.* Das klingt schrecklich einfach, wenn man es so dahinsagt, aber wenn ein Experte z.B. über „Primäre und selektive Dissonanz beim Kunden“ spricht, dann zögern viele Manager zu fragen, was das bedeute. Es ist auch erstaunlich, wie viele Manager es unterlassen, die Berichte, Aktennotizen usw., die von den Experten für sie verfaßt werden, sorgfältig zu lesen. Wenn etwas nicht so geschrieben ist, daß Sie es verstehen können, dann liegt es an Ihnen, den Experten zu bitten, es Ihnen zu erklären oder es so zu schreiben, wie Sie es wünschen. Wenn in dem Bericht wirklich nichts Wichtiges enthalten ist, dann liegt es wieder bei Ihnen, dem Experten zu helfen, seine Zeit produktiver zu verwenden.

Eine der größten Gefahren, denen Sie beim Wursteln mit Ihrem Experten ausgesetzt sind, ist, daß Sie am Ende Besserwisserei treiben. Ich meine damit, daß Sie Ihr beschränktes Wissen auf seinem Gebiet gegen sein umfassenderes Wissen setzen. Schließlich haben Sie ihn ja vor allem deshalb angeworben, weil Sie sein Fachwissen brauchten. Wenn Sie selbst ständig seinen Beobachtungen und Auffassungen mißtrauen, dann brauchen Sie nichts anderes als einen anderen Experten. *Besserwisserei gegenüber Ihrem Fachmann kann die Arbeiten nur festfahren.*

Nun ist Besserwisserei nicht dasselbe wie kritisches Fragen. Nehmen wir z.B. an, Ihr Rechtsberater sagt Ihnen, ein bestimmter Vertrag mit einem Kunden verpflichtet Sie, gewisse Materialien zu einem erheblich unter Ihren Produktionskosten liegenden Preis zu liefern. Besserwisserei gegenüber Ihrem Rechtsberater würde bedeuten, daß Sie mit ihm über die juristische Auslegung des Vertragstextes streiten (d.h. daß das Gesetz Sie verpflichtet, die Materialien zu einem festen Preis zu liefern, selbst wenn Ihre Kosten stark ansteigen). Kritisches Fragen dagegen könnte darin bestehen, ihn aufzufordern, seine Auffassung durch die entsprechenden gesetzlichen Vorschriften und die vorliegende Rechtsprechung zu begründen. Sie sollten zweifellos Fragen stellen, wie weit die Analogie der von ihm genannten Fälle auf Ihren reicht. Sie sollten ihn auch fragen, welche möglichen Maschen im Gesetz oder Hintertüren er untersucht hat, und es ist auch nichts Verkehrtes dabei, ihm einige vorzuschlagen, die Sie ausfindig gemacht haben. Vielleicht wissen Sie etwas über die augenblickliche Situation, was dem Juristen nicht bekannt ist.

Ihre Einstellung

Je mehr Sie um sich schauen, desto mehr sehen Sie – und oft wird die Welt um so komplizierter, je mehr Sie sehen. In einer Hinsicht stattet Sie ein Experte mit mehr „Sehkraft" aus. Deshalb dürfte Ihr Leben eher komplizierter als einfacher werden. Der Experte wird Sie auf Probleme aufmerksam machen, die Sie bisher nicht kannten; er wird Ihnen Wahlmöglichkeiten aufzeigen, von deren Existenz Sie nichts wußten; er wird neue Unsicherheiten schaffen; und er wird Ihnen schwierige Entscheidungen zwischen gegensätzlichen Werten oder Zielen auferlegen.

Im ganzen gesehen, dürften Sie mit einem Experten besser als ohne einen dran sein, aber Ihr Leben wird dadurch sicher nicht einfacher. Unter anderem wird Ihnen Ihr Experte wahrscheinlich schmerzlich bewußt machen, wie sehr Sie doch wursteln. All das kann in Ihnen Gefühle des Ärgers, der Wut oder der Frustration erwecken, und Sie sind zu all diesen Gefühlen berechtigt. Die Gefahr ist, daß Sie Ihren Gefühlen gegenüber dem Experten Luft machen, während er nicht viel dagegen tun kann. Noch gefährlicher ist es, daß Sie Ihren Experten, bewußt oder unbewußt, dazu zwingen, die Dinge zu sehr zu vereinfachen, indem Sie etwa sagen: „Alles, was ich wissen möchte, ist, ob wir klagen sollen oder nicht. Ist das nicht einfach genug?" Oder so: „Sagen Sie mir nicht alle ‚Wenn' und ‚Aber', sondern schauen Sie einfach zu, daß wir diese verdammte Geschichte zum Laufen bringen." Die Gefahr, die Sie mit zu starker Vereinfachung laufen, besteht darin, daß Ihr Experte bewußt wichtige Faktoren außer acht läßt und Werturteile fällt, die eigentlich Ihre Sache sind; und *Sie haben keine Ahnung davon.*

Eine weitere wichtige Seite Ihrer Einstellung ist das Interesse, mit dem Sie die Tätigkeit des Experten verfolgen. Sicher findet ein Fachmann eine gewisse innere Befriedigung darin, Könner auf seinem Gebiet zu sein und etwas zu leisten. Aber auch Experten wollen, wie alle anderen auch, das Gefühl haben, etwas Nützliches und Sinnvolles zu tun. Wenn Sie Ihrem Experten dieses Gefühl nicht vermitteln können, dann wird er es woanders suchen. Ich meine nicht, daß er Ihnen gleich weglaufen wird, aber er könnte einen Teil seiner Energien von Ihren Aufgaben weg auf andere lenken, die für sein persönliches und berufliches Leben wichtiger sind (und es gibt ohnehin mehr als genug Kräfte, die in diese Richtung wirken).

Sie dürften entdecken, daß er angenehm überrascht ist, allein wenn Sie Interesse an seiner Arbeit zeigen, und daß ihn dies anspornt, sich noch mehr für Sie anzustrengen. Falls sich Ihr Experte als sehr tüchtig und einsatzfreudig erweist, kann es Ihnen nicht schaden, wenn Sie ihm Ihre Verbundenheit durch ein warmes „Danke schön" zeigen. Sie könnten die Meinung vertreten (sogar noch eher als bei einem Ihrer angestellten Mitarbeiter), daß er schließlich für eine gute Arbeit bezahlt wird, aber das ist sicher nicht immer so. Vortrefflichkeit ist bei Fachleuten nicht weniger selten als anderswo.

Schließlich sollten Sie nicht vergessen, daß Sie für Ihren Fachmann gewöhnlich nicht der einzige Kunde sind. Ganz gleich, ob Ihr Experte einer Stabsabteilung Ihrer Firma oder einem anderen Unternehmen angehört, er wird wahrscheinlich an mehreren Aufträgen arbeiten und wie jeder andere Manager die verschiedenen Anforderungen miteinander in Einklang bringen müssen. Sehr wahrscheinlich haben Ihre Arbeiten nicht immer die oberste Priorität. In den meisten Fällen *werden Sie sich damit abfinden müssen, Ihren Experten ständig zu drängen, Ihre Termine einzuhalten.*

Die Beurteilung des Experten

Na gut, Sie haben versucht, einen tüchtigen Mann zu finden, und Sie haben es nicht dabei bewenden lassen. Sie haben sehr viel Zeit und Mühe darauf verwendet, sich mit Ihrem Experten durchzuwursteln. Die schwierigste Aufgabe steht Ihnen aber noch bevor: ihn zu *beurteilen.* Irgendwann müssen Sie ein Urteil über die Fähigkeiten Ihres Fachmanns abgeben. Ihre Entscheidung z.B., ob Sie seinen Empfehlungen folgen sollen oder nicht, hängt teilweise von Ihrem *Vertrauen* in ihn ab. Am Ende eines Projekts müssen Sie sich entscheiden, ob Sie die Zusammenarbeit mit diesem Experten auch bei anderen Projekten fortsetzen wollen. Selbst vor dem Abschluß eines größeren Projekts dürfte es Meilensteine geben, an denen zu prüfen ist, ob man die Fachleute auswechseln sollte, ohne zu großes Durcheinander anzurichten.

Die Beurteilung eines Nichtfachmanns ist schon schwer genug, aber die große Schwierigkeit in der Beurteilung eines Fachmanns liegt darin, daß Sie Ihr Fachwissen nicht gegen seines setzen können. Seine Empfehlungen könnten z.B. auf Berechnungen beruhen, die Sie nicht verstehen, oder auf Untersuchungsergebnissen, die Sie nicht nachprüfen können. Selbstverständlich leitet sich ein großer Teil der Ratschläge des Experten aus seiner Einsicht in die Dinge her (d.h. aus seiner Erfahrung und Kenntnis der Zusammenhänge); und darüber können Sie als Laie kaum urteilen.

Leistungsmessung

Wenn Sie einen Manager danach fragen, wie er die Leistung eines Experten mißt, dann lautet die häufigste Antwort: „An den Ergebnissen". Der Experte führt seinen Auftrag aus oder nicht; sein Rat stellt sich als richtig oder falsch heraus. Leider ist diese Art der Beurteilung nur in wenigen Fällen durchführbar – nämlich dort, wo der Experte innerhalb einer relativ kurzen Zeitspanne eine Reihe kleinerer Empfehlungen gibt oder Entscheidungen trifft, die konkrete, leicht faßliche Wirkungen zeigen. Öfter jedoch hat es der Fachmann mit komplizierten und unsicheren Situationen zu tun. Die Auswirkungen seiner Ratschläge oder Entscheidungen werden untrennbar mit vielen anderen Aktionen und Ereignissen verknüpft.

Oft sind auch die Ergebnisse der Arbeit eines Experten lange Zeit nicht sichtbar. Es hat wenig Sinn, Ihren Versicherungsfachmann, der Sie vor fünf Jahren beraten hat, als unfähig zu disqualifizieren, wenn Ihre Fabrik abbrennt und sich herausstellt, daß sie unterversichert sind. Es können mehrere Jahre vergehen, ehe sich herausstellt, daß Ihnen Ihr Experte die falsche EDV-Anlage empfohlen hat.

So müssen Sie Kompromisse schließen zwischen dem, was am wichtigsten zu beurteilen und dem was am leichtesten zu beurteilen ist. Ergebnisse sind sicher wichtig, sind aber oft sehr schwer festzustellen oder zu beurteilen, zumindest in dem Zeitpunkt, in dem sie von großem Nutzen sind.

Die Persönlichkeit in den freien Berufen

Die Persönlichkeit ist wahrscheinlich das am häufigsten benutzte Kriterium für die Beurteilung von Experten, obwohl Manager nicht gern zugeben und oder sich dessen bewußt sind, daß sie diesem Kriterium so große Bedeutung beimessen. Die Persönlichkeit eines Fachmanns ist etwas, das sich leicht wahrnehmen läßt, und wir alle zeigen ziemlich klare Verhaltensweisen gegenüber einer Persönlichkeit.

Aber die Beurteilung von Experten nach ihrer Persönlichkeit kann sehr irreführend sein. Das Problem liegt darin, daß wir alle dazu neigen, jene Persönlichkeiten zu begünstigen, die unserer eigenen ähnlich sind. Allein die Tatsache, daß ein Experte einen anderen Beruf als Sie ergriffen hat, macht es wahrscheinlich, daß seine Persönlichkeit von der Ihren verschieden ist.

Die Professoren *Jay Lorsch* und *John Morse* [22] haben die Charaktere unterschiedlicher Personengruppen in einem Unternehmen untersucht. Sie stellen fest, daß Gruppen mit bestimmten Funktionen *unterschiedliche charakterliche Prägungen* aufweisen. Wissenschaftler z.B. lieben Selbständigkeit, arbeiten gern allein und fühlen sich in ungewissen Situationen noch wohl. Im Gegensatz dazu sind Leute in der Produktion damit einverstanden, nach Anweisungen des Management zu arbeiten; sie fühlen sich bei der Arbeit in Gesellschaft mit Gleichrangigen sehr wohl und können Ungewißheit weniger gut als Wissenschaftler ertragen.

Natürlich ist die *Persönlichkeit* Ihres Experten *nicht völlig unerheblich.* Wenn Sie meinen, Ihr Experte sei ein Schlitzohr oder völlig verantwortungslos und ungeeignet, dann sollten Sie ihn durch

---

22 *Jay Lorsch and John Morse,* Organizations and Their Members, Harper & Row, New York 1974.

einen anderen ersetzen. Es ist jedoch ein Unterschied, ob Sie Ihren Experten mögen und ob Sie mit ihm zusammenarbeiten können. In jedem Fall ist es so, daß die Sympathie für Ihren Experten wenig mit seiner fachlichen Befähigung zu tun hat.

Die Beurteilung der Arbeitsmethodik

Wenn die Messung der Ergebnisse schwierig oder unmöglich, die Beurteilung der Persönlichkeit unerheblich oder irreführend ist, nach welchen Kriterien kann man dann einen Experten beurteilen? Ich meine, daß ein Laie an der Methodik wohl am ehesten die Befähigung eines Experten erkennen kann; die Vorgehensweise läßt sich beobachten, beurteilen, und sie ist wichtig.

Je mehr Sie selbst Fachmann sind, desto besser können Sie natürlich die Methode des Fachmanns beurteilen. Aber im allgemeinen hat jeder Manager eine gute Vorstellung von den Methoden, Probleme anzugehen und zu lösen, und das Lösen von Problemen – in der einen oder anderen Form – ist schließlich das, wofür man einen Fachmann holt. Es ist überraschend, wie ähnlich wertvoll eine gute Methodik auf allen Fachgebieten ist. Was einen Experten einzigartig macht, ist seine Fähigkeit, eine allgemeine Methode auf ein besonderes Problem anzuwenden.

Das *Sammeln von Informationen* gehört z.B. fast immer zum Lösen eines Problems. Ganz gleich, welcher Art der Fachmann ist, mit dem Sie zusammenarbeiten, Sie können prüfen, wie er seine Daten gewonnen hat. Mit wem hat er gesprochen? Welche Fragen hat er gestellt? Welche Berichte ließ er sich vorlegen?

Diagnose und Bewertung sind meistens ebenfalls besonders wichtige Schritte bei der Lösung von Problemen, und eine gute Methodik setzt eine gewisse Sorgfalt und Gründlichkeit bei diesen Schritten voraus. Wie hat der Experte die Genauigkeit und Zuverlässigkeit der Daten geprüft? Wurden bei der Diagnose alle relevanten Fakten berücksichtigt? Welche alternativen Diagnosen wurden durch die Fakten nahegelegt? Welche Kriterien wurden bei der Bewertung zugrunde gelegt?

Zur Bearbeitung vieler Probleme gehört auch eine *schöpferische Seite.* Wie einfallsreich zeigte sich der Experte bei der Suche nach weiteren Vorgehensmöglichkeiten? Versuchte er es mit verschiedenen Definitionen des Problems, um herauszufinden, welche die brauchbarste ist?

Zu einer guten Methodik gehört auch das *Wissen um die Grenzen einer Methode selbst.* Klärte der Experte die angenommenen Voraussetzungen? Sagte er Ihnen, welche Faktoren absichtlich unberücksichtigt gelassen wurden? Gab er an, welche neuen Bedingungen und möglichen Ereignisse seine Schlüsse wesentlich ändern könnten?

Das *Verhüten von Problemen* ist vielleicht ebenso wichtig wie das Lösen von Problemen; in ihren frühen Entwicklungsstufen sind Probleme oft leichter zu bewältigen. Ein guter Fachmann wird auch möglicherweise auftretende Probleme in seine Überlegungen einbeziehen – Probleme, die mit dem ursprünglichen zusammenhängen, und Probleme, die sich ergeben könnten, wenn Sie seinen Empfehlungen folgen. Der Rat des Experten sollte auch nicht nur das gerade anstehende Problem lösen; er sollte auch Vorschläge machen, wie man derartige Probleme in der Zukunft vermeiden oder mildern kann.

Nun mag sich das alles wie eine der herkömmlichen Abhandlungen über rationales Lösen von Problemen lesen, aber ich meine nicht, daß Ihr Experte tatsächlich so logisch konsequent vorzugehen hat. Jede Art des Lösens von Problemen ist eine Kunst; dabei dürften Intuition und Probieren eine größere Rolle spielen als reine Logik. Einen großen Teil des Honorars, das Sie Ihrem Berater zahlen, entrichten Sie für seine Fähigkeit, auf seinem Fachgebiet für Sie zu wursteln. Aber in dem Umfang, in dem seine Schlüsse Gestalt gewinnen, sollte er sie auf Genauigkeit, Folgerichtigkeit und all die anderen Kriterien prüfen, die wir in den letzten Abschnitten behandelt haben.

Es kann sehr schwierig für Sie sein, beim Wursteln Ihres Experten mitzuwirken und seine Arbeitsweise zu beurteilen. Aber sicherlich sollten und können Sie mit Ihrem Fachmann gemeinsam sein Arbeitsergebnis an den Methoden des logischen Problemlösens messen. Sie werden dann zumindest erkennen, wieweit sich die Arbeit Ihres Experten rational begründen läßt und in welchem Umfang Sie blind seiner Erfahrung und Eingebung vertrauen müssen.

Wieviel haben Sie gelernt?

Es gibt noch einen weiteren Faktor, den Sie bei der Beurteilung Ihres Fachmannes berücksichtigen sollten: *Hat er Sie einiges über sein Fachgebiet gelehrt?* (außer wie kompliziert und schwierig es ist)? Die Hauptverantwortung dafür, daß ein Experte erfolgreiche Arbeit leistet, liegt zwar bei Ihnen, aber es liegt auch an ihm selbst. Eine der wichtigsten Verpflichtungen ist, Sie soweit zu unterrichten, daß Sie ihm die entsprechenden Informationen geben und die meisten seiner Folgerungen verstehen können. Nehmen Sie sich vor dem Fachmann in acht, der alles in seinen Fachjargon hüllt und Ihnen immer nur sagt, wie schwer das alles zu erklären sei. Der Experte sollte Ihnen insbesondere einiges über die Methoden seines Fachgebietes sagen (nicht unbedingt, wie sie fachmännisch anzuwenden sind). Nichts von dem wird Sie zum Spezialisten oder auch nur zu einem So-als-ob-Fachmann machen, aber es ist für eine erfolgreiche Zusammenarbeit unerläßlich. Wenn Ihr Experte Sie nicht so weit unterrichten kann, dann ist er vielleicht nicht der richtige Mann für Sie – obwohl er fachlich sehr tüchtig sein mag.

Nach der Beurteilung

Die Gefahr, die bei einer sorgfältigen Beurteilung Ihres Experten besteht, ist, daß Sie ihn sehr wenig geeignet finden könnten. Sie werden vielleicht vor dem Gedanken zurückschrecken, das ganze Spiel des Suchens, Interviewens, Einführens usw. von neuem beginnen zu müssen. Ihre allgemeine Zurückhaltung, jemanden zu entlassen, ist wahrscheinlich einem Experten gegenüber noch stärker, allein deshalb, weil Sie in Ihre Beurteilung weniger Vertrauen setzen.

Es ist richtig, daß manche Manager von einem Experten zum nächsten hüpfen, immer auf der Suche nach dem idealen, wunderbaren Arbeiter, den es nicht gibt, oder auf der Suche nach einem Fachmann, der ihre eigene Auffassung teilt. Öfter jedoch ist es so, daß Manager ihre Experten nicht oft genug wechseln. Immer und immer wieder kehrt ein Manager zu demselben Spezialisten zurück, der früher als unzulänglich erachtet wurde. Selbst ein Experte, der einmal eine gute Leistung erbracht hat, muß dazu nicht immer wieder in der Lage sein. Experten können die Lust an etwas verlieren, anderen Interessen nachgehen, sich auf andere Gebiete spezialisieren.

Sie haben die Wahl. Ganz gleich, wie Sie es anpacken, es geht um Ihr Geld, Vermögen, Ihre Leute oder Ihre Projekte, die Sie dem Experten anvertrauen.

Wer ist ein Experte: Eine abschließende Anregung

Nehmen wir an, Sie schicken einen Ihrer Untergebenen in eine andere Stadt oder an einen entfernten Platz in Ihrem Unternehmen, um eine Sache zu überprüfen. In einem gewissen Sinn wird der Untergebene so etwas wie ein Fachmann; nämlich, er weiß über gewisse Dinge erheblich mehr als Sie. Wenn ein Untergebener mehrere Jahre hindurch eine spezielle Aufgabe ausübt, dann wird er auch eine Art Experte – er verfügt über Kenntnisse und Erfahrungen, die Sie nicht haben. So gesehen, kann man sagen, daß viele Ihrer Untergebenen Fachleute sind.

Da jeder von uns gewisse einmalige Erfahrungen hat und einige einzigartige Fähigkeiten besitzt, sind wir nicht sogar alle füreinander Experten? Sind nicht die Probleme, die sich im Umgang mit Experten stellen, grundlegend für den Einsatz und Umgang mit Menschen im Unternehmen? Managen wir nicht alle, mehr als uns bewußt ist, aus Unkenntnis heraus?

6. Nehmen wir das Training den Trainern aus den Händen

„Sehr geehrter Trainings-Leiter,

sehen die Linienmanager Ihre Abteilung nicht als eine Gruppe von Wirrköpfen an, die sich in alles einmischen?

Wundern Sie sich, warum die Manager die Bedeutung Ihrer Trainingsprogramme nicht verstehen?

Sind Sie es müde, in der Unternehmenshierarchie ziemlich unten zu sitzen?

Ist Ihr Budget bei den ersten, die gekürzt werden, wenn die Umsätze oder Gewinne zurückgehen?

Wenn Sie eine dieser Fragen mit Ja beantworten, dann benötigen Sie unseren speziellen Bericht ‚in begrenzter Auflage'. Diese Schrift beruht auf Hunderten von Kontakten mit großen Unternehmen und ihren Ausbildungsabteilungen. Die revolutionären Ideen in diesem Bericht sind EINFACH aber MÄCHTIG; sie werden Ihnen zu Achtung und Erfolgen verhelfen, die Sie nie für möglich hielten.

Die vertrauliche Schrift wird nicht neu aufgelegt, wenn die einzige, beschränkte Auflage erschöpft ist. Aufträge werden in der Reihenfolge ihres Eintreffens ausgeführt. Bestellen Sie deshalb gleich und sehen Sie, was Ihre Kollegen in anderen Unternehmen sagten. Der geringe Kaufpreis wird innerhalb von zehn Tagen *voll zurückgezahlt,* wenn Sie nicht zu der Überzeugung gelangen, daß der Bericht jeden Pfennig wert ist, den er gekostet hat.

Füllen Sie einfach den beigefügten Bestellcoupon aus und fügen Sie Ihren Scheck über DM ... bei".

Nun, diese Direktwerbekampagne gelangte nie an die Öffentlichkeit. Das ganze Projekt verstieß erheblich gegen das Gesetz; offenbar, weil auf der Titelseite in Farbe eine spärlich bekleidete

Dozentin abgebildet war, die einen mit einer langen Krawatte und sonst nicht viel bekleideten Manager unterrichtete. Vielleicht meinte die Behörde, das Titelbild bringe zum Ausdruck, daß nur männliche Manager trainiert würden. Das verstieße aber gegen das Gesetz der Chancengleichheit in der Beschäftigung. Vielleicht schloß man auch aus dem Titelbild, daß die angewandten Trainingsmethoden zu fortschrittlich seien.

Wie dem auch sei, ich erhielt ein Exemplar dieses herausfordernden Berichts aus einer Quelle, die ich zu nennen nicht befugt bin. Das Manuskript (das jetzt einem Sammler gehört) wird hier in voller Länge abgedruckt – ohne das umstrittene Titelblatt, das leider von jemandem abgerissen worden war, ehe ich mein Exemplar erhielt.

Vertraulicher Bericht an Trainingsleiter

Es hat keinen Sinn, bis zur letzten Seite wie die Katze um den heißen Brei herumzuschleichen, um die geheime Formel für den Erfolg zu offenbaren. Sie kann in dem einfachen Satz zusammengefaßt werden: *Nehmen Sie das Training den Trainern aus den Händen.* Nur keine Panik! Dieser Bericht ist kein detaillierter Plan für einen Abteilungsselbstmord. Tatsächlich können Sie nur hoffen zu überleben, wenn das Training den Linienmanagern übertragen wird.

Dieser Bericht ist vor allem deshalb als „vertraulich" gekennzeichnet, um Sie vor den unangebrachten Reaktionen Ihrer Mitarbeiter in der Trainingsabteilung zu schützen. Was die Linienmanager angeht, so dürfte die Reaktion für den Fall, daß das Manuskript in ihre Hände fällt, wahrscheinlich sein „Es ist Zeit, daß jemand so etwas vorschlägt". Nachdem Sie diesen Bericht gelesen haben, könnten Sie ihn „vertraulich" auf dem Tisch eines Ihrer Top-Manager liegen lassen.

Nicht anders als Planung und Budgetierung

Warum beginnen wir diesen Bericht über Training mit einer Diskussion der Planung und Budgetierung? Weil die Entwicklung der

Trainingsfunktion ähnlich zu verlaufen scheint wie die von Budgetierung und Planung. Nur haben die Budgetierungs- und Planungsgruppen in den meisten Unternehmen heute eine Legitimität und einen Einfluß, der erheblich größer als der der Ausbildungsabteilung ist. Ein kurzer Abriß der Entwicklung der Budgetierungs- und Planungsfunktion kann helfen, die gegenwärtige schwierige Situation der Aus- und Weiterbildung im Unternehmen zu erklären und zu begründen, warum das Training noch nicht so erfolgreich ist wie es sein könnte.

Die Entwicklung von Budgetierung und Planung in den USA läßt sich in drei wesentliche Phasen zerlegen. Natürlich durchlaufen nicht alle Unternehmen gleichzeitig die gleichen Phasen. Außerdem steht die Budgetierung in einem interessanten Gegensatz zur Planung, da sich gegenwärtig jede der beiden in einer anderen Phase des Zyklus befindet (obwohl beide in einer fortgeschritteneren Phase als das Training stehen).

Phase 1

Die erste Phase des Zyklus ist das Stadium des „Bekanntwerdens". Bücher und Artikel erscheinen, die die neue Technik beschreiben, gewöhnlich in der Art, die einer Wunderheilung verwandt ist. Die Phase 1 schließt gewöhnlich einige Experimente oder Pionier-Anwendungen ein, in denen versucht wird, die neue Technik in der realen Welt eines Unternehmens anzuwenden. Die Ergebnisse sind nicht immer sehr überzeugend.

Die Budgetierung durchlief ihre erste Phase in den zwanziger Jahren, während sie für die Planung erst in den fünfziger Jahren begann.

Phase 2

In der zweiten Phase wird die neue Technik eine etwas „legitimierte" Tätigkeit. Die meisten Unternehmen übernehmen zumindest einen Teil der Technik als gültig und fühlen sich verpflichtet, sie zu versuchen. Zuerst wird die neue Tätigkeit einer bereits vorhandenen Funktion übertragen. Später kann dafür eine eigene Gruppe oder Abteilung geschaffen werden.

So probierten in den späten vierziger Jahren viele große Unternehmen irgendeine Art instrumenteller Budgetierung aus. Budgetierungsstellen wurden gebildet, üblicherweise als Anhängsel an das Rechnungswesen. Die Planung nahm einige Jahrzehnte später in den sechziger Jahren einen ähnlichen Weg. Erst gegen Ende der sechziger Jahre hatte ein erheblicher Teil der Unternehmen organisierte, eigene Planungsgruppen (und in vielen gemeinwirtschaftlichen Organisationen werden solche Stellen erst jetzt eingerichtet).

Die Phase 2 war keine besonders glückliche Zeit für die Praktiker der Budgetierung und Planung. Andere Manager im Unternehmen meinten, diese Tätigkeiten stellten nichts weiter als unnötige Einmischungen in die wichtigeren anstehenden Aufgaben dar. Budgets wurden lediglich als eine Menge Papier angesehen, das von den blassen Leuten aus dem Rechnungswesen produziert wurde; und wer weiß, was diese Wolkenkuckucksheim-Planer vorhatten?

In der Phase 2 gab die Unternehmensleitung zu verstehen, daß diese neuen Tätigkeiten wichtig waren. So duldete ein Manager die Leute von der Budgetierung oder Planung, solange sie ihm nicht zu sehr ins Haar gerieten. Budgetierer und Planer gingen weitgehend ihre eigenen Wege in halber Isolierung, und der Einfluß ihrer Tätigkeit auf das übrige Unternehmen war minimal.

Phase 3

Ein wesentliches Merkmal der dritten Phase ist das echte (nicht nur vorgetäuschte) Interesse und die aktive Unterstützung der Unternehmensleitung – oder zumindest das, was die meisten Beobachter der Wirtschaftsszene in ihren Büchern und Aufsätzen angenommen haben. Das Interesse der Unternehmensleitung wird als vornehmste Aufgabe bei allem vorgeschrieben, ob es sich um den rationelleren Einsatz von EDV-Anlagen, bessere Motivation der Mitarbeiter, Umweltschutz oder erhöhte Sicherheitsstandards handelt. Sicherlich kann ohne die Unterstützung der Unternehmensleitung (oder zumindest deren Einverständnis) nicht viel erreicht werden. An sich reicht jedoch die Unterstützung der Unternehmensleitung gewöhnlich nicht aus, eine Aktivität in die Phase 3 zu bringen.

Der Schlüssel zur Phase 3 besteht *in der Übertragung der Aufgabe in die Hände der Linienmanager;* d.h. die neue Funktion muß ein wesentlicher Bestandteil der Tätigkeit eines Linienmanagers werden. Allzuoft richtet sich die Unterstützung der Unternehmensleitung lediglich darauf, die kleine Spezialistengruppe zu stärken, der die neue Tätigkeit übertragen wurde. In Wirklichkeit wird manchmal die Gruppe von Spezialisten dadurch, daß sie mehr Mittel und Personal erhält oder im Status angehoben und in größeren Räumen untergebracht wird, nur darin bestärkt, für sich und unter sich zu bleiben.

Heute ist die Budgetierung in ihrer dritten Phase. Gewiß, Budgets sind noch die Zielscheibe vieler Witze und der Ruin mancher Managerkarriere. Dennoch würden weniger Manager zustimmen, daß man eine Abteilung ohne irgendeine Form von Budget führen könne. Die Diskussion konzentriert sich darauf, *wie mit dem Budget gearbeitet werden soll, nicht auf die grundsätzliche Brauchbarkeit eines Budgets.* Der Kampf tobt um die Zahlen, die in ein Budget einzusetzen sind, nicht darum, ob solche Zahlen benötigt werden.

Die Unterschiede zwischen den Phasen 2 und 3 lassen sich besonders deutlich auf dem Gebiet der Planung veranschaulichen, da dort der Übergang noch anhält. In den späten sechziger Jahren verkündete die Management-Literatur laut die Notwendigkeit der Unterstützung und Teilnahme der Unternehmensleitung an der Planung. Langsam begannen einige Unternehmensleitungen, diese Unterstützung zu gewähren, und einige setzten an die Spitze der Planungsgruppe sogar ein Vorstandsmitglied. Die Planungsabteilungen wurden größer und die Pläne umfangreicher, aber der organisatorische Einfluß der Planung blieb gering. Manche Pläne verlangten Mittel und Fähigkeiten für ihre Verwirklichung, über die das Unternehmen einfach nicht verfügte. In anderen Fällen kümmerte man sich einfach nicht um die Einzelpläne.

In einem großen Unternehmen des Industrieanlagenbaues wurde eine eingehende Untersuchung der zukünftigen Entwicklung der Technologie und des Marktes durchgeführt. Darin wurden einige schwache Stellen hervorgehoben, denen man sich besonders widmen sollte. Gleichzeitig führte das Unternehmen jedoch ein tiefgreifendes Kostensenkungsprogramm durch, verhandelte wegen einiger wichtiger Erwerbungen und überprüfte sein Vertriebssystem. Der Leiter der Planung gab sich alle

Mühe, aber die Untersuchungen vermoderten schließlich in einer verschlossenen Schublade.

Anfang der siebziger Jahre breitete sich etwas aus, das Management by Objectives genannt wurde (obwohl die grundlegenden Ausdrücke und Begriffe seit mehr als einem Jahrzehnt bekannt waren). Das Wesentliche am Konzept des MbO war, daß jeder Manager mit seinen Untergebenen gemeinsam Ziele vereinbaren sollte, an denen die Leistung der Untergebenen zu messen sei. Viele Unternehmen erstellten MbO-Programme, und viele andere gingen ebenso vor, ohne jedoch ausdrücklich von MbO zu sprechen. Das MbO beginnt ja bekanntlich im wesentlichen damit, daß jeder Manager in die Planung einbezogen wird.

In welcher Phase befindet sich das Training?

Heute ist fast niemand gegen Aus- und Weiterbildung. Kaum ein Top-Manager würde ernsthaft in der Öffentlichkeit gegen Training und Personalentwicklung Stellung nehmen. Es gilt als unbestritten, daß die Mitarbeiter nicht immer über alle geforderten Fähigkeiten verfügen; Manager und andere Mitarbeiter müssen weitergebildet werden. Das Tempo der Veränderung und Neuerung beschleunigt sich. Ständige Weiterbildung wird als notwendig erachtet, nur um mit all den Änderungen Schritt zu halten; sie kommt mehr und mehr ins Gespräch als Teil der Selbsterfüllung, auf die jeder Manager Anspruch hat.

Die Dollars fließen, wenn auch genaue Zahlen kaum zu erhalten sind. In einem Hope Report [23] aus dem Jahre 1974 werden die jährlichen Ausgaben für Aus- und Weiterbildung auf elf Milliarden US-Dollar geschätzt (obwohl in diesen Zahlen auch die Gehälter der Kursteilnehmer für die Dauer der Lehrgänge enthalten sind). IBM, General Motors, Xerox, die US Civil Service Commission und viele andere große Organisationen haben ihre eigenen Aus- und Weiterbildungseinrichtungen für das Management-Training geschaffen. Nur wenige große Unternehmen verfügen nicht über irgendeine eigene Trainingsabteilung. Training bleibt nicht länger in der Phase 1.

---

23 Industry: AV and Training, Band 3, *Thomas W. Hope* Reports MC., Rochester N.Y., Februar 1974.

Die Unterstützung der Unternehmensleitung für die Aus- und Weiterbildung entspringt jedoch oft nicht einer tieferen Verpflichtung, sondern ist eher ein dünner Firnis – ein charakteristisches Zeichen der Phase 2: Die Dollars fließen zwar, aber der Hahn wird schnell zugedreht, sobald sich Anzeichen für eine Verschlechterung der Konjunktur bemerkbar machen. Anfang 1975 konnte man z.B. in einem Artikel der Business Week lesen:

... in der gegenwärtigen Rezession stehen die Personalentwicklungsprogramme, die auf allen Ebenen die Qualifikation des Management verbessern und Entscheidungsbefugnisse von oben auf nachgeordnete Ebenen verlagern sollten, in fast allen Unternehmen auf den Listen der Kostensenkungsbeauftragten[24].

Gewöhnlich steht der Leiter der Ausbildungsabteilung zwei oder drei Stufen unter dem Vorstand (Vice President). Selbst wo es ein Vorstandsmitglied für das Training gibt, ist es das am niedrigsten bezahlte von allen Vorstandsmitgliedern.

Die meisten Manager stehen den verschiedenen für sie zugänglichen Trainingsprogrammen im besten Fall gleichgültig gegenüber (ein weiteres Merkmal der Phase 2). Sie sind begeistert, wenn sie zu einem speziellen Seminar eingeladen werden, bei dem die Anwesenheit als ein besonderer Genuß oder als ein Zeichen für eine in Aussicht stehende Beförderung angesehen wird. Öfter jedoch weiß ein Manager, daß er zu einem Trainingskurs geschickt wird, weil er neben seinen Aufgaben noch etwas Zeit hat oder weil man ihm eine letzte Chance geben will, um ihm die Entlassung oder Herabstufung zu ersparen. Ein Top-Manager eines Unternehmens, das Bohr- und Pumpenanlagen für Öl und Gas herstellt, drückte es so aus: „Ich schicke einen Burschen zu Kursen, wenn er mir lästig wird und ich ihn aus den Augen haben möchte."

Wenn ein Manager von einem Zwei-Tage-Seminar zurückkehrt, dann wird er gewöhnlich mit Bemerkungen wie den folgenden begrüßt:

Nun, ich nehme an, Sie haben sich gut erholt. Gehen wir jetzt aber wieder an die Arbeit!

---

24 „How Companies Raise a New Crop of Managers" (Wie die Unternehmen eine neue Managergeneration heranziehen), Business Week, 10. März 1955.

Willkommen wieder in der Welt der Tatsachen. Ich hoffe, Sie haben die Schattenboxer von Trainern nicht zu ernst genommen.

Mit anderen Worten, wenn auch das *Konzept* der Aus- und Weiterbildung selbst anerkannt und geachtet wird, so gilt dies nicht für die Trainer und ihre Aktivitäten.

Die meisten Linienmanager nehmen in irgendeiner Form am Training teil, in erster Linie aber als Studenten. Die Aus- und Weiterbildung ist offensichtlich noch nicht in den Händen der Manager. Sie befindet sich noch in der Phase 2, und nur wenige Trainer oder irgend jemand sonst scheinen ernsthaft daran gedacht zu haben, sie von der Phase 2 zur Phase 3 zu bringen.

Die Schwierigkeiten mit der Aus- und Weiterbildung

Was bedeutet es also, wenn das Training in Phase 2 ist? Nur weil Budgetierung und Planung von einer zweiten in eine dritte Phase schritten, warum sollte das Training auf diesem Weg folgen? Um diese Fragen zu beantworten, ist es zuerst notwendig, etwas tiefer in die gegenwärtigen Probleme des Trainings einzudringen.

Training im Gegensatz zu den Problemen der Manager

Fragen Sie einen geplagten Linienmanager, was ihn bewegt, und die Antwort könnte etwa folgendermaßen lauten (die Flüche ausgelassen):

Ja, ich glaube, das Hauptproblem ist, daß wir die Termine nicht halten können und die Kontrolle über die Kosten verlieren. Die ganze Geschichte wird noch schlimmer, wenn es mir nicht gelingt, den Blödsinn mit den Leuten von der Marketing-Abteilung auszubügeln.

Zu all dem muß ich nun auch noch meine Vorschaudaten für die nächsten sechs Monate abgeben, was bedeutet, daß ich mich jetzt mit meinen Leuten hinsetzen und einige vernünftige Ziele erarbeiten muß.

Das erinnert mich daran, daß ich noch für einen Nachfolger für einen meiner wichtigsten Leute sorgen muß, der letzte Woche ausgeschieden ist. Ja, und mein Boß drängt mich, meine Meinung zu den Mustern der neuen Produkte zu äußern.

Mir scheint, ich habe sicherlich die falsche Zeit erwischt, um einige Punkte bei unserem Formular-Berichts-System zu ergänzen, denn es sieht so aus, als ob es eine Menge Zeit kostet, die Fehler auszubügeln.

Nehmen Sie jetzt die obigen Beispiele von Problemen, die einen Manager beschäftigen und stellen Sie sie einer typischen Liste von Seminaren gegenüber (nebenbei ein Vergleich, der selten gemacht wird). Auf der linken Seite stehen die verschiedenen „typischen“ Probleme, die aus dem Selbstgespräch des Managers herausgeschält wurden. Auf der rechten Seite ist eine Liste von Seminaren, die von der Ausbildungsabteilung eines weithin bekannten Unternehmens aus dem Mittelwesten, das hochwertige industrielle Ausrüstungen herstellt, angeboten werden.

Probleme, die einen Manager bewegen	Seminare
Termindruck, d.h. höhere Produktion	Techniken zur Lösung von Problemen
	Zusammenarbeit von Stab und Linie
Kosten senken	Motivation
Ärger mit der Marketing-Abteilung	Zeit-Management (Arbeitstechnik) Personalauswahl
Sechsmonatsvorschau	Konferenzleitung
Ziele für meine Mitarbeiter	Besser Zuhören
Ersatz für wichtigen Mitarbeiter	Finanzmanagement für Nichtfachleute
Meinung über neues Produkt Änderung des Formular-Berichts-Systems	Transaktionsanalyse (Verhaltensanalyse

Ein Problem ist sofort sichtbar: Zum größten Teil sieht es nicht so aus, als ob die Seminare dem Manager wirklich bei der Lösung seiner Probleme helfen können. Kein Wunder, wenn der Manager gleichgültig ist.

Als Trainings-Manager werden Sie vielleicht zur genau gegensätzlichen Schlußfolgerung gekommen sein. Würde nicht das Seminar für die Zusammenarbeit zwischen Stab und Linie z.B. dem Manager helfen, seine Probleme mit der Marketing-Abteilung durchzuarbeiten? Würde nicht das Motivationsseminar helfen, Kosten zu senken und die Mitarbeiter zu höherer Leistung anzuspornen, und würde es nicht wahrscheinlich auch für das Setzen von Zielen für die Mitarbeiter geeignet sein? Würde nicht das Seminar über Techniken zum Lösen von Problemen auf alle Probleme in der Liste der Manager zutreffen?

Gewiß, Herr Ausbildungsleiter, Ihre Seminare können tatsächlich für das relevant sein, was einen Manager bewegt. Aber im großen und ganzen *reicht kein Seminar aus, einem Manager bei einem bestimmten Problem zu helfen.* Selbst alle Seminare würden zusammen nicht das geben, was ein Manager braucht, um mit einem bestimmten Problem fertig zu werden. Es gibt natürlich einige wenige Ausnahmen auf der Seminar-Liste (das gibt es immer). Der Manager könnte z.B. annehmen (oder feststellen), daß „Management by Objectives" direkt auf sein Erfordernis, seinen Mitarbeitern Ziele zu setzen, bezogen ist. Auch das Seminar über Personalauswahl könnte ihm helfen, den wichtigen Mann zu finden, den er sucht.

Anders ausgedrückt, die Liste des Managers zielt mehr auf das Ergebnis, das „herauskommt" – d.h. Aufgaben, für die er verantwortlich ist (ob er sie nun selbst erledigt oder durch andere erledigen läßt). Für die Erfüllung dieser Aufgaben glaubt er, bezahlt und in irgendeiner Weise bestraft zu werden, wenn ihm die Erfüllung nicht gelingt. Je greifbarer oder meßbarer eine Aufgabe ist, desto eher wird er danach beurteilt. Was der Manager als Probleme ansieht, sind jene Dinge, die ihm bei der Erfüllung solcher Aufgaben im Wege zu stehen scheinen.

Die Liste der Seminare ist mehr an „Fähigkeiten" als an „Ergebnissen" orientiert. Gewiß, viele dieser Fähigkeiten werden für die Erfüllung der Aufgaben benötigt oder sind dafür wichtig; sie können einige dieser Hindernisse überwinden helfen. Im allgemeinen besteht jedoch keine Eins-zu-eins-Entsprechung zwischen einer gegebenen Fähigkeit (Seminar) und einer bestimmten Aufgabe oder einem Problem, vor dem der Manager steht. Der Manager möchte Ergebnisse, Entscheidungen fällen, Probleme lösen oder etwas unternehmen. Er ist nicht am Erwerb von Fähigkeiten um ihrer selbst willen interessiert. Es ist deshalb kein Wunder, wenn der Manager dazu neigt, den Trainer als einen Außenseiter anzusehen, der seine Probleme gar nicht versteht.

Management aus der Sicht des Trainers

Wenn Manager und Trainer ihre Interessen unterschiedlich organisieren, dann wird der Zwiespalt noch durch einen grundsätzlichen Unterschied zwischen der Art und Weise, wie Manager managen und der Auffassung der Trainer vom Management-Prozeß vergrößert. Hinter der genauen, hübschen Fassade der Budgets, Ziele und Computer-Ausdrucke lauert eine Welt, die voll Komplexität, Unsicherheit und Mehrdeutigkeit ist. Tief im Innern spürt jeder Manager diesen unbestimmten, verwirrenden Charakter des unternehmerischen Daseins. Er weiß auch aus trauriger Erfahrung, daß mit raffinierten Analysen dem chaotischen Charakter seiner Umwelt nur beschränkt beizukommen ist. Während eines großen Teils seiner Zeit muß sich ein Manager durchwursteln.

Die meisten Trainings-Programme lassen jedoch den unbestimmten Charakter der Welt des Managers und das für ein erfolgreiches Handeln in dieser Welt so notwendige Vorgehen des Wurstelns gänzlich außer acht. Die Programme der Seminare neigen dazu, saubere logische Vorschriften oder Konzepte zu präsentieren, die der Manager nur mit großer Schwierigkeit auf seine realen Probleme anwenden kann. Natürlich wurstelt der Manager wahrscheinlich nicht gern, so daß er der Aussicht, eine schöne Liste von „wie man" zu erhalten, recht begeistert gegenübersteht. Dennoch wird er natürlich jede spezielle Vorschrift oder Liste etwas unrealistisch oder nicht praktikabel finden, und er wird am Ende über die Elfenbeinturm-Perspektive der Ausbildungsabteilung schimpfen.

Training und Übersetzung

Wenn Manager wursteln, dann wurstelt jeder wegen seiner eigenen Ausbildung, Erfahrung und seinen Fähigkeiten ein bißchen anders. Wenn sich jeder Manager von einer nicht fest zu fassenden

Welt umgeben sieht, dann ist diese Welt für jeden Manager ein wenig anders. Jeder Mensch hat eine andere Liste von Problemen in seinem Kopf, und selbst das gleiche Problem stellt sich anderen Leuten anders dar.

Training versucht, den zu Trainierenden irgendwie zu verändern. Aber neue Kenntnisse oder Fähigkeiten bewirken keine größere Änderung, wenn sie nicht irgendwie in die besondere Umwelt der Person hineingearbeitet werden. Der „Globus" des Wissens muß verbunden – d.h. in Zusammenhang gebracht – werden mit der besonderen Welt, in der sich die Person bewegt, und ist einzuordnen in das, was sie bereits weiß. Ich verwende den Ausdruck „Übersetzung", um auf diesen Integrationsprozeß hinzuweisen – ein Prozeß, bei dem es um viel mehr geht als intellektuelles Bekanntwerden mit einigen neuen Wissens- und Befähigungselementen.

Die Übertragung von Wissen ist fast so verwickelt wie die Transplantation einer Niere: Die Zurückweisung fremder Materie ist ein Problem, das bei beiden Prozessen auftaucht. Die erfolgreiche Übertragung verlangt notwendigerweise, das Wissen oder die Fähigkeiten anzupassen, damit sie in der neuen Umgebung überleben können und die gewünschten lebenspendenden Verbindungen hergestellt werden können. Veränderungen müssen auch in der Umgebung vorgenommen werden, in die das Wissen übertragen wird, d.h., einige der bereits bestehenden Verbindungen müssen eventuell umgestaltet oder durchtrennt werden, um neues Wissen und Fähigkeiten einbauen zu können. Um all dies geht es bei der Übersetzung.

Beim Training (wie bei den meisten anderen Formen des Unterrichtens) werden diese Probleme der Übersetzung oft außer acht gelassen oder verdrängt, indem man die Last der Übersetzung ausschließlich dem Lernenden aufbürdet. Manch ein geplagter Lehrer tröstet sich, indem er ausruft: „Alles, was wir tun können, ist, die Dinge gut zu erklären, alles andere ist Sache des Lernenden." Von anderen, sarkastischen Trainern hat man eine modifizierte Version eines bekannten Ausspruchs gehört: „Sie können einen Manager zum Wissen führen, aber Sie können ihn nicht zum Denken veranlassen."

Selbst die vielgepriesene „Fall-Methode“ geht die Probleme der Übersetzung nicht wirklich an. Der „Fall“ wird in der Regel dazu benutzt, wichtige Prinzipien und Wissensinhalte hervorzuheben. Manchmal dient der Fall zur Darstellung eines bestimmten Sachzusammenhangs, innerhalb dessen der Lernende das neue Wissen und die erworbenen Fähigkeiten anwenden kann. Die zugrunde liegende Idee ist die, daß der Lernende auch die richtige Übertragung auf jede beliebige Situation gelernt haben wird, wenn viele Fälle durchgearbeitet wurden.

Das Problem ist jedoch, daß keiner dieser Fälle auch nur teilweise der tatsächlichen Umwelt des Lernenden entspricht. Ironischerweise wird diese Eigenart der Fall-Methode als einer ihrer Vorzüge angesehen. Als Begründung wird angeführt, daß der Fall zwischen dem Lernenden und seiner beruflichen Tätigkeit eine gewisse Distanz bewirkt. So vermag der Lernende neuen Ideen objektiver zu begegnen; er ist frei von gefühlsmäßigen politischen Verpflichtungen und Vorurteilen, die ihn sonst in der Auseinandersetzung mit seinen unmittelbaren Problemen umgeben.

Während das Schaffen von Distanz in der Phase des Bekanntwerdens im Lernprozeß nützlich sein mag, wirkt es im entscheidenden Prozeß der Übersetzung in die gegensätzliche Richtung. Die Situation des Falles stellt einfach nicht die tatsächliche Umwelt des Lernenden dar, weshalb sich Manager gern über Fälle beklagen, denen nicht die gleiche Branche oder das gleiche Produkt wie ihr eigenes zugrunde liegen.

Außerdem ist der Lernende in der Fallstudie keine wirkliche Entscheidungsperson, er tut nur so als ob. Er versucht, so zu entscheiden, wie er es tun würde, *wenn* er wirklich der Entscheidende in der Entscheidungssituation des Falles *wäre.* In der Diskussion eines Falles kann der Lernende leicht einen erheblichen Teil des Übersetzens vermeiden. Wie viele hartgesottene Manager gern ausführen, besteht ein riesiger Unterschied zwischen der Gehaltsfindung im wirklichen Leben und den Überlegungen, die Sie in einer Fallstudie anstellen, oder zwischen der Entlassung einer wirklichen Person und der Entlassung einer fiktiven Person in einer Fallstudie.

Die Studenten in den efeubehangenen akademischen Wandelhallen scheinen nichts dagegen einzuwenden haben, wenn sich die

Professoren nicht um die Übersetzung kümmern. Aber Manager haben eine Aufgabe zu erledigen, und sie fordern, daß ihnen das Training einige *direkte* Hilfen gibt, die sie *hier und jetzt* bei konkreten Problemen brauchen. Beachten Sie bitte, daß das Training-on-the-Job gewöhnlich einige der Probleme der Übersetzung einbezieht. Es ist sicher kein Zufall, wenn die jüngst durchgeführten Befragungen zeigen, daß das Training am Arbeitsplatz am weitesten verbreitet ist und als die wirksamste und erfolgreichste Form des Trainings angesehen wird. Auf jeden Fall trägt die mangelnde Berücksichtigung des Übersetzungsproblems durch den Trainer gewiß zur typischen ablehnenden Haltung der Manager bei.

Training hält nur eine Nacht (oder höchstens einige Tage)

Wirkliches Lernen gleicht mehr einer Ehe als einem Abenteuer einer Nacht. Nehmen wir an, der Teilnehmer eines Trainings kommt von einem guten Trainings-Seminar zurück, ehrlich von einigen neuen Ideen und Denkweisen überzeugt, voller mutiger Vorsätze. Aber leider, die übrige Umwelt ist nicht viel anders als sie vorher war.

Untergebene, Vorgesetzte, Termine und alle anderen Streßfaktoren sind die gleichen. Wenn er über seine neuen Ideen mit anderen spricht, dann kann es ihm passieren, daß sie überhaupt nicht verstehen, was er meint (ein weiteres Problem der Übersetzung). Die Kräfte in der Außenwelt geben den schwachen Verbindungen wenig Stütze. Die neuen Wurzeln werden wahrscheinlich schon herausgerissen, ehe sie angewachsen sind und der Rückfall in die alten eingefahrenen Verhaltensweisen einsetzt. Dieses Schwund-Phänomen ist fast jedem Lehrer gut vertraut. Die didaktische Literatur reitet unablässig auf der Notwendigkeit der Verstärkung (reinforcement). In das Training werden Verstärkungen eingebaut – solange es andauert –, *aber später nicht mehr.*

Übersetzung braucht Zeit: Zeit, um neue Gewohnheiten zu entwickeln, Zeit, um Erfahrungen zu machen und Vertrauen in das neu Erlernte zu gewinnen. Ohne Nacharbeit und fortlaufende Verstärkung versinkt das Training schnell im Dunkel, und nur ein kleines Glimmen (oder manchmal ein leichtes Gefühl des Brennens) bleibt, um an die „Kurz-Begegnung" zu erinnern. Und wie steht es mit dem Trainer? Er fühlt Enttäuschung und faßt den festen Entschluß, es beim nächsten Mal besser zu machen.

Was steckt für den zu Trainierenden drin?

Ganz gleich, wie gut der Trainer oder das Lehrmaterial ist, ganz gleich, welche Aufmerksamkeit der Übersetzung geschenkt wird, ganz gleich, wie viel Nacharbeit geleistet wird, alles führt zu nichts, wenn es am ernsthaften Wunsch zu lernen fehlt. Eine gewisse Lernmotivation kann aus dem Wunsch, sich zu verbessern, entspringen, seinem Streben nach Horizonterweiterung, seinem Interesse an einem besseren Verständnis der Welt um ihn herum. Unter den Belastungen des Arbeitslebens muß es aber noch andere Anreize geben.

Leider bieten die meisten Unternehmen außer verbalen Ermutigungen nur wenige Anreize für die Weiterbildung. Die Zahlen, nach denen Manager beurteilt werden, enthalten gewöhnlich nichts, was mit Training zusammenhängt. Organisationspläne im ganzen schenken der Aus- und Weiterbildung im allgemeinen wenig Beachtung. Gehalt- und Lohnerhöhungen oder Beförderungen sind gewöhnlich nicht unmittelbar mit Training gekoppelt. Das gilt auch für die weniger formalen Arten der Anerkennung wie ein größeres Büro, Übertragung angestrebter Aufgaben oder die Teilnahme an wichtigen Sitzungen. Wie die Dinge stehen, ist die Abteilung Aus- und Weiterbildung ziemlich machtlos und vermag nicht viel auf dem Weg direkter Anreize für Trainingsaktivitäten.

Warum das Training in die Hände der Manager legen?

Wir wollen jetzt kurz untersuchen, was für jede der soeben besprochenen Schwierigkeiten getan werden kann, um die Situation zu verbessern.

Relevanz

Jeder Marketingleiter, der das Salz in seiner Suppe verdient, weiß, wie wichtig es ist, seinen Kunden kennenzulernen und festzustellen, was für diesen Kunden wichtig ist. Dennoch verbringen Verkäufer wahrscheinlich erheblich mehr Zeit mit ihren Kunden als die Aus- und Weiterbildungsabteilung mit ihren „Kunden" verbringt, und ein Unternehmen entwickelt seine Produkte und Dienste im allgemeinen unter größerer Mitwirkung durch die Verbraucher als die Aus- und Weiterbildungsabteilung von ihren „Verbrauchern" erhält. Sie können nicht einfach nur hin und wieder mit einem Kunden ein wenig plaudern oder ihn in Abständen einen Fragebogen ausfüllen lassen (der vielleicht noch nicht einmal die richtigen Fragen enthält).

Die Trainer wissen über ihre Manager-Kunden nicht annähernd das, was sie wissen sollten. Sie müssen ein Gefühl für die Probleme bekommen, die den Manager bewegen, die Natur der ungeordneten Welt, in der er lebt, und den Prozeß des Sich-Durchwurstelns, der notwendig ist, um mit dieser nicht faßbaren Welt und ihren Problemen fertig zu werden. Es ist einfach nicht genug für einen Trainer, sich eine Liste von Problemen eines Managers anzulegen oder zu versuchen, während eines Seminars einige Techniken für das Wursteln vorzustellen. Irgendwie müssen die Manager selbst direkter in den Prozeß der Entwicklung und des Vortrags des Trainingsstoffes einbezogen werden. Ein solcher Weg wird neuerdings mehr und mehr von den sogenannten Organisations-Entwicklungs-Gruppen (Organizational Development Groups) beschritten. Es ist interessant festzustellen, daß sich diese Gruppen auch nicht als Trainingsträger, sondern als „Problemlöser" verstehen.

Natürlich könnten Sie auch einwenden, daß man das Relevanzproblem dadurch lösen könnte, daß man die Linienmanager gewissermaßen das Licht schauen läßt, d.h. sie erkennen die Relevanz des vorhandenen Trainingsmaterials für ihre Probleme. Dieser fromme Wunsch bewegt das Gemüt vieler Leute, die Training machen. Aber was könnte eine solche Erleuchtung auslösen? Die Einstellung der Manager würde sich nicht wie durch ein Wunder von selbst ändern. Eine Möglichkeit wäre eine spezielle Art von Training mit dem Ziel, einen Manager verstehen zu lassen, warum die vorhandenen Trainingsmaterialien für seine Probleme wirklich relevant sind – mit anderen Worten, Training über Training. Aber ist dies nicht auch wieder eine Form, das Training mehr in die Hände der Manager zu legen?

Übersetzung

Nehmen wir an, Sie brächten alle Manager dazu, die Relevanz des vorhandenen Trainingsmaterials zu erkennen. Die Probleme der Übersetzung wären damit noch nicht gelöst. Wenn ein Trainer längere Zeit auch nur mit einigen Managern zusammensein könnte, dann dürfte er zumindest theoretisch dahin gelangen, wie man einen großen Teil der notwendigen Übersetzung bewerkstelligen könnte. Die Kosten einer solchen Vorgehensweise verweisen sie aber sogleich in das Reich der Träume. In einem Unternehmen arbeiten Hunderte von Managern, deren Probleme von Jahr zu Jahr und sogar von Woche zu Woche wechseln. Nur wenige Trainer können hoffen, die eigenartig unfaßbare Welt und das Wursteln irgendeines Managers ganz zu verstehen.

Es wird zwangsläufig der Manager sein, auf dessen Schultern der größere Teil der Bürde der notwendigen Übersetzung ruht, wenn die Übersetzung überhaupt vorgenommen werden soll. Sicherlich wird man dem Manager den Übersetzungsprozeß mehr bewußt machen müssen; er wird bei einem bestimmten Übersetzungsproblem einer gewissen Anleitung bedürfen. Aber irgendwie muß die Vertrautheit des Managers mit seinen Problemen und Leuten tiefergehend in den *Trainingsprozeß* einbezogen werden, sonst wird nur wenig übersetzt werden.

Verstärkung

Die Probleme der Nacharbeit und der Verstärkung sind im wesentlichen eine Personalfrage. Selbst die ansehnlichen Ausbildungsabteilungen einiger großer Unternehmen sind nicht in der Lage, in einem Jahr alle Mitarbeiter oder Manager an einem Training teilnehmen zu lassen. Der personelle Engpaß wird sofort augenscheinlich, wenn man folgende einfache Rechnung aufmacht: Die 1250 größten Unternehmen in den USA haben durchschnittlich etwa 20000 Mitarbeiter. Ein Tag Training jeden Monat in Gruppen von 10 Teilnehmern würde den *vollen Einsatz von annähernd 200 Trainern* in jedem Unternehmen erfordern. (Das schließt eine Stunde Vorbereitung, Planung und Verwaltungsarbeit für jede tatsächliche Trainingsstunde ein). Die Entwicklung und Erstellung von Kursmaterial würde zusätzlich zu den 200 Trainern noch weiteres Personal binden.

Die Lehre daraus ist, daß die einzige Hoffnung für die Leistung der notwendigen Nacharbeit und weiteren Verstärkung, von denen der Erfolg des Trainings abhängt, bei den Linienmanagern liegt. Es sind die Linienmanager, die im täglichen Kontakt mit ihren Untergebenen und Kollegen stehen, nicht die Trainer. Es ist die ununterbrochene Anwesenheit des Managers am Arbeitsplatz, die die einzig realisierbare Möglichkeit sowohl zur formalen als auch informellen Verstärkung des Trainingseffekts bietet.

Kontrollen und Anreize

Die Ausbildungsabteilung könnte Berichts- und Planungssysteme ersinnen, um mehr Aufmerksamkeit für die Trainingsarbeit zu wecken. Die Trainer könnten sich verschiedene *Anreize* und *Prämien* einfallen lassen, um Mitarbeiter für ihre Teilnahme an Trainingskursen zu belohnen. Aber im wesentlichen ist es nur das operierende Management, das über die Einführung solcher Maßnahmen entscheiden kann. Erst wenn das Training wirklich in den Händen der Manager ist, kann damit gerechnet werden, daß die notwendigen Anreize und Einflußmöglichkeiten auf das Training im System Eingang finden.

Insgesamt scheint es, fast in jeder Hinsicht, als ob die Schwierigkeiten mit dem Training solange andauern werden, solange es ausschließlich von den Trainern wahrgenommen wird. Diese Betrachtungsweise ist nicht gänzlich neu. Vor mehr als zehn Jahren analysierte *Harold Wolff* (ein Unternehmensberater bei Booz, Allen & Hamilton) sorgfältig den Erfolg der General Motors Corporation[25]. Wolff legte überzeugend dar, daß die von *Alfred Sloan* beschriebenen Techniken auf dem Gebiet der Organisation und des Rechnungswesens (und viele andere) nicht ausreichten, um den Erfolg von GM zu erklären. *Wolff* folgerte, daß das eigentliche Geheimnis darin lag, daß die operierenden Manager aktiv in die Entwicklung und Förderung des Führungsnachwuchses eingeschaltet waren. Er stellte fest, daß die Führungskräfte von GM nach ihren eigenen Aussagen zumindest ebensoviel Zeit der Ent-

---

25 *Harold A. Wolff,* (The Great GM Mystery", Harvard Business Review, Sept.–Okt. 1964.

wicklung der Fähigkeiten ihrer Untergebenen widmeten wie den Problemen der Produktion oder des Verkaufs. Einer der leitenden Männer von GM sagte wörtlich: „Führungskräfte anderer Unternehmen, die GM besichtigen, staunen immer wieder darüber, wieviel Zeit jeder Manager bei GM allein dem Problem der Hebung der fachlichen und Führungsqualifikation auf jeder Ebene unseres Unternehmens widmet[26]". In der vorhin zitierten Untersuchung der Business Week wurde festgestellt, daß die als am erfolgreichsten erachteten Programme der Aus- und Weiterbildung gewisse Gemeinsamkeiten aufwiesen. Neben einer beharrlichen Unterstützung durch die Unternehmensleitung und langfristigen Zielsetzung wurden zwei andere Faktoren genannt:

1. Die Trainingsprogramme sind innig mit dem Organisationssystem verknüpft, umfassen alle Ebenen des Management und greifen in die Arbeit des Unternehmens ein.

2. Die Entwicklung des Führungsnachwuchses gehört zu den Aufgaben eines jeden Managers. Jeder Manager ist für die Vorbereitung seiner Untergebenen verantwortlich, und sein Gehalt und seine Beförderung hängen teilweise von deren Erfolg ab[27].

Aber selbst jene wenigen Unternehmen, die versuchen, alle Manager in die *Führungsnachwuchsförderung* einzubeziehen, scheinen zu übersehen, wie wichtig es ist, daß die Führungskräfte eine aktive Rolle bei den formalen Trainingsaktivitäten übernehmen. Ein größeres Unternehmen der Mineralölindustrie unterstreicht z.B. die folgenden Punkte in der Darstellung der Mitwirkung ihrer Führungskräfte:

1. Die Entwicklung des Führungsnachwuchses wird durch ein aus acht Direktoren der Innenorganisation bestehendes Gremium von oben herab eingehend untersucht.

2. Jede größere Organisationseinheit hat ihren eigenen Ausschuß zur Beurteilung von rasch aufsteigenden Managern.

3. Jeder Linienmanager stellt einen langfristigen Plan für den Ersatzbedarf seiner Abteilung auf. Der Plan enthält eine Beurtei-

---

26 a.a.O.

27 „How Companies Raise a New Crop of Managers", a.a.O.

lung aller seiner wichtigen Führungskräfte. Alle diese Pläne werden anschließend auf den verschiedenen höheren Ebenen überprüft.

Diese Beschreibung ist typisch für viele andere in ihrer Ausrichtung auf den Ersatzbedarf einer Abteilung, die Beurteilung ihrer Schlüsselführungskräfte und die mangelnde Berücksichtigung der aktiven Beteiligung der Führungskräfte an der Heranbildung des Führungsnachwuchses.

Die einzige Stelle, an der Anzeichen eines wirklichen Interesses an einem Training der Phase 3 vorhanden zu sein scheinen, sind die *Marketing*-Abteilungen mehrerer großer Unternehmen. (Natürlich setzen viele große Unternehmen für das Verkaufstraining bereits spezialisierte Verkaufstrainer anstelle von Trainern der eigenen zentralen Trainingsabteilung ein.) Bei IBM z.B. wurden Zweigstellenleiter für gewisse Trainingsprogramme eingesetzt (etwa fünf Programme in achtzehn Monaten). Der Zweigstellenleiter verwendete zwei Tage auf die Durcharbeitung des Programms und trug es an weiteren zwei Tagen seinen Leuten vor.

Zweifellos wird Sie aber noch die Frage beschäftigen, was die Übergabe des Trainings in die Hände der Manager nun wirklich sowohl für Manager als auch für Trainer bedeutet. Die letzten Abschnitte dieses vertraulichen Berichts geben einige Vorstellungen davon, wie Training in der Phase 3 aussehen könnte.

Manager als Trainer

In dem Kartenspiel befindet sich ein Joker. *Das Training ist bereits in den Händen der Manager* und ist immer dort gewesen. Das Lexikon definiert das Verb „unterrichten“ so: „zeigen oder vorführen; Anweisungen erteilen; Wissen oder Einsichten vermitteln; Wissen oder Verständnis erzeugen“. So, im umfassendsten Sinn des Wortes gesehen, unterrichtet ein Manager wahrscheinlich immer, wenn er sich mit jemandem unterhält, sei es sein Vorgesetzter, seine Untergebenen oder Kollegen anderer Abteilungen. Noch spezifischer trainiert ein Manager ständig am Arbeitsplatz, manchmal formal und manchmal informell. Sicher trainiert ein

Manager, wenn er erklärt, was er will und wie er etwas getan haben möchte. Aufsicht, Kontrolle und auch Beurteilung sind alles Arten der Unterrichtung der Untergebenen durch den Manager. Darüber hinaus dient alles, was ein Manager für sich selbst tut, ebenfalls der Unterweisung seiner Untergebenen – d.h. tue, wie ich tue, nicht, wie ich sage. In einem Unternehmen lernen die Menschen hauptsächlich durch Tun, und die vielleicht wirksamste Form des Trainings ist das Tun unter der Anleitung und Führung eines „Meisters im Tun".

So bedeutet die Phase 3 für das Training hauptsächlich, daß die Manager dazu gebracht werden, ihre formale Verantwortung, die sie seit jeher hatten, zu erkennen, und zu übernehmen.

Es ist nicht meine Aufgabe

Wenn auch das Training bereits in der Hand des Managers ist, so wissen es doch die meisten von ihnen nicht, und sie wollen es auch nicht wissen. Schauen Sie sich irgendeine der normalen Aufzählungen der Aufgaben eines Managers an. Die Aufgabe der Unterrichtung wird nirgendwo genannt. Gewiß, jene Listen enthalten gewöhnlich so etwas wie „Entwicklung von Untergebenen", aber das wird als Heranführung an die Übernahme von größerer Verantwortung aufgefaßt – andere Aufgaben als die, die wir jetzt tun.

Ein Untergebener hat zu wissen, wie er seine Aufgaben zu erfüllen hat, nicht? Ist das nicht der Inhalt der Delegation? Training scheint etwas zu sein, um das sich ein Manager „nicht zu kümmern haben sollte". Ohne Zweifel teilt der Vorgesetzte des Managers diese Meinung und unternimmt deshalb nichts, um ihn dazu anzuregen, sich über Training Gedanken zu machen. Training wird zu einer unliebsamen Verpflichtung, die wie eine Ablenkung der Zeit und der Energie eines Managers von seinen eigentlichen wichtigen Aufgaben empfunden wird.

Oft bestärkt die Existenz einer Ausbildungsabteilung die Manager nur noch in der Vorstellung, selbst wenig Zeit für Trainingsaufgaben verwenden zu müssen. Alles, was der Manager zu tun hat, um die bedauerlichen „Mängel" seiner Untergebenen zu beheben, ist, sie zu einigen Seminaren der Abteilung Aus- und Weiterbildung zu schicken.

Selbst wenn der Manager die Last des Trainings auf sich nimmt, dürfte er ziemlich unsicher sein, was er tun soll. Die meisten Manager haben 12 bis 20 Jahre ihres Lebens auf Schulen verbracht und Lehrer bei ihrer Tätigkeit beobachtet. Aber *wahrscheinlich war nicht einmal ein Tag davon dem Problem gewidmet, wie man zu lehren lernt.* Mit anderen Worten, die meisten Manager haben wenig Training in Training erhalten.

Es mag sein, daß ein Manager die Verantwortung für das Training scheut, weil er tatsächlich nicht weiß, wie er es zu machen hat, oder weil er meint, es gehöre nicht zu seinen Aufgaben. In beiden Fällen ist die Situation für ihn unbefriedigend; die Erfordernisse seiner Tätigkeit machen ihn zum Trainer, ob es ihm recht ist oder nicht.

Anerkennung der Wirklichkeit

Wenn das Training bereits in der Hand der Manager ist und da bleiben muß, dann würde in der Phase 3 dieser Sachverhalt formell anerkannt und die Konsequenz daraus gezogen. Die Phase 3 würde den Trainingsteil der Aufgabe des Managers legitimieren: von allen Managern würde erwartet werden, daß sie einen gewissen Teil ihrer Zeit dem Training widmen, so wie heute von ihnen erwartet wird, daß sie einen Teil ihrer Zeit für Budgetierung und Planung verwenden. Die Manager würden für die Wirksamkeit ihres Trainings verantwortlich gemacht werden, so, wie sie heute für die Qualität ihrer Budgetierung und Planungsarbeit verantwortlich gemacht werden.

Natürlich wird es Probleme geben; aber es gibt sie bereits. Sie liegen jedoch offen zutage, so daß sie angepackt werden können. Zugegeben, die Befähigung zu unterrichten ist nicht leicht zu messen oder zu beurteilen, aber das gilt auch für das Delegieren, Beaufsichtigen, Planen und die anderen Fähigkeiten, nach denen ein Manager heute beurteilt wird. Sicherlich werden sich Manager nicht über Nacht zu Experten in der Aus- und Weiterbildung entwickeln. Als Budgetierung und Planung in die Hände der Manager gelegt wurden, waren besondere Anstrengungen notwendig, um ihnen bei der Aneignung der notwendigen neuen Fähigkeiten zu helfen. Natürlich erweisen sich manche Manager als bessere Trainer als andere, aber das gleiche läßt sich auch von anderen Führungsfähigkeiten sagen.

Ein anderes, ernsteres Problem würde sich dadurch stellen, daß durch das Training sichtbar wird, was der Manager nicht weiß. Es ist sehr schwierig, jemanden etwas zu lehren, wenn Sie nicht wissen, worüber Sie sprechen. Wenn Manager in der Aus- und Weiterbildung eine aktive und offizielle Rolle übernehmen müssen, dann würden viele fürchten, öffentlich ihre Unwissenheit zeigen zu müssen. Manche könnten sogar auf den Gedanken kommen, sich auf das zu verlassen, was sie bereits wissen sollten. Budgetieren und Planen können ebenfalls verraten, was ein Manager von seiner Tätigkeit nicht versteht – was, nebenbei gesagt, einen großen Teil des Widerstandes gegen diese Tätigkeiten erklärt. Aber Manager budgetieren und planen. Sie leisten die notwendige Heimarbeit, und sie werden deswegen als bessere Manager betrachtet.

Zeit für das Training

Training kostet Zeit; daran führt kein Weg vorbei. Wenn ein Manager das, was er will, ohne Training haben kann, dann gibt es kein Zeitproblem (und kein Trainingsproblem). Aber wenn Training tatsächlich notwendig ist, dann muß die Zeit dafür aufgebracht werden – von irgend jemandem. Alle Tatsachen lassen vermuten, daß der Manager wirkungsvoller trainieren würde als die Leute von der Trainingsabteilung, und in vielen Fällen auch erfolgreicher.

Das Ganze ist letztlich eine Frage der Unternehmenspolitik. Budgetieren und Planen nehmen auch einen Teil der nicht vorhandenen freien Zeit eines Managers in Anspruch. Aber das Top-Management vieler Unternehmen schätzt diese Aufgaben hoch genug ein, um ihnen einige der verfügbaren Mann-Stunden zu widmen. Wenn die wirklichen Kosten eines wirkungsvollen Trainings, gemessen an dem erwarteten Nutzen, als zu hoch erscheinen, dann kann die Unternehmensleitung zumindest eine rationale Entscheidung fällen und das Training einstellen. Damit würde das Geld gespart, das sonst für ein nicht wirklich produktives Training vertan wird.

Was soll aus den Trainern werden?

Haben Sie keine Angst. Selbst wenn die Manager den größten Teil des Trainings übernehmen, wird die Aus- und Weiterbildungsabteilung nicht verschwinden. Die Phase 3 hat nicht zum Tod der Budgetierungs- und Planungsgruppen geführt; wenn überhaupt etwas, dann hatte sie ein viel schnelleres Anwachsen dieser Gruppen als in der Phase 2 zur Folge. Der Charakter und die Aufgaben der Trainingsabteilung würden sich jedoch in der Phase 3 von Grund auf ändern.

In der Phase 3 würde die Trainingsabteilung in erster Linie *eine fachliche Entwicklungs- und Beratungsstelle,* die den Managern hilft, das Training durchzuführen. Die Parallele mit den Budgetierungs- und Planungsgruppen ist auch hier sehr einleuchtend. In der Phase 3 hilft z.B. eine Planungsgruppe den Managern, ihre Planung zu verbessern. Ein Planer setzt sich mit einem Manager zusammen und hilft ihm, seine Ziele zu definieren oder zu klären und bespricht mit ihm die Setzung geeigneter Meilensteine. Der Planer kann den Manager weiterhin bei der Feststellung der Fortschritte in der Ausführung der Pläne unterstützen und auch die Möglichkeit von Planrevisionen von Zeit zu Zeit mit ihm erörtern. Er kann den Manager in neue Techniken der Planung einführen oder ihn auf dem Gebiet der Prognose auf dem laufenden halten. In der Phase 3 wird also der Trainer mit seinem Training dem Manager weitgehend in der gleichen Weise helfen.

Training über Training

Selbst wenn die Manager einen großen Teil der Trainingsarbeit übernehmen, bliebe den Trainern immer noch die Aufgabe, andere im Trainieren zu unterweisen. Der Trainer würde dem Manager helfen zu erkennen, wie er selbst und wie seine Untergebenen lernen (einschließlich der Möglichkeiten, wie Untergebene Dinge lernen, die sie nach Meinung ihrer Vorgesetzten nicht lernen sollten). Der Trainer würde danach trachten, das Repertoire an Unterrichtstechniken des Managers zu erweitern und ihm helfen, die Techniken, die er (oft unbewußt) benutzt, bewußter anzuwenden.

Zu den Aufgaben des Trainers gehört zweifellos auch, manche vom Manager selbst durchgeführten Seminare zu überwachen und zu beobachten und ihm möglicherweise auch Anregungen für das außerhalb von Seminaren erfolgende informelle Training zu geben. In einem gewissen Sinn würde der Trainer zum Berater des Managers: Der Trainer würde mit dem Manager dessen Probleme besprechen, ihn über die geeignete Form des Trainings beraten und ihm dann helfen, das entsprechende Unterrichtsmaterial zusammenzustellen.

Wer weiß, ob nicht diese etwas neue Rolle dem Trainer ein besseres Verständnis und mehr Nachsicht für diese „sturen, engstirnigen Manager" vermittelt, während die Manager die Nützlichkeit jener „Wirrköpfe von Trainern" erkennen?

Erstellung von Lehrplänen

Die Erstellung guten Unterrichtsmaterials erfordert besondere Fähigkeiten, die sich von denen, die ein guter Seminarleiter oder Trainer braucht, erheblich unterscheiden. Diese notwendige Trennung wird jetzt auch in den meisten Trainingsabteilungen erkannt, wo nur einige der Trainer bei der Entwicklung von Seminaren und Kursen mitarbeiten. In der Phase 3 wird die Entwicklungsfunktion in erster Linie wahrscheinlich bei der Ausbildungsabteilung bleiben, obwohl die Manager sehr viel mehr bei der inhaltlichen Gestaltung des Unterrichtsmaterials mitzureden haben werden.

Auch hier wird die Situation dem ähneln, was bei der Budgetierung eintrat und nun bei der Planung geschieht. Die Leute von der Budgetierung verfügen über die speziellen Kenntnisse zur Entwicklung geeigneter Budgetierungskonzepte, so wie die von der Planung die Struktur und Logik der Planung erarbeiten und vorgeben. Gerade die Tatsache, daß die Manager den größten Teil des Inhalts des Budgets und der Pläne liefern müssen und sie dann für ihre Arbeit benutzen, zwingt die Entwickler, sich stärker der Bedürfnisse und Probleme der Manager bewußt zu werden. Eine ähnliche Wandlung in der Orientierung der Leute, die das Lehrmaterial erstellen, kann beim Training in der Phase 3 erwartet werden.

Unterschiedliche Techniken für das Training

Es ist schwer, genau vorauszusehen, welche neuen Techniken die Phase 3 für die Aus- und Weiterbildung bringen wird, aber einige der Möglichkeiten zeichnen sich bereits am Horizont ab. Der programmierte Unterricht wird sich sicherlich in der Phase 3 nützlich erweisen, aber der Trend dürfte mehr zu dem hingehen, was man als Breitband-Programmierung bezeichnen könnte. Trainingsmaterial, das von Columbia Pictures, Tratec, Xerox und anderen Firmen für den Markt entwickelt wurde, verläßt weitgehend die Programmierung des Unterrichtsstoffes in kleinen Schritten, wie es die programmierte Unterweisung der Vergangenheit vorsah. Die Breitband-Programmierung kann es dem Lernenden ermöglichen, den Unterrichtsstoff unmittelbar auf seine eigenen Probleme auszurichten, ohne die „Programmierungsschiene" zu verlassen. Die Vorarbeiten in dieser Richtung deuten darauf, daß sehr stark strukturiertes (d.h. programmiertes) Material erfolgreich nicht nur für das individuelle Studium, sondern auch für das Lernen in Gruppen eingesetzt werden kann. Die Diskussionen innerhalb der Gruppe erhöhen natürlich erheblich den Wert des Trainings.

Eine andere mögliche Entwicklung liegt im Erscheinen verschiedener Formen der Unterrichtung mit „Schüler-Unterstützung" (learner-aided-instruction). Wenn das Training in die Hände der Manager gelegt wird, dann wird die Übersetzung und die direkte Nutzanwendung des Lernens an Bedeutung gewinnen. Da es bis zu einem gewissen Grad nur die Lernenden sind, die die endgültige Übersetzung vornehmen können, warum sollte man ihnen dann nicht mehr Einfluß auf den Prozeß des Trainings geben? Robert Mager hat bereits einige interessante Experimente in dieser Richtung unternommen. Er erlaubte z.B. den Teilnehmern in einem Kursus für Ingenieure, die Lernfolge selbst zu bestimmen. Die Lernzeit wurde beträchtlich verringert, einschließlich der Gesamtzeit, die der Lehrer aufzuwenden hatte[28].

---

28 *Robert F. Mager* „Learner Controlled Instruction – 1958 – 1964" Programmed Instruction, Band 4, Nr. 2 (New York: The Center for Programmed Instruction of the Institute of Educational Technology, Teachers' College, Columbia University, Nov. 1964).

Peter Rosenbaum vom Teachers' College in New York hat umfangreiche Experimente mit einer anderen Art des schüler-unterstützten-Lernens vorgenommen, die er „Peer-mediated-Instruction" (PMI) nennt. Im wesentlichen handelt es sich bei der PMI um eine etwas raffiniertere Version des Hilfe-Stellung-Gebens, wie wir es vom Schwimm- und Turnunterricht kennen. *Rosenbaum* strukturiert Inhalt und Folge des Kursinhalts vor, überläßt es aber den Kursteilnehmern, die sich gegenseitig helfen, diesen Stoff zu erlernen.

In gleicher Weise, wie sich die Rolle des formalen Trainings ändern würde, würde sich auch der Inhalt verändern. Das Training würde z.B. wahrscheinlich sehr stark *projektbezogen* gehandhabt werden; d.h., sobald ein Manager und seine Mitarbeiter bei der Bearbeitung eines in der Praxis auftretenden Problems das Bedürfnis nach gewissen Informationen oder neuen Fähigkeiten erkennen. An einem solchen Punkt wäre dann echte Motivation gegeben, und die Hilfe eines Trainingsfachmannes wäre erwünscht. Manager und Trainer könnten dann gemeinsam ein geeignetes Programm entwerfen. Der Trainer könnte dann dem Manager helfen, das benötigte Unterrichtsmaterial zusammenzustellen. Der Trainer würde so sehr stark in die unbestimmte Welt des Managers hineingezogen und könnte dem Manager dabei behilflich sein, sich durchzuwursteln.

Da passives Verstehen selten ausreicht, wirkliche Veränderungen im Denken oder Verhalten zu bewirken, muß dem zu Trainierenden Gelegenheit gegeben werden, sein neu erworbenes Wissen und seine Fähigkeiten einzusetzen. Er muß ein Gefühl dafür bekommen, welcher Art die Veränderung ist und wie sie sich für ihn auswirken könnte; er muß *experimentieren* können. Aber Experimente dieser Art können in der wirklichen Welt sehr riskant sein. Deshalb wäre ein wichtiger Teil eines projektbezogenen Trainings die *Planung von speziellen experimentellen Situationen, die sicher und locker genug sind, um zum Ausprobieren neuer Ideen anzuregen.* Zu anderen Zeiten ist wahrscheinlich eine sehr stark gesteuerte Form des Experiments nötig, bei der sorgfältig geprüft wird, was ausprobiert werden soll, für wie lange und wie die Ergebnisse zu beurteilen sind. In der Phase 3 würde der berufliche Trainer den Manager dabei unterstützen, die verschiedenen Experimente, die zur Umsetzung neuen Wissens und neuer Fähigkeiten in tatsächliche Änderungen des Verhaltens bei der Arbeit notwendig sind, zu planen und durchzuführen.

Job Rotation

Die AT&T (American Telegraph and Telephone Company) und einige andere Unternehmen haben den Versuch unternommen, verschiedene Linienmanager im Rahmen der Job Rotation auch die Ausbildungsfunktion übernehmen zu lassen; d. h., sie verordnen einigen Linienmanagern einen Aufenthalt von ein bis zwei Jahren in der Trainingsabteilung. Die Idee ist, daß im Laufe der Jahre eine gewisse Anzahl von Managern die Dinge aus der Sicht des Trainings betrachten lernt (oder ihr unterworfen wird), während gleichzeitig die Manager die Trainer dazu zwingen, die rauhere Wirklichkeit des Lebens an der vordersten Front zu erkennen.

Diese Vorhaben des planmäßigen Funktionswechsels haben sich im allgemeinen als nicht sehr erfolgreich erwiesen. Während der Zeit, in der der Manager der Ausbildungsbibel ausgesetzt ist, läßt er sich nicht bekehren (und sei es auch nur, weil er weiß, daß er bald wieder im Sattel sitzen wird). Was dabei herauskommt, ist oft nur eine oberflächliche Kenntnis des Trainingsjargons. Außerdem stellt der Manager fest, daß er auf die Berufstrainer nur geringen Einfluß ausüben kann (und sei es auch nur, weil sie ihn als Nichtfachmann ansehen, der bald wieder geht). Die Trainer meinen, sie könnten ohne Schaden die Meinungen der Manager-im-Training vernachlässigen.

Solange das Training in der Phase 2 verharrt, haben weder Trainer noch Manager viel Anlaß, ein solches Job-Rotation-Programm sinnvoll zu gestalten. Sobald aber die Entscheidung, das Training in die Hände der Manager zu legen, unwiderruflich getroffen ist, ändert sich das Spiel, und Funktionswechsel-Programme könnten sehr produktiv werden. Natürlich wäre es von diesem Punkt an ebenso wichtig für die Trainer, einige Zeit Aufgaben außerhalb des Trainings zu übernehmen, wie es für die Manager wichtig wäre, einige Zeit in der Ausbildungsabteilung zu verbringen. Vielleicht sind die Chinesen den Vereinigten Staaten weit voraus, wenn sie alle ihre Lehrer zwingen, einige Zeit in der Landwirtschaft auf den Feldern zu arbeiten.

Weitere Horizonte

Während der Phase 2 muß die Aus- und Weiterbildungsabteilung unaufhörlich ihre eigene Existenz rechtfertigen. Das verleitet die Trainer oft dazu, sich so zu verhalten, als ob Training so etwas wie ein Selbstzweck wäre, was natürlich die Manager aufregt, die das nicht so sehen.

Wenn das Training in die Hand der Manager gelangt, dann wird ihnen natürlich bewußter werden, was das Training leisten kann und wann es nützlich ist. Sie würden bald erkennen, daß fast jede größere Änderung viele Mitarbeiter zwingt, neue Fähigkeiten zu erwerben und neue Denk- und Verhaltensweisen anzunehmen. *Die Aus- und Weiterbildung kann in der wirkungsvollen Durchsetzung neuer Organisationskonzepte,* die so unterschiedlich sein können wie z.B. die Zentralisierung des Einkaufs, ein System freiwilliger sozialer Leistungen oder die Automatisierung einer Produktion, eine *Schlüsselrolle übernehmen.* Auch hier ist die Parallele mit Budgetierung und Planung aufschlußreich. In Unternehmen, wo sie die Phase 3 erreicht haben, werden diese Funktionen zunehmend bei der Vorbereitung und Durchführung fast aller größeren neuen Vorhaben und Programme eingeschaltet.

Je mehr sich die Manager mit Lehren und Lernen beschäftigen, desto mehr Tätigkeiten werden sie finden, die in irgendeiner Form ein Training notwendig machen. Wer z.B. Mitteilungen über neue Produkte herausgeben, Berichte an Aktionäre verfassen oder Sitzungen mit Börsenfachleuten abhalten will, muß etwas von Lehren und Lernen verstehen. Unternehmen der Automobil- und Büroeinrichtungsbranche, der pharmazeutischen und vieler anderer Industrien, die Videokassettenprogramme erstellten, haben festgestellt, daß diese Programmpakete die Unterscheidung zwischen Training und vielen anderen Formen der Kommunikation verwischen lassen.

Niemand sagte, daß es einfach sein würde

Veränderungen sind immer schwierig, vor allem, wenn man selbst davon betroffen wird. Neue Fähigkeiten und Einstellungen entwickeln sich nicht über Nacht, und den Managern das Training zu übertragen, bedeutet für Manager und Trainer eine Menge von Umstellungen. Die Manager werden es ablehnen, eine weitere Verantwortung zu übernehmen, obwohl sie sie faktisch bereits haben. Trainer, die nicht mehr können als ein Seminar zu leiten, werden um ihre Stelle bangen, obwohl diese Stellen wahrscheinlich ohnehin nicht sicher sind (weil die Ergebnisse des Trainings so enttäuschen).

Die Aussichten für diese Änderung sind jedoch gar nicht so düster. Schließlich haben ähnliche Veränderungen irgendwie auch auf dem Gebiet der Budgetierung stattgefunden und werden zur Zeit bei der Planung vorgenommen. Ein größeres Unternehmen der Seifen- und Kosmetik-Industrie, ein großer Metallprodukteher-steller und mehrere andere Unternehmen haben die ersten bewußten Schritte auf dem Wege zur Übergabe des Trainings an die Manager getan. Die meisten großen japanischen Unternehmen haben während vieler Jahre für fast alle Beschäftigten ständige wöchentliche Trainingssitzungen durchgeführt – Sitzungen, die regelrecht von Vorgesetzten und anderen Leuten aus der Linie und nicht von Berufstrainern durchgeführt wurden.

Das Faszinierende daran ist, daß weder Trainer noch Manager auf eine Entscheidung der Unternehmensleitung, das Training in die Phase 3 überzuleiten, warten müssen. Jeder Trainer oder Manager, der dieser Idee folgt, kann gewisse Schritte in die Richtung der Phase 3 tun. Dazu bedarf es keiner ausgearbeiteten Pläne und Erlaubnisse und auch keiner Änderungen der gesamten Unternehmensorganisation. Sicher wäre eine Entscheidung der Unternehmensleitung, das Training regulär in die Hände der Manager zu geben, eine enorme Hilfe. Alles, was im Augenblick ein Trainer tun muß, ist, einen interessierten Manager finden (oder umgekehrt) und von sich aus anfangen.

Wenn Sie bis hierher gelesen haben und immer noch dagegen sind, das Training in die Phase 3 überzuleiten, dann müssen Sie sich die Frage stellen, wie lange das Training ohne eine solche Änderung noch bestehen kann. Wie lange kann das Management in einer Zeit, in der alles auf zunehmende Verknappung der Mittel hindeutet, noch die Auffassung haben, große Summen für eine Aktivität mit offensichtlich mageren Ergebnissen auszugeben? Wie lange können Aus- und Weiterbildungsabteilungen in der gestrigen Atmosphäre der Gleichgültigkeit oder offenen Feindschaft überleben, die ihnen von der übrigen Unternehmung entgegengebracht werden? Sind Sie besser dran, wenn Sie sich jeder Bewegung zur Phase 3 hin widersetzen oder wenn Sie helfen, die Entwicklung zu steuern? Wenn Sie es auf einen einfachen Nenner bringen, dann haben Sie nicht viel zu verlieren, wenn Sie sich für eine Übernahme des Trainings durch die Manager einsetzen, aber Sie haben viel zu gewinnen.

7. Die unfaßbare Seite des Managements
Eine Einführung

Den Logikern ist es nur schlecht gelungen,
den Menschen als rationales Wesen zu definieren.
Sie sagen, die Vernunft zeichne den Menschen aus.
Laßt es sie beweisen, wenn sie können.

Jonathan Swift

The Logicians Refuted (1731)

Daß es eine verschwommene, unbestimmte und nicht faßbare Seite des Management gibt, hilft erklären, warum es nicht so ist, wie es „sein sollte"; und warum, wenn Management besser sein kann als es ist, die Verbesserung oft in einer ganz anderen Richtung liegt als allgemein angenommen wird.

Um das, was hier gesagt wird, geht es in diesem Buch. Jedes Kapitel untersucht die Beziehung dieser Aussage zu einer bestimmten Tätigkeit oder einen Zusammenhang. Dieses Kapitel behandelt die Problematik in einer allgemeineren Form. So ist es eine Art Einführung, aber wenn es am Anfang gestanden hätte, dann wäre es, fürchte ich, einfach zu...nun gut...verschwommen gewesen.

Arbeits- und Denkweise des Managers

Einen großen Teil des Denkens eines Managers stellt man sich so vor, daß dabei Logik und analytisches Vorgehen eine Rolle spielen, d. h. der Modus des logisch-kausalen Denkens. Andere Arten des Denkens werden gewöhnlich der Kategorie der Intuition zugeordnet – manchmal als Instinkt, Gefühl oder Ahnung bezeichnet. Nach meinen Beobachtungen bewegen sich Manager sehr oft noch in einem dritten Modus, einem Modus, den man eigentlich weder dem Denken noch der Intuition zuordnen kann. Dieser dritte Modus ist das, was ich in den vorangehenden Kapiteln als „Wursteln" bezeichnet hatte.

Intuition

Dieser Modus wird nur deshalb als erster besprochen, weil über ihn relativ wenig zu sagen ist. Ich betrachte die Intuition als eine Art unmittelbaren Wissens oder Verstehens, die ihren Ursprung im Unbewußten hat. Nur gewisse Ergebnisse der intuitiven Prozesse gelangen zur Verfügung des Bewußtseins, wo sie weiter verarbeitet werden können. Ist der intuitive Prozeß emotional, nichtlogisch oder etwas anderes? Es erscheint mir sinnlos, diese Fragestellung weiter fortzuführen. Wenn Intuition unbewußtes Denken ist, dann kann nicht viel mehr darüber gesagt werden. Nach meiner Definition stellt das Unbewußte eine Art unzugänglichen schwarzen Kasten dar, dessen innere Funktionsweise unserem spähenden Auge für immer verschlossen ist; wir können nicht genau feststellen, was das Unbewußte ist oder wie es arbeitet. Unser Unvermögen, unbewußte Prozesse zu beschreiben, macht sie jedoch nicht weniger (oder mehr) real und nützlich.

Es stimmt, daß wir im Laufe der Jahre die Fähigkeit entwickelt haben, gewisse Formen des Denkens bewußt zu steuern, die früher vielleicht als intuitiv angesehen wurden. Viele Richtungen der Psychotherapie versuchen, genau solche Entwicklungen beim einzelnen Patienten einzuleiten. Auf eine ähnliche Art entdecken wir, daß wir die Fähigkeit besitzen, gewisse körperliche Funktionen (wie z.B. den Blutdruck oder die Körpertemperatur) zu beeinflussen, während man früher glaubte, daß sie durch den Willen nicht beeinflußt werden können. Ich glaube jedoch nicht, daß man diese neuerdings steuerbaren Vorgänge weiter mit jenen Prozessen zusammenwerfen sollte, die auch in Zukunft im nicht kontrollierbaren Bereich unseres Unbewußten bleiben.

Logisch-kausales Denken

Ich sehe im logisch-kausalen Denken im wesentlichen einen *bewußten, rational begründeten Vorgang.* „Rational begründet“ erscheint mir besser als „streng logisch“, um meinen Wunsch nach einer gewissen Breite der Interpretation auszudrücken. Einige Arten des Denkens versuchen, sich streng an die Grundregeln der Genauigkeit, Schlüssigkeit, Spezifität usw. zu halten, wie sie im formalen, deduktiven (oder aristotelischen) Denken dargestellt sind und in der Beweisführung eines geometrischen Theorems erscheinen. In die Kategorie des Denkens möchte ich aber auch Formen einschließen, die sich weniger streng an logische Grundregeln halten, z. B. das Ziehen plausibler Schlüsse und schöpferisches Lösen von Problemen. Ebenfalls dazu gehört sowohl logisch begründetes Denken über „Ganzheiten“ oder „Systeme“ als auch das mehr analytische Denken, das vor allem darin besteht, einen Gegenstand für eine Untersuchung in seine Bestandteile zu zerlegen.

Wursteln

Wursteln, scheint mir, *ist bewußtes, aber nichtlogisches* Denken, worüber natürlich etwas schwierig zu sprechen ist. Es ist schwierig, über nichtlogische Dinge klare (logische) Aussagen zu machen. Mit nichtlogisch meine ich etwas ganz anderes als „unlogisch“. Nichtlogisch heißt, daß die logischen Grundregeln *nicht angewendet werden.* Unlogisch bedeutet, daß die logischen Regeln anzuwenden sind und *verletzt* werden. Um die Unterscheidung deutlicher zu machen, möchte ich eine Analogie aus dem Bereich des Sports verwenden:

Die Tennisregeln besagen, daß bei einem Aufschlag der Ball zuerst auf der Seite des *Gegners* in einem *bestimmten* Feld auftreffen muß. Wenn der Ball im eigenen Feld vor dem Netz auftrifft oder außerhalb des vorgeschriebenen Feldes auf der Seite des Gegners aufschlägt, dann ist das ein „Fehler“, d. h., die Tennisregeln wurden verletzt.

Nehmen wir an, wir wechseln zum Tischtennis (ein ganz anderes Ballspiel). Hier schreiben die Regeln für den Aufschlag vor, daß der Ball zuerst *im eigenen* Feld aufschlagen muß und dann *irgendwo* in der gegnerischen Feldhälfte auftreffen kann. Wenn wir einem Tischtennisspiel zuschauen, könnten wir behaupten, die Spieler machen bei jedem Aufschlag „Fehler“ (nach den Regeln für das Tennis). Eine solche Bewertung wäre jedoch nicht sehr sinnvoll, da es sich bei diesem nicht um Tennis, sondern um Tischtennis handelt.

Da ich keine vollständige Aufzählung der Grundregeln für das Wursteln geben kann, ist es klar, daß Sie mit Ihrem Wursteln nicht viel Erfolg haben werden, wenn Sie das Spiel nach den logischen Grundregeln spielen, die für das logische Denkspiel gelten.

Nicht jede bewußte nichtlogische Tätigkeit verdient jedoch als Wursteln klassifiziert zu werden. Wursteln scheint ein zweckhaftes Element zu enthalten (selbst wenn das Ziel oder der Zweck vage sein mögen), und es dürfte auf eine spezifische Situation oder ein bestimmtes Problem (so wenig faßbar diese auch sein mögen) gerichtet sein. So ist z. B. Tagträumen sicherlich eine bewußte, nichtlogische Tätigkeit; auch das Hören von Musik gehört dazu. Ich würde diese Tätigkeiten aber nicht als Wursteln bezeichnen, da ihnen während ihrer Dauer normalerweise keine *zweckhafte, auf ein bestimmtes Problem gerichtete Absicht* zugrunde liegt.

Natürlich können Tagträumen oder Musik hören helfen, Probleme zu lösen. Tatsächlich läßt jede Art von Abwendung von einem Problem (z. B. spazieren oder schlafen gehen) offensichtlich die unbewußten Prozesse eine Zeitlang die Bearbeitung übernehmen. Irgendwie scheint dieses intuitive Schmoren oder Anbrüten das anschließende Wursteln oder Denken zu unterstützen.

Einige andere Beschreibungen des Wurstelns

Andere Autoren haben gelegentlich verschiedene nichtlogische Formen des Denkens beschrieben, die bis zu einem gewissen Grade dem ähneln, was ich Wursteln nenne. Da diese anderen Autoren etwas andere Begriffe und Ausdrücke verwendet haben, um das zu beschreiben, worüber sie reden, könnten ihre Gedanken zusätzlich Licht auf das werfen, was ich mit Wursteln meine.

Edward De Bono macht z. B. in einem seiner Bücher eine Unterscheidung zwischen „vertikalem" und „lateralem" Denken:

> Vertikale Denker erfassen eine Situation so rational wie möglich und gehen dann daran, sie logisch und mit Bedacht durchzuarbeiten. Laterale Denker neigen dazu, einen Gegenstand nach allen möglichen Betrachtungsweisen zu erfassen, anstatt die erfolgversprechendste anzuwenden, und fahren dann fort...
>
> Wenn Sie die Bausteine eines Spielzeugbaukastens aufeinanderlegen, so daß jeder Baustein fest und sicher auf dem darunter liegenden steht, dann gewinnen Sie eine Vorstellung vom vertikalen Denken. Beim lateralen Denken liegen die Bausteine verstreut herum. Sie können lose oder auch gar nicht miteinander verbunden sein. Aber das strukturelle Muster, das sich eventuell ergibt, kann ebenso nützlich sein, wie das der vertikalen Bauweise[29].

In einem späteren Buch prägt *De Bono* ein neues Wort („po"). Es soll, wie er meint, von jemandem benutzt werden, um anzuzeigen,

29 *Edward de Bono,* New Think, Basic Books, New York 1968

daß er vom Ja-Nein-Typus des logischen Denkens in die mehr forschende, ungewisse Welt des lateralen Denkens wechselt, wo eine Ja-Nein- oder Richtig-Falsch-Logik einfach nicht geeignet ist.

Andere Autoren verwenden Ausdrücke wie „konvergent und divergent" oder „approximativ und exakt", um eine ähnliche Unterscheidung zwischen den beiden Arten des Denkens anzuzeigen. Laterales, divergentes und approximatives Denken verlangen alle die Bereitschaft, sich einen Weg fühlend zu ertasten und zu probieren. Alle diese Autoren bringen diese lockeren Arten des Denkens mit der Kreativität in Verbindung, aber sie beeilen sich hinzuzufügen, daß Kreativität mehr ist als Denken dieser Art und daß nicht alles derartige Denken notwendigerweise kreativ ist.

Eine kleine Gruppe von Autoren, die auf dem Gebiet der öffentlichen Verwaltung tätig sind (wie *Charles Lindblom* und *Aaron Wildavsky*) haben der weniger rationalen Seite des Management ebenfalls große Aufmerksamkeit gewidmet. Obwohl in den Veröffentlichungen dieser Leute vor allem die organisatorische Seite der Entscheidungsbildung in der Regierung untersucht wird, scheinen viele dieser Konzepte sehr gut auf einzelne Manager in der Privatwirtschaft anwendbar zu sein. Die Ausgangsposition wird von *Lindblom* so dargestellt:

> Alle bedeutsamen Werte zu klären und zu ordnen, alle möglichen wichtigen Handlungsalternativen festzustellen, die endlosen möglichen Konsequenzen jeder möglichen Alternative zu verfolgen, dann die vielfältigen Konsequenzen einer jeden ins Verhältnis zu den erklärten Zielen zu setzen – all das übersteigt die Leistungsfähigkeit des menschlichen Geistes, die Zeit und Energie, die ein Entscheider dem Lösen von Problemen widmen kann und auch die verfügbaren Informationen. Wer Planungs- und Handlungsalternativen aufstellt, ob als einzelner oder als Organisation, wäre bereits erschöpft, noch ehe die Analyse zu Ende geführt ist[30].

Lindblom und andere erörtern weiter die *Vielfalt* der Vorgehensweisen, die entwickelt wurden, um mit diesem schwierigen Stand der Dinge fertig zu werden. Sie charakterisieren den Ansatz insgesamt als einen des „Incrementalismus" oder ein Arbeiten mit ganz kleinen marginalen Zuwächsen oder Fortschritten – d. h. eine Art

---

30 *Charles Lindblom,* The Policy Making Process, Prentice-Hall, Englewood Cliffs, N.J. 1968.

von pragmatischem Vorgehen, bei dem nicht versucht wird, das Problem als Ganzes, also total, sondern so zu lösen, daß nach und nach immer kleine Stücke des Problems abgespalten werden. Einige der wesentlichen Unterschiede, die sie zwischen der incrementellen und den mehr analytischen, rationalen Vorgehensweisen sehen, sind anschließend dargestellt:

Incrementell-pragmatische Vorgehensweise	*Rein analytische, ökonomische Vorgehensweise*
Tritt unter dem Zeichen allgemeiner ideologischer Rhetorik auf – z.B. die Bedeutung des „Dienstes an der Allgemeinheit" oder des „Gewinns".	*Setzt klare Ziele und Plangrößen*
Die Strategie wird nach und nach als Summe kleiner Einzelentscheidungen erkennbar. Engpässe werden angegangen, sobald sie entstehen.	*Beginnt mit einer Gesamtstrategie oder einem großen programmatischen Entwurf Probleme werden schon bei der Planung berücksichtigt.*
Mittel und Zwecke werden nicht auseinandergehalten und gehen ineinander über	*Zuerst werden Ziele herausgearbeitet, dann die geeigneten Mittel gesucht.*
Sucht nach annehmbaren, zufriedenstellenden Schritten	*Sucht nach größtmöglichen, optimalen Schritten.*
Gibt sich auch damit zufrieden, von etwas Unangenehmem wegzukommen.	*Bemüht sich, zum Gewünschten zu gelangen.*
Flexibilität wird vorgezogen, – d.h., der nächste Schritt ist offen.	*Denkt in Begriffen langfristiger Festlegungen, und einmal gegangene Schritte können eventuell nicht rückgängig gemacht werden.*
Improvisiert, reagiert auf Zwänge, ist opportunistisch	*Trachtet nach umfassender Analyse*

Lindblom weist darauf hin, daß dieses schrittchenweise Vorgehen nicht als geistig schmalspurig oder unzurechnungsfähig angesehen werden dürfe; es stellt vielmehr ein kluges und reichhaltiges Instrumentarium an Mitteln und Techniken „für einen Problemlöser dar, der tapfer mit einem Universum ringt, das als zu mächtig für ihn zu erkennen er weise genug ist."

Die Gefühle

Welchen Platz nehmen Gefühle und Emotionen in den Arbeits- und Denkweisen des Managers ein? Ich meine, Emotionen sind eine Art unmittelbarer Reaktion, die von unserem Unbewußten ausgehen. Wir können auf Emotionen, selbst die, die wir erleben, nicht einwirken; aber wir können das, was wir mit ihnen tun, sobald wir ihrer bewußt werden, bewußt steuern. Von einem gewissen Punkt an werden Emotionen also Gegenstand für unser Denken und Verhalten. Wir können unsere Emotionen auf eine sehr rationale, logische Art oder eine mehr nichtlogische Weise verarbeiten. So gesehen ist es sehr fraglich zu behaupten, daß das logisch-kausale Kalkül eine weniger gefühlshafte Form des Denkens als Wursteln oder Intuition darstellt. *Die Emotionen können eine wichtige Rolle bei allen Arten des Denkens und Verhaltens eines Managers spielen.*

Die Ratio als König

Stellenangebote Stellenangebote

Führungskraft gesucht

Umfassende Erfahrung im Wursteln erforderlich

Stark entwickelte Intuition erwünscht

5–10 Jahre Erfahrung in der Verwaltung

Akad. Abschluß bevorzugt

Bewerbungen mit Lebenslauf und Gehaltswünschen unter Chiffre Nr. Z 650

Sie werden in keiner Zeitung allzuviele derartige Stellenangebote finden. Bitten Sie einen Manager darum zu beschreiben, wie er eine Entscheidung getroffen hat oder warum er eine gewisse Maßnahme ergreift. Sie werden gewöhnlich eine hübsch begründete Antwort erhalten. Die meisten Klagen werden über Mangel an Logik und Konsequenz geäußert. Die Vorgesetzten beklagen sich über die Untergebenen, daß sie die Dinge nicht durchdenken, bevor sie handeln; die Untergebenen bemängeln das Unvermögen des Vorgesetzten, Prioritäten zu setzen und sich daran zu halten.

Die große Masse der Aufsätze, Bücher und Kurse über Management betonen alle in der einen oder anderen Form das logische Lösen von Problemen. Ein großer Teil dieses Lehrmaterials legt großen Wert auf die Verwendung der Mathematik, ob es nun einfach die vier Grundrechenarten sind oder die mehr esoterischen Gebiete der Matrizenrechnung, Statistik und die Differential- und Integralrechnung. Die Logik und Denkweise der Mathematik wird auf fast jedes Gebiet der Unternehmensführung angewandt – Einkauf, Planung, Fertigung, Marketing usw. Selbst im Bereich der menschlichen Beziehungen soll der Manager logisch analysieren, was er tut – seine Mitarbeiter durch ein organisiertes, in sich geschlossenes System von Anreizen und Belohnungen motivieren oder rational die Schwächen und Stärken von Untergebenen feststellen und beurteilen.

Immer und immer wieder taucht die magische Formel in zwei grundlegenden Versionen mit nur geringen Änderungen oder Verfeinerungen auf:

1. Definiere das Problem	1. Setze Ziele und lege Prioritäten fest
2. Stelle die Ursachen fest	2. Stelle Pläne für die Durchführung auf
3. Bestimme die Standards	3. Setze Meilensteine mit Terminen
4. Entwickle Alternativen	4. Bewerte den Fortschritt
5. Wähle die beste Alternative aus	5. Ergreife korrigierende Maßnahmen

Diese Formeln gelten als *die* Formeln schlechthin; es wird selten gesagt, daß sie nur unter gewissen Bedingungen und für bestimmte Arten von Sachverhalten angewendet werden können. Die logischen Grundregeln der Schlüssigkeit und Genauigkeit sind natürlich wesentlicher Bestandteil einer jeden Formel, und es wird ständig dazu ermahnt, sicherzustellen, daß die Ziele genau formuliert werden und daß sich Mittel und Zwecke miteinander vereinbaren lassen usw.

Formal erscheint die Ratio als die Königin – sie beherrscht, so sieht es aus, nicht ein kleines Lehen, sondern das ganze Reich des Management. Wenn man eine Aussage wie diese macht, dann ist es wichtig, sich Gedanken darüber zu machen, ob wir davon sprechen, wie sich Manager wirklich verhalten (deskriptiv) oder wie sich Manager verhalten sollten (normativ). Ist die Herrschaft des Verstandes deskriptiv oder normativ?

In einer Hinsicht ist sie beides. Gewiß ist das Gesetz der Ratio normativ, wie wir bei unseren Diskussionen der Bossologie gesehen haben. Jeder gibt zu, daß sich Manager manchmal unlogisch oder unvernünftig verhalten, aber man meint, daß dies vorübergehende Abweichungen oder lediglich kleinere Störungen sind; Übereinstimmung besteht darin, daß Manager die meiste Zeit über logische Denkprozesse durchführen sollten. Manager, die fortlaufend gegen die Gesetze der Ratio verstoßen, werden bald als ungeeignet erachtet.

Die sanfte Falle

Die unentwegten Verteidiger der Ratio als der normativen Königin bauen eine scheinbar unumstößliche (wenn auch etwas kreisläufige) Beweisführung auf. Die Ausgangsprämisse ist, daß die Ratio offensichtlich am besten für jeden Sachverhalt geeignet ist. Wenn demzufolge das logisch-kausale Denken in einer bestimmten Situation versagt, dann kann dieses Versagen nur der fehlerhaften Anwendung des logischen Denkprozesses zugeschrieben werden. Möglicherweise verstand der Manager nicht ganz, was er tat, oder er wollte es nicht verstehen. Vielleicht spezifizierte der Manager die Dinge nicht klar genug, oder er war nicht konsequent oder er übersah einige wichtige Tatsachen. Vielleicht war ihm auch das neueste wissenschaftliche Instrument zur Bearbeitung eines solchen Sachverhalts nicht bekannt, oder er fand keinen Gefallen am Einsatz seines Verstandes und guckte lieber nach den Sternen. Die Vielfalt der Entschuldigungen ist endlos, aber sie laufen alle darauf hinaus, daß es nicht schief gegangen wäre, wenn man die logische Vorgehensweise richtig angewandt und weit genug durchgehalten hätte.

Diese Position anzugreifen ist etwa so, als wollte man einen Fatalisten davon überzeugen, daß nicht alles vorherbestimmt ist. Wenn Sie einem Fatalisten zeigen, wie Sie sich frei entscheiden, etwas zu tun, dann erwidert er einfach, daß sowohl der Prozeß Ihres Wählens als auch die letztlich getroffene Entscheidung Teil einer Niederschrift im Buch der Zeiten sind.

Die Verteidiger der Ratio sind nicht ganz so streng wie die Fatalisten. Sie geben zu, daß es einige wenige Sachverhalte gibt, für die ihre rationalen Werkzeuge noch nicht so weit vervollkommnet wurden, aber sie sagen, das sei nur eine Frage der Zeit; am Ende wird die Ratio über alles triumphieren. Deshalb sind Wursteln und Intuition Prozesse, die nur in Ermangelung benutzt werden, und öfter als nicht wird der (schuldhafte) „Mangel" bei Ihnen angenommen und nicht bei den Verteidigern der Ratio.

Die Macht hinter dem Thron

Auf dem offiziellen Gemälde des Management mag die Ratio Königin sein. In der weniger offiziellen Szene des Management scheint jedoch das Wursteln den Thron nachdrücklich für sich zu beanspruchen. Es ist schwierig, dieses inoffizielle nicht protokollarische Bild genau zu zeichnen, weil es weniger formal und klar gegliedert ist; es muß aus Fetzen von Gesprächen im Toilettenvorraum, unbedachten Äußerungen bei einigen Drinks und schonungslos offenen Diskussionen, die hinter den verschlossenen Türen der Diskussionszimmer geführt werden, zusammengesetzt werden.

„Ehrlich, ich bin ganz durcheinander. Ich weiß einfach nicht mehr, wie ich mich drehen soll."

„Die ganze Planung bringt uns nicht viel weiter. Das Leben ist einfach zu kompliziert. Es gibt zu viele Ungewißheiten."

„Oft würden Sie besser Ihrem Fingerspitzengefühl folgen."

„Wir haben einfach nicht die Zeit, die Sache so sorgfältig zu untersuchen; wir müssen ohne Noten nach Gehör spielen."

Ohne Zweifel könnten Sie diesen Zitaten ähnliche Beispiele hinzufügen, die Sie ständig in Ihrem Unternehmen zu hören bekommen.

Diese inoffizielle Szene wird von einer Reihe von „Gesetzen" des Managements unterstützt, die alle die Perversität der Natur und die Unvernünftigkeit des Management verkünden. Diese scherzhaften Gesetze (siehe das eingerahmte Feld) tauchen neuerdings in vielen Unternehmen auf. Der Inhalt der Gesetze ist oft der gleiche, obwohl hinsichtlich der Urheberschaft große Vielfalt herrscht. Erfahrene Manager sehen darin keine absurden Späße, sondern eher sarkastische Feststellungen, die die Wirklichkeit nur leicht, wenn überhaupt, übertreiben.

Die Gesetze des Management von *Murphy* und seinen Freunden

Murphys Gesetz

Wenn etwas schief gehen kann, dann wird es – und im ungünstigsten Zeitpunkt.

Hunts Gesetz

Alles dauert doppelt so lange und kostet um die Hälfte mehr als geplant war.

Rudins Gesetz

Wenn in einer schwierigen Situation unter verschiedenen Alternativen gewählt werden muß, wählen die meisten Leute die schlechteste.

Chisholms Gesetz

In jeder Datensammlung stecken die Fehler in den Daten, die offensichtlich in Ordnung sind.

Finagles Gesetz

Die Information, die wir haben, ist nicht die, die wir wollen; die Information, die wir wollen, ist nicht die, die wir brauchen; und die Information, die wir brauchen, ist nicht die, die verfügbar ist.

Die Schwierigkeiten, denen die Theoretiker des Management dabei begegnen, ihre hochentwickelten logischen Techniken in der Praxis anzuwenden, unterstützen nur den Beweis für die Macht des nichtlogischen Denkens. Irgendwie tun sich die Wissenschaftler immer noch schwer, ein bestimmtes Problem in einer gegebenen Situation zu isolieren. Managementprobleme scheinen sich zu überschneiden und ermangeln oft eines glatten Anfanges oder Endes, was alles die Anwendung reiner Logik oder Mathematik erschwert. Oft können die mathematischen Modelle einfach nicht den Reichtum an wichtigen Details bewältigen, der in der tatsächlichen Managementsituation gegeben ist. Viele wissenschaftliche Managementtechniken beruhen auf der Annahme, daß ein Manager konsequent sein möchte und daß er sein Denken zu ändern wünscht, um es konsequenter zu machen, sobald man ihn auf eine Inkonsequenz hinweist. Dennoch gibt es unzählige *Beispiele* von intelligenten Managern, die ziemlich hartnäckig an ihren Inkonsequenzen festhalten.

Der Präsident einer kleinen aber schnell wachsenden Investment-Fond-Gesellschaft erörterte mit seinem Berater eine Reihe möglicher Projekte. Die Liste umfaßte zehn Projekte, und der Berater wies darauf hin, daß das kleine Unternehmen kaum alle diese Projekte auf einmal in Angriff nehmen könne; einige müsse man fallen lassen, zumindest vorläufig. Der Präsident stimmte dem voll zu.

Der Berater fuhr dann fort, mit dem Präsidenten jedes einzelne Projekt zu besprechen, um dann zu entscheiden, welche Projekte auf die Warteliste gesetzt werden sollten. Natürlich hatte der Präsident gute Gründe, warum jedes Projekt absolut wichtig war. Nach etwa einer Stunde sagte der Präsident schließlich: „Schauen Sie, es ist wirklich so, daß wir keines der Projekte aufgeben können.“ Der Berater, der sich inzwischen sehr frustriert fühlte, erwiderte: „Aber Sie stimmten doch zu, daß Sie nicht alle gleichzeitig in Angriff nehmen können.“ „Ja“, sagte der Präsident, „aber wir können einfach auf keines verzichten.“

Vor einigen Jahrzehnten erschien der Computer auf der Managementszene und wurde feierlich als das lebende Symbol der absoluten Machtübernahme der Ratio und des wissenschaftlichen Management angekündigt. Es wurde vorausgesagt, daß ein Computer die Weltmeisterschaft im Schachspiel erringen werde. Heute scheint die Erreichung dieses Ziels nirgends in Sicht, und Schach ist ein viel einfacheres Spiel als die Führung eines Unternehmens. Der Computer sollte riesige Fortschritte auf dem Gebiet der Informationsbereitstellung bringen, aber die Kategorien, nach denen wir Informationen speichern, widersetzen sich anscheinend hartnäckig jeder Systematisierung. (Denken Sie nur daran, wie oft wir im Index eines Nachschlagewerks vergeblich nach dem Begriff suchen, über den wir etwas erfahren möchten.) Man dachte auch, Computer wären sehr gut für Übersetzungen aus einer Sprache in eine andere geeignet, aber der Erfolg auf diesem Gebiet war bisher sehr bescheiden. Selbst die Versuche, einen Computer dazu zu bringen, eine Sprache zu verstehen (z.B. geschriebenes oder gesprochenes Englisch), sind noch nicht sehr weit gediehen. Die Semantik und Syntax der Umgangssprache erweisen sich besonders widerstandsfähig gegen eine ordentliche, schlüssige und logische Programmierung.

Anscheinend sind Mathematik, elektronische Datenverarbeitungsanlagen und Management-Wissenschaft einfach nicht in der Lage, viele Dinge zu bewerkstelligen, die Geist und Seele des Menschen vermögen. Einige Fachleute auf dem Gebiet kognitiver Prozesse, die versucht haben, die nichtlogischen Fähigkeiten des Hirns zu untersuchen, sprechen von solchen Dingen wie:

1. Grenz- oder Randbewußtsein – eine Art globaler bewußter Gegenwärtigkeit von Alternativen; ein Abgleich- oder Nivellierungsprozeß, der ohne Rechnen abläuft.
2. Hinnehmen von Ungewißheit – ein Vermindern verschiedener Möglichkeiten, soweit es die Situation erfordert, ohne daß das Endergebnis absolut eindeutig sein muß.
3. Das Erkennen von Strukturen oder Mustern – das schließt auch die Unterscheidung von Wesentlichem und Unwesentlichem ein, ohne daß dabei mechanisch alle Möglichkeiten ohne vorherige Strukturierung des Problems untersucht werden.

Ich meine, worüber diese Experten sprechen, sieht einigen Aspekten des Wurstelns sehr ähnlich.

Weitere Beweise für die Macht des Wurstelns liefern die Bemühungen, verläßliche Indikatoren für die zukünftige Leistung von Managern zu finden. Bis heute hat noch keine wissenschaftliche

Untersuchung wirklich verläßliche Indikatoren erbracht. Es ist sogar so, daß die Management-Experten Schwierigkeiten haben, sich darauf zu einigen, was einen guten Manager gut macht. Wenn das logisch-kausale Denken so entscheidend für gutes Management ist, dann müßte die Forschung doch sicher bis heute einige Anzeichen davon entdeckt haben. Sie würden auch erwarten, daß die Unternehmensleitung großen Wert auf die logische Denkfähigkeit legt, wenn es um Beförderungen geht; aber stattdessen neigt man dazu zu überlegen, ob der Bewerber ein Gespür für das Geschäft hat, ob er mit Menschen umgehen kann oder ob er sonst einen guten Eindruck macht.

Es kommt alles darauf an

Ist nun das Wursteln oder die Ratio oben auf? Ist das Wursteln leistungsfähiger und nützlicher als das logisch-rationale Denken oder umgekehrt? Die Antwort lautet: es kommt alles darauf an. Die vernünftige Frage heißt: worauf kommt es an?

Die Situation oder das Problem

Ich möchte eine Reihe von Merkmalen anführen, die erheblichen Einfluß darauf auszuüben scheinen, ob eine gegebene Situation mehr nach Wursteln oder logisch-kausalem Denken verlangt. Obwohl ich um der größeren Klarheit willen jedes für sich behandeln möchte, sind sicher alle diese Merkmale voneinander abhängig und stehen in Wechselbeziehung zueinander. Und während jedes Merkmal darauf Einfluß hat, welchen Prozeß Manager tatsächlich benutzen, sind meine Ausführungen mehr normativer Art, – d. h., sie zielen darauf, wie jedes Merkmal die Denk- und Arbeitsweise eines Managers beeinflussen *sollte*.

1. Menschen gegen Sachen
Wo der menschliche Faktor drohend aufragt, dürfte das Wursteln notwendiger und geeigneter sein. Sachverhalte, bei denen leblose Objekte (Maschinen, Materialien, Geld) eine Rolle spielen, scheinen eher die Verfahren der Ratio zuzulassen. Teilweise mag das darauf zurückzuführen sein, daß sich der unbelebte Teil eines

Sachverhalts leichter messen und quantifizieren läßt als die menschlichen Variablen.

2. Man selbst gegen die anderen
Wenn der Umgang mit Menschen besser mit Wursteln gelingt als der Umgang mit leblosen Sachen, dann scheint der Umgang mit sich selbst wiederum mehr Wursteln zu erfordern als der Umgang mit anderen Menschen. Je mehr wir selbst an einem Problem beteiligt sind, desto mehr werden wir zu wursteln haben. Ich glaube, daß dies zum Teil daher kommt, weil andere Menschen (wie leblose Objekte) außerhalb von uns selbst existieren und dies das Ziehen von Grenzen erleichtert. Logische Prozesse scheinen dort am wirksamsten zu sein, wo klare Grenzen gezogen werden können; dies vermindert die Größe des Problems und schränkt die Zahl der zu analysierenden Faktoren ein.

3. Größe und Komplexität
Größe bedeutet die Zahl der zu behandelnden Stücke und Teile, während es bei der Komplexität um die Vielfalt und wechselseitige Verbundenheit dieser Stücke und Teile geht. Im kleinen bis mittleren Bereich von Größe und Komplexität erweist sich das logisch-kausale Denken sehr hilfreich. Wenn jedoch ein Problem sehr umfangreich und ziemlich komplex ist, scheint das logische Denken zu versagen und Wursteln erheblich leistungsfähiger zu sein.

4. Wissen
Der logisch-rationale Denkprozeß hängt theoretisch nicht von der verfügbaren Informationsmenge ab; er verarbeitet, was Sie besitzen. Praktisch gesprochen ist es jedoch sinnlos, eine Rechnung bis zur dritten Stelle hinter dem Komma durchzuführen, wenn die Gültigkeit der Eingabedaten nur bis zur nächsten Hunderterstelle reicht. In ähnlicher Weise dürfte die Anwendung raffinierter logischer Denkweisen nicht den Aufwand lohnen, wenn nur äußerst wenig Wissen oder Information vorhanden ist. Hier trifft das alte Computer-Schlagwort GIGO zu: Garbage-in produces garbadeout; zu deutsch: füttert man den Computer mit schlechten Eingabedaten, liefert er auch schlechte Ausgabedaten. Seltsamerweise kann das logisch-kausale Denken auch durch Wursteln ersetzt werden, wenn wir ein *Zuviel* an Information haben – d.h., wenn

der Sachverhalt anscheinend zu umfangreich und zu komplex ist, um mit logisch-rationalen Denkprozessen angegangen werden zu können.

5. Gewißheit
Das ist lediglich eine besondere Art von Wissen; es bedeutet zu wissen, wie wahrscheinlich die verschiedenen Möglichkeiten sind. Wenn ich z.B. nicht weiß, was an den Gerüchten über eine Fusion dran ist, dann ist die Gewißheit gering. Oder nehmen wir an, wir haben soeben einen neuen Mitarbeiter eingestellt, der sich als hervorragend, mittelmäßig oder ungeeignet erweisen kann; wir sind aber über die zu erwartenden Leistungen völlig im Ungewissen. Große Ungewißheit bedeutet geringes Wissen und die Wahrscheinlichkeit, daß logisch-rationales Denken sehr begrenzt anwendbar ist.

6. Beeinflußbarkeit
Beeinflußbarkeit ist im wesentlichen die Fähigkeit, die *Wahrscheinlichkeit* eines bestimmten Ergebnisses zu *verändern.* Wir könnten z.B. eher in der Lage sein, die Wahrscheinlichkeit, daß fehlerhafte Erzeugnisse aus unserer Produktion kommen, zu verändern als die Wahrscheinlichkeit, daß ein Konkurrent ein neues Produkt auf dem Markt einführt. In einer Situation oder bei einem Problem, wo wir die meisten der wesentlichen Faktoren in der Hand haben, dürfte bei der Entscheidung, was zu tun ist, die Ratio sehr von Nutzen sein. Wenn wir aber geringe Möglichkeiten haben, die Haupteinflußfaktoren zu kontrollieren, dürfte uns das logisch-rationale Kalkül nicht so viel helfen.

7. Neuartigkeit
Die Ratio scheint gegenüber dem ganz Neuen ziemlich machtlos zu sein, vor allem, weil die Prozesse der Logik und Analyse nicht viel mehr vermögen, als das herauszuarbeiten, was bereits bekannt ist. Neuartigkeit bedeutet Mangel an Wissen; in einer neuen Situation gelten alte Beziehungszusammenhänge oft nicht mehr, und wir müssen uns mehr nichtlogischen Prozessen zuwenden, um uns zu helfen.

Ironischerweise gerät das logisch-kausale Denken ebenfalls in Schwierigkeiten, wenn in einem Sachverhalt *sehr wenig* Neues ist. Die Tradition läßt Bindungen entstehen, die fesseln; es sind aber

Fesseln, die auch als sehr angenehm empfunden werden. Gewohnheiten sind nützlich, eben weil sie (neben anderen Gründen) nicht leicht zu ändern sind. Die Macht der Ratio herrscht wahrscheinlich nicht vor in einer Situation, die mit einem gewichtigen Erbe der Vergangenheit belastet ist.

Ich glaube, die meisten Manager wissen irgendwie um die Art und Weise, in der diese sieben Merkmale eines Sachverhalts oder einer Situation ihre Denkweise beeinflussen (und beeinflussen sollten). Aber die Denk- und Arbeitsweisen der Manager hängen noch von einer Reihe anderer Faktoren ab, deren sie sich weniger bewußt zu sein scheinen.

Die Rolle oder Funktion des Managers

Ich denke dabei an gewisse Rollen oder Funktionen eines Managers, die die Art und Weise beeinflussen (und beeinflussen sollten), in der Manager denken. Die Rollen sind:

Erforschen und geistig Vorstellen	gegen	Mitteilen und Prüfen

Bei den Rollen auf der linken Seite muß der Manager versuchen zu lernen, zu erforschen oder etwas Neues zu schaffen (z.B. die Idee für ein neues Produkt). Bei den Rollen auf der rechten Seite geht es darum, etwas Gelerntes oder Entdecktes zu übermitteln oder zu versuchen, etwas zu bestätigen und sich selbst oder andere davon zu überzeugen (z.B. dem Chef eine neue Produktidee unterbreiten oder eine Marktuntersuchung durchführen, um ein Produktkonzept abzuprüfen).

Diese beiden Gruppen von Funktionen neigen dazu, sich gegenseitig auszuschließen, obwohl ein Manager sicherlich sehr schnell von der einen zur anderen springen kann (und es auch oft tut). Oft glaubt ein Manager, er übermittelt und probiert etwas aus und findet sich plötzlich beim Erforschen und geistigen Vorstellen und umgekehrt.

Üblicherweise werden die Rollen eines Managers im Sinne von Probleme lösen, Entscheidungen fällen und Maßnahmen durchführen beschrieben. Eine andere sehr bekannte Liste umfaßt Planen, Organisieren, Personal auswählen, Anweisen usw.. Ich habe nichts gegen diese Betrachtungsweise der unternehmerischen Funktionen einzuwenden, außer, daß sie die genaue Unterscheidung verwischen, die mir so wichtig erscheint. Die Folge ist, daß Manager oft nicht mehr erkennen, daß Entscheiden, Planen oder *jede andere Funktion auf der normalen Liste gewöhnlich beides impliziert, also sowohl Erforschen und geistiges Vorstellen sowie Mitteilen und Erproben.*

Wie Sie bereits vermuten werden, möchte ich behaupten, daß 1. Wursteln am meisten angewandt und am nützlichsten ist bei den Funktionen des Forschens und geistigen Vorstellens, während 2. das logisch-kausale Denken am meisten angewandt und am nützlichsten ist für das Mitteilen und Erproben. Wenn die meisten Sachverhalte, mit denen Manager zu tun haben, beide Rollen ins Spiel bringen, dann sind sowohl Wursteln als auch logisch-kausales Denken notwendig.

So sind z.B. die auf Seite 186 dieses Kapitels gezeigten Zauberformeln gewöhnlich ausschließlich mit den Techniken des logisch-kausalen Denkens verbunden. Aber diese Formeln beschäftigen sich nicht mit gewissen äußerst wichtigen Dingen, vor allem jenen, bei denen es um die Erforschung des Unbekannten geht. Wie geht man vor, um erstmals ein Problem zu entdecken oder festzustellen? Wie kommt man zu all den wichtigen Alternativen für die Analyse? Wie erkennt man Probleme im voraus und beugt ihrem Entstehen vor? Bei diesen Aufgaben, für die es des Erforschens und geistigen Vorstellens bedarf, ist man sehr stark auf das Wursteln angewiesen.

Eine andere bedeutende Lücke in den Formeln umfaßt das ganze Gebiet der Werte (d.h. Standards oder Kriterien, an denen die verschiedenen Alternativen gemessen werden sollen). Woher kommen die Werte und wie läßt sich eine Kollision von Werten ausschließen?

In den 60er Jahren standen sowohl die Harvard- als auch die Yale-Universität unter großem Expansionsdruck, um größere Studentenzahlen bewältigen zu können. Die logische Analyse brachte die beiden Universitäten zu genau entgegengesetzten Schlußfolgerungen, weil man von unterschiedlichen Wertvorstellungen ausgegangen war. Wenn man die Argumente auf ihren harten Kern zurückführte, dann ergab sich folgendes:

Harvard sagte, wir müssen expandieren, also wollen wir; Yale sagte, wir können nicht expandieren, also wollen wir nicht.

Wie dieses Beispiel zeigt, bietet die nackte Ratio bei der Harmonisierung einander widersprechender Werte nur geringe Hilfe; die Analyse kann uns nicht wirklich sagen, woran wir interessiert sind oder was für uns am wichtigsten ist.

Gewöhnlich werden die einzelnen Schritte in den Zauberformeln so dargestellt, als ob sie völlig unabhängig seien. Das ist einfach nicht der Fall, Die Vorgehensweise bei der Problemsuche beeinflußt die Art der Probleme, die wir entdecken; ist ein Problem entdeckt, dann beeinflußt die Definition die Alternativen, die wir bilden; und die Alternativen, die wir bilden, beeinflussen oft die Auswahl unserer Werte.

Es gibt noch andere *Wechselbeziehungen*, aber die Sache ist die, daß wir, um einen Sachverhalt ganz logisch angehen zu können, alles darüber wissen müssen, ehe wir anfangen können, was offenbar eine unlogische Voraussetzung ist. Wir können nicht einfach ein Problem analytisch Schritt für Schritt durchgehen und dann all die Teile zusammenfügen. Irgendwie müssen wir zwischen einer Schau des Ganzen und einem Blick auf ein Detail des Bildes hin- und herpendeln.

Sobald wir einigermaßen wissen, was vor sich geht, kann uns die Ratio helfen, unser Denken zu vervollkommnen; es kann uns auf Gebiete hinweisen, die wir in die Untersuchung einbeziehen sollten. Wenn wir dann die ersten tastenden Schlüsse gezogen haben, können wir sie durch logische Analyse überprüfen und sehen, ob wir etwas entdecken, was uns unsere Absichten ändern läßt. Logisch-kausales Denken ist sehr gut geeignet, um die Spur und unser Vorgehen zu verfolgen. Logik kann uns helfen, unser Denken zu organisieren, so daß andere unsere Ideen klarer verstehen und nicht von all dem unwesentlichen Material abgelenkt werden, das wir ursprünglich durchgearbeitet haben.

Wenn uns die logische Analyse plötzlich zur Lösung eines Problems verhilft, dann sollten wir nicht vergessen, wie wir uns durchgewurstelt haben, ehe wir die Ratio einschalten konnten. Ja, wenn die Ratio in eine Sackgasse gerät, dann liegt es gewöhnlich daran, daß bei unserer Wurstelei oder mit unserer Intuition etwas nicht in Ordnung war. Richtig gesehen, muß ein Manager während der Lösung eines Problems sehr oft zwischen Wursteln und logisch-kausalem Denken hin- und herwechseln. Sobald eine Idee durch rationales Denken geklärt oder geprüft ist, ist die Grundlage für die nächste Runde des Wurstelns hergestellt.

Ob wir zum Wursteln oder zum logisch-kausalen Denken greifen – es hängt ganz von der Art des Sachverhalts und der Situation sowie der gerade ausgeübten Funktion des Managers ab. Unglücklicherweise wird die Wahl unter den Arbeits- und Denkweisen eines Managers dadurch noch weniger überschaubar, weil sich die Kräfte der Ratio noch ständig weiter entfalten.

Das Wachsen der Ratio

Management war nie ein statischer Beruf, und wir in den USA sind stolz auf die vielen Entwicklungen in der Unternehmensführung, die wir eingeleitet und vorangetrieben haben. Der Hauptstoß fast aller dieser Entwicklungen richtete sich auf die Stärkung der Macht der Ratio. Aber gerade die Vielzahl der logischen Instrumente macht es für einen Manager schwierig zu wissen, wann und wo das logisch-kausale Denken wirklich angebracht ist.

Jedes Jahr werden neue Instrumente für das Management eingeführt. Einige von ihnen machen das logisch-kausale Denken wirksamer: der Computer z.B. kann in Bruchteilen einer Minute Berechnungen durchführen, für die wir früher Tage brauchten. Diese gesteigerte Leistungsfähigkeit erlaubt uns wiederum, die Macht der Ratio auf Gebiete auszudehnen, die uns zu zeitraubend oder für die Bearbeitung durch die Ratio ungeeignet erschienen. Außerdem haben gewisse neue Techniken des Management ganze Gruppen von Problemen der Ratio zugänglich gemacht, wo früher Wursteln die einzige Möglichkeit war. Nehmen wir z.B. das Problem, Waren von mehreren Werken an mehrere verstreut angeordnete Verkaufsläger zu transportieren. Vor nicht vielen Jahren bestand die einzige Möglichkeit zur Lösung dieses Problems für einen Manager mit langjähriger Erfahrung darin, seine Intuition einzusetzen – und ziemlich viel Wursteln. Die Entwicklung der linearen Programmierung stellt heute in vielen Fällen ein völlig rationales und relativ schnelles Verfahren zur Verfügung, um die kostengünstigste Lösung für dieses Problem zu finden.

In den ersten Jahrzehnten dieses Jahrhunderts beschäftigten sich die Managementmodelle hauptsächlich mit den „harten" Disziplinen der Produktion. Als sich die „weichen" Wissenschaften der Soziologie und Psychologie entwickelten, wurden sie in die Theorien der Unternehmensführung eingefügt. Theorien der Motivation, Management by Objectives, Arbeitsanreicherung und andere Techniken wurden entwickelt, um dem Manager zu helfen, vernünftiger und gerechter mit Menschen umzugehen. Einige der Techniken wurden sogar entwickelt, um dem Manager zu ermöglichen, sich selbst besser zu verstehen und so besser mit Situationen fertig zu werden, in denen er persönlich sehr stark engagiert ist.

Alle diese Entwicklungen zur Steigerung der Macht der Ratio haben sehr dazu beigetragen, daß der Manager formal zu der Auffassung neigt, der Ratio gebühre die Königswürde. Gleichzeitig haben es diese Entwicklungen dem Manager jedoch auch schwer gemacht zu erkennen, wann Wursteln wirklich angebracht ist. Irgendwie muß der Manager versuchen, ständig auf dem neuesten Stand der Managementtechniken zu bleiben oder zumindest etwas über die Situationen wissen, in denen sie sich als nützlich erweisen könnten. Aber selbst die Experten sind sich ziemlich uneinig darüber, welche Techniken wirklich praktisch anwendbar und welche Techniken ausreichend ausgetestet sind, um als vernünftig eingestuft zu werden. Deshalb kann die Auswahl unter den verschiedenen Denktechniken und -prozessen ziemlich verwirrend sein.

So, wie sich die Wissenschaft vom Management entwickelt, schreitet auch ein einzelner Manager auf seinem Berufsweg fort. In Bereichen, in denen der Manager ehedem wursteln mußte, kann heute mehr mit logischen Verfahren gearbeitet werden. Sowohl der Fortschritt der Wissenschaft vom Management als auch die berufliche Entwicklung des einzelnen Managers tragen gemeinsam dazu bei, daß die Grenzen zwischen logisch-kausalem Denken und Wursteln schwer zu erkennen sind.

Die gefährlich ungleiche Stellung von logisch-kausalem Denken und Wursteln

Sowohl das Wursteln als auch das logisch-kausale Denken sind notwendig und nützlich – für verschiedene Sachverhalte und verschiedene Funktionen. Während das logisch-kausale Denken aber hoch im Kurs steht, wird auf das Wursteln oft geringschätzig herabgeschaut. Die „PR-Jungs“ haben sich für das Image des logisch-kausalen Denkens mächtig ins Zeug gelegt, während sich das Wursteln zusammen mit dem „Herzeleid der Schuppenflechte“ im Schatten verstecken muß. Leider neigt der höhere Status des logisch-kausalen Denkens dazu, einige unglückliche Konsequenzen entstehen zu lassen.

Mangel an Bewußtheit

Wenn Sie einen Manager in Verlegenheit bringen wollen, dann versuchen Sie, ihn zu fragen, unter welchen Bedingungen er es für angebracht hält, logisch-rationales Denken anzuwenden. Wenn Sie nicht gleich aus seinem Zimmer hinausgeworfen werden, dann wird der Manager wahrscheinlich erst einmal betroffen schweigen und dann leise irgend etwas murmeln wie „Ich vermute, ich habe nie groß darüber nachgedacht“. Der formal hohe Status der Ratio verbietet uns, viel Aufmerksamkeit darauf zu verwenden, wie wir das logisch-kausale Denken und das Wursteln anwenden.

Es ist schwierig für andere zu wissen, was wir tun

Die Unterschiede zwischen Wursteln und logisch-kausalem Denken gelten nicht nur für unser eigenes Denken, sondern auch das Denken mit anderen. Unsere Reaktion gegenüber jemandem, der nach unserem Gefühl wurstelt, ist ganz anders (oder sollte sicher anders sein) als die gegenüber jemandem, von dem wir annehmen, daß er logisch-kausal denkt. Nehmen wir z. B. an, jemand wurstelt und wirft uns eine vage Idee zu. Wenn wir auf diese angedachte Idee mit einer eleganten logischen Kritik reagieren, werden wir ihm wahrscheinlich bei seinem Wursteln nicht sehr helfen.

Wiederum machen es der hohe Status und die Legitimität, die der Ratio zugebilligt werden, anderen schwierig festzustellen, welchen Prozeß wir benutzen. Es besteht eine natürliche Tendenz für andere anzunehmen, daß wir die meiste Zeit logisch-kausal denken, vor allem, weil es der Brauch vorschreibt, daß wir dies in der Öffentlichkeit tun; Wursteln sollten wir, wann überhaupt, nur im privaten Bereich. Selbst wenn wir inkonsequent sind und uns auf gedankliche Streifzüge begeben, werden andere Leute dann einen Beweis für unsere geringe Fähigkeit zu logisch-kausalem Denken und nicht ein Anzeichen dafür sehen, daß wir wursteln. Besonders schwer ist es für einen *Vorgesetzten,* andere davon zu überzeugen, daß er wurstelt. Jede beiläufige Idee, die vom Vorgesetzten kommt, wird oft so angesehen, als ob sie eine endgültige, unumstößliche Anweisung wäre – „gesagt, getan".

Gelegentlich lassen wir deutlich erkennen, daß wir wursteln möchten. Wir benutzen Redewendungen wie: „Werfen wir uns den Ball mal gegenseitig eine Weile zu." „Was ich sage, ist natürlich erst einmal aus der hohlen Hand gesprochen." „Befassen Sie sich mal mit der Geschichte."

Aber selbst wenn solche deutlichen Hinweise zu erkennen sind, fühlen sich viele Leute an die Grundregeln der Logik gebunden und lehnen gewöhnlich stillschweigend unsere Einladung zum Wursteln ab. Sie bleiben bei der Annahme, daß *sie* nach logischen Maßstäben beurteilt werden, selbst wenn wir wursteln. Natürlich ist die Weigerung anderer, zu glauben, daß wir wursteln, manchmal gerechtfertigt, weil die oben angeführten Redewendungen oft als Sicherheitsvorrichtung benutzt werden – wir wursteln in Wirklichkeit gar nicht, sondern wollen nur unser Gesicht wahren, wenn der andere unsere Idee unvernünftig finden sollte.

Wir geben aber auch nach der anderen Richtung falsche Hinweise. Manchmal kleiden wir, wenn wir wursteln, unsere Ideen in ein logisches Gewand, weil wir uns schuldig oder unfähig fühlen, wenn wir wursteln müssen, d.h., wir fallen dem Prestige und der Legitimität der Ratio zum Opfer.

Oft besteht das Problem weniger darin, daß wir falsche Erwartungen wecken als daß wir die anderen im unklaren lassen. Selbst wenn wir uns bewußt sind, welchen Prozeß wir anwenden und dies auch mitteilen wollen, so braucht das, was wir sagen, nicht klar erkennen zu lassen, welche Denkweise wir praktizieren. Nehmen wir z.B. an, ich sage zu einem Untergebenen „Was halten Sie davon, weniger Leute einzustellen und dafür mehr Überstunden zu machen?“ Nun kann es sein, daß die Idee mit den Überstunden nur eine von vielen ist, die mir im Kopf herumgehen – ich erkunde ein Problem und möchte noch auf andere Ideen kommen; ich möchte wursteln. Auf der anderen Seite mag ich sorgfältig über ein Problem nachgedacht haben und möchte jetzt meine Schlußfolgerungen überprüfen. Ja, ich brauche noch nicht einmal beim Überprüfen zu sein; ich kann zu meiner Entscheidung gelangt sein und möchte sie nur geschickt meinem Untergebenen mitteilen.

Handlungen können ebenso schwer zu deuten sein. Angenommen, ich kürze das Reisebudget eines Außendienstmitarbeiters. Ich mag die Besuchsprotokolle dieses Mannes sorgfältig untersucht und festgestellt haben, daß seine Reiserouten schlecht geplant und unwirtschaftlich sind. Mit anderen Worten, ich habe sein Reisebudget konsequent gekürzt, um ihn zu zwingen, seine Reisen besser zu planen und vorzubereiten. Auf der anderen Seite könnte ich auch wursteln: d. h., ich muß die Wirtschaftlichkeit steigern und experimentiere mit verschiedenen Maßnahmen, um zu sehen, was dabei herauskommt.

Es kann sogar noch verwirrender werden, wenn wir schnell zwischen logisch-kausalem Denken und Wursteln hin- und herspringen (obwohl ein solches Pendeln in vielen Situationen vollkommen richtig sein kann). Augenblicklich besteht das augenfälligste Problem darin, *daß wir uns die meiste Zeit nicht richtig bewußt sind, welchen Prozeß wir anwenden;* so ist kaum zu erwarten, daß andere wissen, was wir tun. Angesichts all dessen ist es kein Wunder, daß es andere einfacher und sicherer erachten, einfach anzunehmen, wir dächten immer logisch und rational.

Mißbrauch

Wir sind uns nicht immer bewußt, welche Denkart wir benutzen, und wir widmen der Überlegung, welche Denkart am angemessensten wäre, auch nicht viel Aufmerksamkeit. Ohne uns dessen voll bewußt zu werden, verführt uns das hohe positive Image der Ratio dazu zu versuchen, das logisch-kausale Denken auch dort anzuwenden, wo das Wursteln erfolgreicher wäre.

Die Direktoren eines kleinen Elektronikunternehmens hatten eine Zeitlang versucht, den Chef von der Notwendigkeit einer gewissen langfristigen Planung zu überzeugen. (Langfristig bedeutete in diesem Fall ein Jahr voraus.) Der Chef behauptete, nicht überzeugt werden zu müssen. Er wollte selbst auch die Planung; er hatte mehrere Bücher über das Thema gelesen und auch ein kurzes Seminar über Planung besucht. Dennoch kam er irgendwie nicht dazu, einen Plan aufzustellen.

Bei einer Party kam der Chef mit einem scharfsinnigen Geschäftsfreund ins Gespräch und erzählte ihm von seinen Schwierigkeiten bei der Planung. Der Freund bemerkte bei unserem Chef einige grundlegende falsche Vorstellungen über die Planung. *Pläne können detailliert, spezifisch und logisch sein, aber ein großer Teil des Planens* ist es nicht. Der Freund erläuterte, daß zum Planen sehr viel Suchen und Herumtasten gehört, daß Ziele nicht am Anfang stehen, sondern das Ergebnis des Spielens mit vielen Möglichkeiten sind. Der Freund wies den Chef auch darauf hin, daß er das Aufstellen eines Plans im Sinne von Alles oder Nichts sehe, was es nicht zu sein brauche. Tatsächlich hat noch nie jemand alles auf einmal geplant.

Der Chef war darüber erstaunt. Er hatte sich das Planen nie so vorgestellt. Er hatte versucht, rein logisch und analytisch vorzugehen, kam dabei aber an kein Ziel und ging deshalb der ganzen Sache aus dem Wege. Nachdem er einige Monate mal eine Stunde hier, mal eine Stunde da gewurstelt hatte, entstanden schließlich die ersten Pläne– gewiß primitiv und unvollständig, aber es war etwas, das als Ausgangspunkt für weiteres Nachdenken dienen konnte. Auf diesem Wege kam der Chef zum Planen.

Selbsttäuschung

Manchmal entscheiden wir uns für das Wursteln, weil es uns erlaubt, größere Konflikte zu vermeiden oder schwierige Einzelheiten zu umgehen. Wir finden es einfacher, mit diesen ungelösten Problemen zu leben, wenn wir sie verschwommen oder schlecht definiert belassen, obwohl sie dadurch natürlich nicht weniger ernst werden. So täuschen wir uns manchmal selbst, wenn wir wursteln.

Obwohl auf andere Art, täuschen wir uns selbst ebenso arg, wenn wir logisch-kausal denken. Ich habe die Meinung vertreten, daß in den meisten realen Situationen ein rein logisches Vorgehen nicht möglich ist. Um ein Problem logisch-kausal angehen zu können, müssen wir eine Reihe vereinfachender Annahmen machen und gewisse Faktoren unberücksichtigt lassen, damit die *Komplexität* des Sachverhalts auf ein vernünftiges Maß *vermindert* wird. Kurz, wir stutzen das Problem zurecht, damit es der Leistungsfähigkeit des logisch-kausalen Denkens angepaßt wird. Aber nach einer langen und mühevollen Analyse vergessen wir gern all die willkürlichen Formungen, die wir auf diesem Weg vorgenommen haben. Wir haben z.B. erkannt, daß gewisse qualitative Faktoren zu berücksichtigen sind, lassen sie aber vorläufig außer acht, um die leichter quantifizierbaren Elemente des Sachverhalts zu untersuchen. Oft kommen wir jedoch nie mehr auf diese qualitativen Faktoren zurück.

Die Macht der Ratio ist sehr verführerisch. Ungeachtet aller Einschränkungen, die wir während des Prozesses machen, neigen wir dazu, voll auf die Schlußfolgerungen unseres logisch-kausalen Denkens zu vertrauen. Wie der bekannte Essayist und Naturforscher *Joseph Wood Krutch* einmal bemerkte, *„dürfte Logik nur darin bestehen, mit Vertrauen falsch zu gehen"*.

Eine Lanze für das Wursteln

In den vorangehenden Abschnitten haben wir auf verschiedene Art und Weise gesehen, wie gefährlich die ungleiche Stellung von logisch-kausalem Denken und Wursteln sein kann. Sollten wir nicht zumindest einige bewußte Schritte unternehmen, um das Gleichgewicht wieder herzustellen und die Stellung des Wurstelns zu heben? Warum sollten wir z.B. nicht damit beginnen, indem wir davon ausgehen, daß die meisten Situationen der Unternehmensführung unbestimmt und verschwommen sind; wenn wir diese Verschwommenheit nicht sehen, dann haben wir wahrscheinlich etwas Wichtiges übersehen oder vergessen. Selbst wenn wir uns scheuen, öffentlich die Verschwommenheit einzugestehen, dann können wir sie zumindest privat zur Kenntnis nehmen. (Im Kapitel über den Ermessensspielraum entwickelten wir einige der Schlußfolgerungen, die sich daraus für die Delegation und das Management by Objectives ergeben.)

Warum sollte man nicht damit beginnen, indem wir davon ausgehen, daß wir und andere die meiste Zeit mehr wursteln als uns logisch-rational verhalten. Kehren wir die Beweislast um: *Solange nicht das Gegenteil bewiesen ist, hat das Wursteln seinen Geltungsbereich.* (Im Kapitel über Reorganisation schlugen wir einen ähnlichen Wechsel vor, indem wir das Reorganisieren als eine Form der Erkundung ansahen, zu der sehr viel Wursteln gehört). Wir werden ganz anders (und wahrscheinlich erfolgreicher) mit unseren Vorgesetzten und allen anderen umgehen, wenn wir uns vor Augen halten, daß wir die meiste Zeit wursteln. (Viele der Vorschläge im Kapitel über die Unterordnung entstammen diesem Ansatz.)

Wir könnten sogar dazu übergehen, in der Öffentlichkeit etwas mehr über das Wursteln zu sprechen. Das soll nicht heißen, daß wir unsere Vorgesetzten und Kollegen ständig darauf aufmerksam machen, daß sie schrecklich verwurstelt sind. Wir können die Stellen auswählen und herausgreifen, um das Thema Wursteln in die Unterhaltung einfließen zu lassen. Es ist nicht annähernd so riskant wie wir glauben. Die ausdrückliche Anerkennung der Notwendigkeit zu wursteln erzeugt oft einen deutlich hörbaren Seufzer der Erleichterung.

Vielleicht ist es an der Zeit, daß sich das Managementtraining mehr dem Wursteln zuwendet, anstatt ausschließlich dem Halbgott der Ratio zu huldigen. Möglicherweise könnten auch die beruflichen Trainer dazu beitragen, bessere Methoden für das Wursteln zu entwickeln. (Diese Gedanken sind Teil dessen, was im Kapitel über Aus- und Weiterbildung behandelt wurde.)

Unnatürliches Wursteln

Zu Beginn unseres Lebens wursteln wir und denken nicht logisch-kausal. Es kostet viele Jahre Unterricht in den Schulen, um unsere Fähigkeit zu logisch-kausalem Denken zu entwickeln, und selbst danach wursteln wir während eines großen Teils unseres Lebens weiter. Wie kommt es, daß das Wursteln für uns ein solches Problem ist, wenn es nur das ist, was wir von Natur aus tun?

Die Sache ist die, daß erfolgreiches Managen einen besonderen Typ des Wurstelns erfordert, während sich gewisse andere Arten des Wurstelns ganz von alleine entwickeln. Unser natürliches Wursteln läßt sich seine Zeit, während das Management-Wursteln strengen zeitlichen Beschränkungen und Terminen unterworfen ist. Das natürliche Wursteln gerät in Schwierigkeiten, wenn es zeitlich gerafft werden muß und weil ein Manager einfach nicht warten kann, bis der natürliche Läuterungs- und Ausleseprozeß abgeschlossen ist. Einige Techniken für ein stärker organisiertes Wursteln (oder Management-Wursteln) waren Gegenstand des ersten Kapitels dieses Buches.

Über längere Zeit können wir hoffen, daß die Forschung die Grundregeln des Wurstelns weiter klären und beginnen wird, zwischen verschiedenen Varianten des organisierten Wurstelns zu unterscheiden. Der Umgang mit Experten z.B. (Kapitel 5) erfordert vielleicht eine besondere Art des Wurstelns, während für das Spielen mit Zahlen ein anderer Typ in Frage kommt.

Wir können hoffen, neue Wege zu finden, die die Fähigkeit eines Managers zu wursteln, erhöhen. Wir könnten vielleicht auch entdecken, daß gewisse Organisationsstrukturen erfolgreiches Wursteln fördern oder behindern. Wir könnten sogar Wege entdecken, wie wir gewisse Dinge, die wir heute noch intuitiv anpacken, in den Bereich des Wurstelns bringen (so wie wir inzwischen gelernt haben, gewisse Dinge vom Wursteln in den Bereich des logisch-kausalen Denkens zu holen).

Wir werden vielleicht sowohl für das logisch-kausale Denken als auch für das Wursteln klarere Grenzen ziehen können – Grenzen, die uns helfen, besser zu wissen, wann und wo jeder Modus am vorteilhaftesten angewandt werden kann. Schließlich werden wir vielleicht mehr darüber lernen, wie die verschiedenen Prozesse miteinander verbunden werden können, da die große Mehrheit der Managementprobleme auch in Zukunft eine Kombination von Intuition, Wursteln und logisch-kausalem Denken erfordern wird.

Vor allem werden wir, indem wir offen die Verschwommenheit und Unschärfe zugeben, erkennen, warum Management nicht so ist wie es sein sollte – warum es wahrscheinlich *nicht* so *sein sollte,* wie es vermeintlich zu sein hätte. Wir werden weiterhin erkennen, daß die durch die Unschärfe verursachten Probleme nicht um jeden Preis verhindert werden können, sondern daß es Probleme sind, die man anpacken und mit denen man leben kann. Es wird sich vielleicht – von allem das Wichtigste – herausstellen, daß die verschwommene Seite des Management nicht nur ernste Probleme aufwirft, sondern auch ungewöhnliche *Chancen* und *Möglichkeiten* eröffnet – und erst dann werden wir behaupten können, ganz zu verstehen, *was richtiges unkonventionelles Management eigentlich ist.*

Weitere Titel, die Sie interessieren

Erfolgreich im Beruf

Wie man seine Fähigkeiten erkennt und einsetzt

Von Bernard Haldane. Übertragung ins Deutsche von Ursel Reineke. 1977, 175 Seiten, Geb. DM 32,–.
ISBN 3-7938-7617-9

Die Zeitfalle

Sinnvolle Zeiteinteilung und Zeitnutzung

Von R. Alec Mackenzie. Übertragung ins Deutsche von Ursel Reineke. 4. Auflage 1977, 14.–16. Tsd., 168 Seiten, Geb. DM 28,–.
ISBN 3-7938-7494-X

Angst im Beruf

Überwindung von Streß und Leistungsdruck

Von Alan N. Schoonmaker. Übersetzung aus dem Amerikanischen von Ursel Reineke. 1975, 274 Seiten, Geb. DM 36,–.
ISBN 3-7938-7603-9

Optimal führen

Effektiv – sozial – gesellschaftsbewußt
Konzeption und Methoden eines kooperativen Führungsstils

Herausgegeben von Dr. Karl Heinz Neumann. 3., neubearbeitete Auflage 1973, 224 Seiten, Geb. DM 28,–.
ISBN 3-7938-7472-9

Das neue Machtverständnis

Kooperation und Disziplin im Betrieb

Von Ludwig Rosner. 1975, 156 Seiten, Geb. DM 29,–.
ISBN 3-7938-7601-2

Das Unternehmen auf dem Prüfstand

Check-Listen zu Marketing und Unternehmensführung

Von Dipl.-Vw. Alexander von Ungern-Sternberg. 1975, 165 Seiten, Geb. DM 42,–.
ISBN 3-7938-7603-3

Führungssysteme in der Praxis

Von Dr. Ernst Zander, Gerhard Grabner, Dr. Heinz Knebel und Rüdiger Pillat. 1972, 256 Seiten, Ln. DM 46,–.
ISBN 3-7938-7465-6

I. H. Sauer-Verlag GmbH, 6900 Heidelberg